伊東豊雄読本―2010

A.D.A. EDITA Tokyo

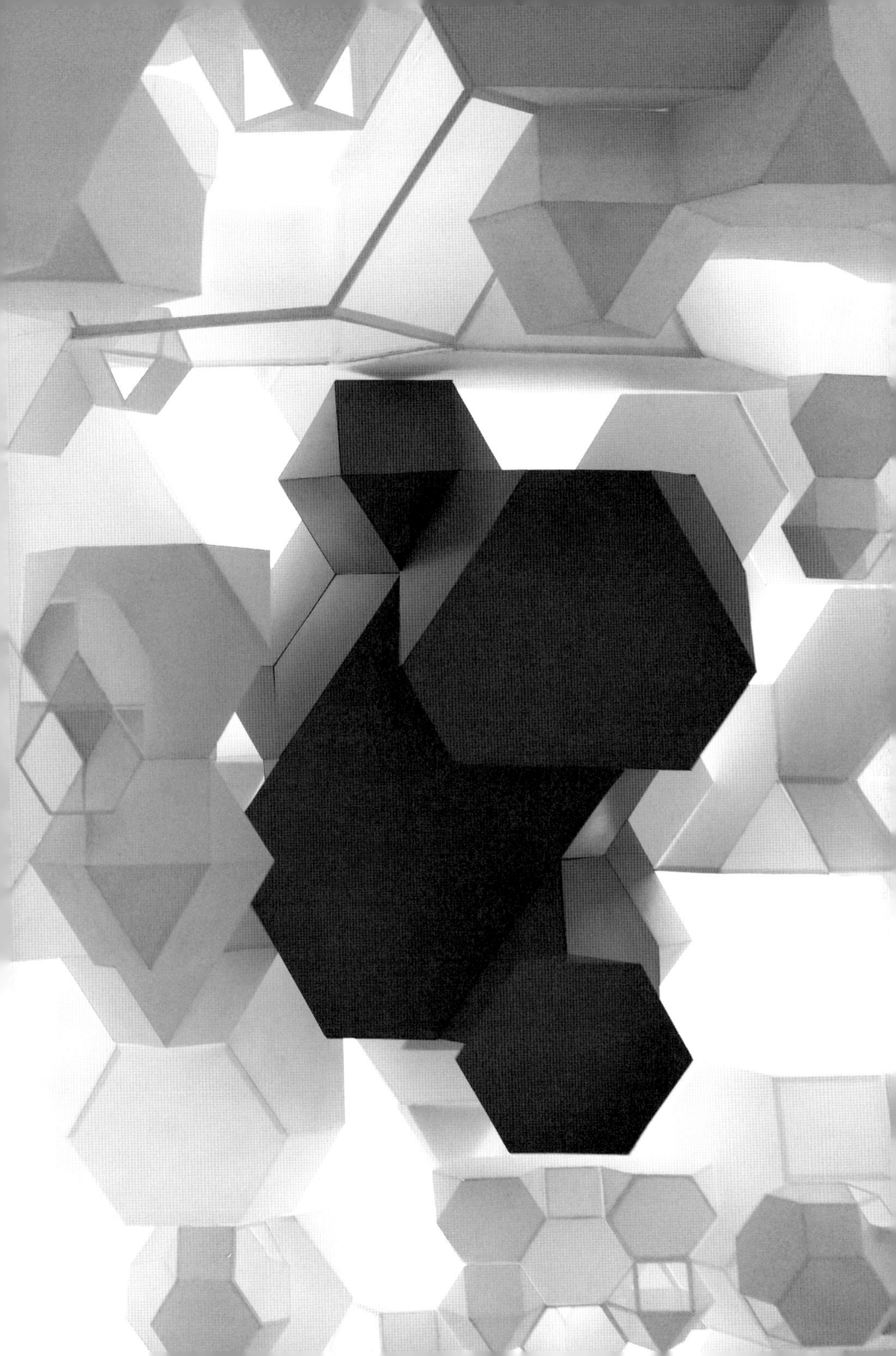

目次

□ パーソナル・プロフィール ……………………………………… 6
■ 多趣味な父親／6　■ 民主主義教育の第1期生／10　■ 神童伝説／14
■ 原体験としての建築家／17　■ 意匠か？ それとも構造か？／21
■ 菊竹事務所の狂気／24　■ 万博前夜／27　■ 草創期の伊東事務所／31
■ 日本的なるモノ／32　■ 白い空間とドミノ／35　■ レムとの付き合い／40
■ ハイブリッド社会の可能性／42

台中メトロポリタン オペラハウス　2005- ……………………… 46
■「台中メトロポリタン オペラハウス」のこと ………………… 48
ゲント市文化フォーラム コンペティション応募案　2004 ……… 74
座・高円寺　2005-08 ……………………………………………… 78
■「座・高円寺」のこと …………………………………………… 80
バルセロナ見本市 グランビア会場拡張計画
トーレス・ポルタ・フィラ　2003-10 …………………………… 90
■ ヨーロッパにおける仕事のこと ……………………………… 92
カリフォルニア大学バークレー美術館／
パシフィック・フィルム・アーカイブ　2006-10 ……………… 106
今治市 伊東豊雄建築ミュージアム（仮称）　2006- …………… 110
■「今治市 伊東豊雄建築ミュージアム（仮称）」のこと ……… 112
オスロ市ダイクマン中央図書館 コンペティション応募案　2008-09 … 138
■ ITO的理性 ……………………………………………………… 146
2009 高雄ワールドゲームズ メインスタジアム　2006-09 …… 160
■「2009 高雄ワールドゲームズ メインスタジアム」のこと … 162
台湾大学社会科学部棟　2006- ………………………………… 178
■「台湾大学社会科学部棟」のこと …………………………… 180

台北POPミュージックセンター コンペティション応募案　2010 ……… 194
■「台北POPミュージックセンター」のこと ……… 196
■ ギャルソン対アルマーニ ……… 212
ベルヴュー・レジデンシズ　2006- ……… 220
VivoCity　2003-06 ……… 224
■ フリーハンドとロジック ……… 228
松山煙草工場跡地文化園区BOT計画　2008- ……… 238
■「松山煙草工場跡地文化園区BOT計画」のこと ……… 240
■「建築はどこにあるの？」展のこと ……… 254
うちのうちのうち　2010 ……… 255
三栖右嗣記念館（仮称）　2009- ……… 266
■「三栖右嗣記念館（仮称）」のこと ……… 268
岩田健 母と子のミュージアム（仮称）　2009- ……… 278
■「岩田健 母と子のミュージアム（仮称）」のこと ……… 278
ゲント市図書館及びニューメディアセンター　2010 ……… 284
■「ゲント市図書館及びニューメディアセンター」のこと ……… 286

□ エピローグ ……… 300

■「機能」という概念の弊害／300　■ アンチ・ミースのスタンス／302
■ 社会に対する刺激／305　■「批評性」に対する意識／309
■「日本の建築家」に対する今後の評価／313　■「公共性」の衰え／317
■ 仮想敵に対する暴力／319

■ 作品リスト ……… 322

□ パーソナル・プロフィール

■ 多趣味な父親

GA 伊東さんの大まかなプロフィールに関しては，『読本』の読者はほとんど知っているのかもしれません。でも，個人的には，海外でお生まれになったことが，現在の職能にどのような影響があったのかについて，興味があります。

伊東さんと仲の良い山本理顕さんも，中国で生まれています。最近の山本さんの動向を拝見していると，ある種の帰巣本能が反映されているとも思えるほど，中国で積極的に仕事をされている。少し上の世代，例えば磯崎新さんや二川幸夫も，中国に対する特別な感情があるようです。何故なら，彼らの親世代が中国に渡り，大陸浪人のようなライフ・スタイルをとっていたから。

一方で，京城（＝ソウル）で生まれた伊東さんには，彼らのような「大陸に対する情熱」を感じません。

伊東 ぼくの場合，京城での記憶がないからです。2歳半で日本に引き揚げてきたと聞いているので，個人的な記憶はすべて，信州から始まっていると言っても過言ではありません。

もちろん，両親から京城の話を聞かされはしましたが……。所謂，感情を持って彼らの話を受け止めたことは，一度もありませんでした。ご承知のように，韓国で仕事をしたことも無いし，「大陸的な人間だ」と言われたこともないですね（笑）。

GA お父様は，美術に対して造旨が深く，一種のコレクターだったと伺っています。

伊東 コレクターというより，凝り性だったという方が正確だと思います（笑）。

「モノを集める」ことよりも，自分がのめり込んだ李朝の焼き物の研究のために，コレクションしていた印象が残っています。例えば，陶磁器の場合，ひびや欠けがあると

伊東氏の手元に残された
首が欠けた李朝の壺

■多趣味な父親

骨董的価値が無くなるのですが，ぼくの父親は自分の興味の対象であれば，欠片でも良かったと聞いています。父親が残した欠片の幾つかは，まだ手元に置いてあります。

GA お仕事は，何をされていたのですか？

伊東 三井物産の傍系の会社で，商社マンだったと聞いています。

GA 社会に出る前から，陶磁器などの素養を身につけられていたのですか？

伊東 凝り性であると同時に，努力家だったようです。というのも，学歴がまったく無い人間だったから。

ぼくの祖父は，諏訪の田舎で町長まで務めた材木屋でした。でも，店を潰してしまったので，ぼくの父親は小学校（＝現在の中学校）を卒業後，自ら身を立てる必要に迫られて，韓国へ渡ったようです。

GA 商社マンになる前から，韓国へ渡っていたのですか？

伊東 そうなんです。半島で商社へ入ったものの，学卒の人たちの中でのし上がる為には，ありとあらゆる事を手掛ける必要があったのでしょう。ゴルフもやる。囲碁や将棋もやる。麻雀もやる。その内の一つが，骨董への興味だったわけです。

GA 本当に，多趣味な方だったのですね。

伊東 ともかく，何でもやった人でした。戦後は，俳句なども嗜んでいた位なので，好奇心が旺盛な人だったのでしょう。一端，ひとつのことに興味を持つと，徹底してやらないと気が済まないタチだったみたいで……。

GA ゴルフをやるなんて，当時としてはかなりハイカラだったんじゃないですか？

伊東 おそらくね（笑）。当時，使用していた数本のクラブや，プレイしている父親の写真が，残されています。

学歴が無い分，そのような趣味的なモノで補いながら，上司や取引先とのコミュニケーションに活かしていたので

伊東氏の父が使用していた
ウッドシャフトのゴルフクラブ

しょう。
GA　お母様は？
伊東　滋賀県の出身で，父親とは見合い結婚だったそうです。関西から半島に渡り，醤油屋を営んでいた家系の娘だったそうです。
　母親はともかく保守的な性格で，ひたすら「お家を守ること」が第一義の人間でした。
GA　お姉さんもいらっしゃいますよね。
伊東　二人の姉がいます。上の姉とぼくは，18も歳が離れているのです。長女が生まれてから15年後，やっと授かった子供が，「White U」(1976年)のクライアントだった二番目の姉になります。
GA　伊東さんは，待望の長男だったわけですね。
伊東　数えで父親が45歳，母親が40歳。次女の3年後に生まれたぼくは，唯一の男子で末っ子でもあったので，両親にはかなり可愛がられました（笑）。当時としては，かなりの高齢出産だったことも，少なからぬ影響があったことでしょう。
GA　終戦で帰国されたのですか？
伊東　そう聞いています。比較的，正確な情報が入りやすい商社に父親が勤めていたので，「この戦争は諦めて，帰国した方がいい」と，早期に判断できたようです。だから，母親と3人の子供は，終戦の1年以上前に帰国することができました。
GA　終戦直後の動乱にも，巻き込まれなかった？
伊東　終戦後に引き上げた人たちよりは，家財を持ち帰ることができたそうです。そのお陰で，未だにぼくの手元に，父親の遺品があるわけです。
GA　お父様は何時，帰国されたのですか？
伊東　終戦間際に，セスナのような華奢な飛行機に乗って，命からがら逃げ帰ってきたと言っていました。その辺は，

スウィング中の伊東氏の父，槇雄氏

■多趣味な父親

要領が良かったみたいで……。戦後に激しく混乱した半島に残ることもなく，終戦間際にちゃんと生きて帰っていました。まさに，「機を見るに敏」な人だったようです（笑）。

GA 戦後の生活は，半島とはまったく違うものだったのではないですか？

伊東 父親の田舎である，諏訪湖の畔での生活が始まったわけです。一時的に父親の姉の家に身を寄せていたのですが……。終戦直後の貧しい時代にも拘わらず，帰国直後の父親は，その直ぐ側に木造の家をつくっただけでなく，小さな製糸会社を興したそうです。

　でも，繊維産業が衰退し掛かっている情報を入手したようで……。製糸会社を早々にたたみ，同じ場所で味噌屋を始めました。諏訪湖の畔にあった味噌屋のことは，ぼくも鮮明に覚えています。

GA 味噌屋を始めるに当たって，何か縁でもあったのですか？

伊東 父親の遠い親戚に味噌屋を生業にしていた人がいたので，そこで醸造法を学んだようです。既に，年齢を重ねてからの起業だったので，自分にもしもの事があっても，残った家族で安定して食べていける商売を，当時の状況を鑑みながら見極めた結果だと思います。

　実際，ぼくの父親は，その後直ぐに亡くなってしまいました。

GA そうだったんですか……。

伊東 当時から，かなり血圧が高かったと聞いています。掛かり付けの医者にも，「諏訪の冬は寒さが厳しいから，気を付けなさい」と注意されていたけれど……。残念ながら，ぼくが小学6年生の時に，帰らぬ人となってしまいました。

　今でも良く覚えているけれど……。前日まで元気だったのに，翌日の明け方，脳溢血で倒れてそのままでした。

GA 6年生だったら，お父様の記憶もかなり残っています

よね。

伊東 普段は穏やかなのですが，カッカしやすい性格でした。それはそのまま，ぼくが受け継いでいると，家族から言われています（笑）。

　実際，ぼくも血圧が高くなっているので，つい最近も「養生しないと危ないぞ！」と，医者に脅されたばかりです（笑）。

■民主主義教育の第1期生

GA 戦後初めての小学生だとしたら……。それまでの，竹槍教練を代表とする「鬼畜米英」的な教育から，大転換が起きていたのだと想像します。

伊東 まさに，民主主義教育の第一期生みたいなものです。今でも，小学1年の国語の教科書の1ページ目に「お花を飾る，みんな良い子」という文章が書かれていたのを覚えています（笑）。

GA 当時は，何に興味がありました？

伊東 その頃の男子は大概，「バスの運転手になりたい」と言っていました。ぼくも，人並みに「メカに対する興味」を持っていた。

GA スポーツなどは？

伊東 戦後直ぐだったので，父親は好きなゴルフができなくなっていました。でも，野球もとても好きな人だったのです。

　諏訪に引き上げてから，味噌屋などで再起を図ってはいましたが……。父親にとっては，自分が苦労して築き上げてきたものを，一気にすべて失ってしまったことに対する忸怩たる思いがあった筈です。まだ，40代だったわけですから，相当，ガックリきていたことは，想像に難くありません。

伊東氏の父，横雄氏の遺稿集『青華』。序文は柳宗悦。表紙絵は，横雄氏のコレクションから「三島の壺」を選び，山口蓬春が描いた。巻末には，10代前半の伊東氏が執筆した「父」も寄稿されている

■民主主義教育の第1期生

　そういう意味で，当時の父親にとって，「子供を育てること」が唯一の楽しみになっていたので，ぼくの相手も良くしてくれました。もちろん，キャッチボールもよくしてくれたので，当然のように野球少年と化していったわけです（笑）。

GA　18歳年上のお姉さんは，既に働いていたのですか？

伊東　父親の計らいもあって，一番上の姉に養子を迎えていました。ぼくが小学校に入学した頃には，既に姉夫婦が主体になって，味噌屋を賄っていたのです。

GA　ということは，お義兄さんとも暮らしていた？

伊東　はい。彼は，作家・幸田露伴の家系の人で，幸田文さんが叔母に当たる筈です。最近では聞かなくなりましたが，典型的な「養子タイプ」の大人しい性格の人間でした。

GA　所謂，マスオさんタイプ。

伊東　その通り（笑）。義兄の家系は凄く多産で，約10人の男兄弟だったのです。

GA　今や，そんな家系は皆無でしょうね。

伊東　当時の紀尾井町，日本テレビの旧社屋があった近くに，義兄の実家がありました。そこで見合いをしたら，姉

バーナード・リーチ氏（前列左）や柳宗悦氏（前列右）が，
下諏訪の旧伊東邸を訪れた際のスナップ。
ちなみに，父，槙雄氏は後列左端

自身よりも，父親が気に入ってしまったようです。特に，義兄の母親の上品さを好ましく思ったようで，当人たち抜きで，勝手に結婚を成立させてしまったと聞いています（笑）。

　一番上の姉は，父親譲りの「気性の激しさ」を持っているので，後々まで「親が勝手に，結婚を決めた！」と文句を言い続けていました。よく，夫婦喧嘩もしていましたよ（笑）。

GA　ご両親は，仲が良かったのですか？
伊東　姉夫婦と同様に，よく喧嘩をしていました（笑）。典型的な「明治生まれの夫婦」だったので，父親の亭主関白ぶりは最たるものでした。気に入らないことがあると，当然のように母親に向かってモノを投げていたくらいです。

　その姿を，まだ小さかったぼくと直ぐ上の姉が，「早く，仲良くなってくれるとイイな」と思いながら，ボーッと眺めていたことを覚えています（笑）。

GA　そのような幼少体験は，今の伊東さんにどう反映されていますか？
伊東　もう少し長生きしてくれれば，「父親に対する批判精神」や「同性としての親しみ」も生まれたのでしょうが……。そんな気持ちが芽生える前に亡くなってしまったので，「お父ちゃん」と呼んでいた位の記憶しかないのが，正直なところです。

GA　なるほど。
伊東　それでも，もの凄く可愛がってくれたことは覚えています（笑）。例えば，同級生の誕生会が企画されると，父親がクラス全員分の福引きを持ってきてくれて，皆にサービスしてくれたり……。雛祭りの時には，父親がつくった折り紙の雛人形を持ってきてくれたり……。当然のように，運動会の時には，母親ではなく，父親が来てくれていました。何れにしろ，学校に良く来ていた印象があります。

甥のお宮参りの際，
両親や一番上の姉夫婦と撮影

GA お話を伺っていると，本当に子煩悩なお父様だったんですね。

伊東 かなりエネルギーのある人だったのに，戦後余生のような生活になってしまったので，子育てだけが生き甲斐だったのかもしれません。戦後のビジネスに，自分のエネルギーを掛けられない分，その思いを子供に向けていたのだと思います。

亡くなった時には，PTAの会長をやっていたくらいですから。

GA お父様が亡くなられた後，その代わりはお義兄さんが担われていたのですか？

伊東 義兄には指導力が無かったので……（笑）。小さな姉弟を父親が可愛がっている姿を間近で見ていた母親が，実質的な父親代わりになっていました。「二人の小さな子供をちゃんと育てること」が，自分の義務だと思い込んでいる節もあったので，母親も本当に可愛がってくれたのです。

それは，成長するにつれて，「鬱陶しく」感じるようにもなりましたけれど（笑）。

GA 野球少年だった伊東さんは，当時，建築に結びつくような経験をされていたのですか？

伊東 絵を描くことは，割と好きでしたね。父親の計らいで，中学校の図画教師の所に毎週日曜，風景画などを描きに行かされていました。

でも，家ではもっぱら自動車ばかりを描いていたナァ。当時のぼくたちにとって，「アメ車」は憧れの的でしたから（笑）。特に，キャデラックやビュイックなどは，垂涎の的だったのです。

GA 車を工作することは？

伊東 もちろん，工作なども好きでした。野球少年でありながら，一方ではコツコツと一人で絵を描いたり，ラジオをつくることにも夢中になっていました。だから，家の中

では，割と無口な子だったと思います。

■神童伝説

GA 勉強は，お出来になった？

伊東 中学で東京に出てくるまでは，「神童」と呼ばれていたくらい，勉強はできました。全科目の合計点でも，ブッチ切りで一番でしたからね（笑）。

　中学3年生の途中で，担任の先生から「お前だったら，東京でも十分やっていける。その気があるのであれば，できるだけ早い時期に上京して，良い都内の高校へ進学した方がいい」と言われて……。その一言で，東京へ出ていくことになりました。

GA 一人で上京された？

伊東 既に，高校生の次女は上京していて，ピアノを学んでいました。そのこともあって，母親と一緒に，親戚の家で間借りすることになったのです。諏訪の味噌屋は義兄夫婦に任せて，「自分は，子育てを東京でやる！」と，母親は決心したようです。

GA 上京後の生活は，どうでしたか？　諏訪とは，かなり環境も違っていたと想像します。

伊東 当時，お世話になった親戚は東工大の先生をされていたので，洗足池の側に家がありました。その結果，自動的に大森六中へ転校することになったのですが……。

　転校初日に驚かされたのは，脚の踏み場もないほど，教室にビッチリ生徒が詰め込まれていたこと。第一次戦後ベビーブーム世代ですから，諏訪の中学校でも，比較的生徒が多かったのです。でも，そんなの比ではなかったですね。何と，1クラス80人でした（笑）。

GA そんな時代があったんですね。

伊東 しかも，1学年11クラスもあったから，田舎から出

下諏訪時代に通っていた
小学校の校舎を背景に
級友たちと撮った記念写真

■神童伝説

てきたばかりのぼくには，ちょっとしたカルチャーショックでした。同じ学年に約900人もいるわけですから，「ひどい所に来てしまったな」と思わざるを得ないですよね（笑）。

転校後，最初の試験を受けたら，案の定，学年で60番代になってしまって……。

GA　「神童伝説」が，瓦解してしまった（笑）。

伊東　本当に，もの凄いショックを受けたことを覚えています。「東京っ子って，こんなに出来るのか！」と，少しヘコみましたよ（笑）。

それで，「野球をやめる！」と宣言した上で勉強に集中した所，3ヶ月後の試験では1桁台の順位にまでは上がれました。でも結局，一番にはなれなかった……。

GA　確か，日比谷高校に入学されたんですよね。

伊東　なんとか，入学できた感じです（笑）。

いざ入学してみると，同級生は教育大附属中や学芸大附属中などの出身者を中心に，芯からの「都会っ子」ばかりでした。大森六中は，比較的ガラの悪い学校だったようで……。当時のぼくのように「坊主頭の子」なんて，ほとんどいないわけです（笑）。

大学の先生をやっている家庭の子供も多かったので，彼らは本当にスマートで洗練されているんですよね。そのことも，コンプレックスになっていたと思います。

GA　もう，野球には手を付けなかった？

伊東　一応，日比谷高では野球部に所属していました。でも，諏訪の中学時代に比べれば，遊びのようなモノです。本当に，弱小野球部だったですから……。

GA　勉強の方は？

伊東　そんなに成績が悪いわけではなかったですが，かなり優秀な生徒が何人かいて……。彼らには絶対，勉強では勝てませんでした（笑）。

ただ，田舎から出てきたばかりのぼくにとって，大森六

中での経験は厭なことばかりだったので……。日比谷高に入って、やっと落ち着いて、楽しい学校生活を送れるようになっていました。

GA 日比谷高ということは、東京の中心に校舎があったわけですよね。

伊東 赤坂見附にあって、丁度、ぼくが在学中に「東京タワー」(1958年) が完成しました。どんどん高くなってくる「東京タワー」を、教室から眺めていたことを覚えています。また、後に火災にあった「ホテルニュージャパン」(1960年〜82年) も建設中でした。現在の「赤坂 エクセルホテル東急」(1969年) が建っている場所なんて、自動車修理工場だったんですよ。

GA その頃から、悪いことも覚え始めたのではないですか?

伊東 不良と呼べるような生徒は、ほとんど日比谷高にはいなかったんです。部活が終わった後、近所の駄菓子屋で小倉アイスを舐めたり、中華屋でラーメンを食べて帰るのが楽しみな位なので……。今の高校生に比べれば、可愛いモンでしたよ (笑)。

GA 学業は、やっぱり理数系が強かった?

伊東 まあ、凡庸だったんじゃないでしょうか (笑)。「どうして、今はこんなにできないんだ!」と思うくらい、当時のぼくは、英語の成績が良かったんです (笑)。

GA 1960年前後だと、アメリカ文化もかなり浸透していたのだと想像します。伊東さんも、アメリカ・カブレしていましたか?

伊東 そうですね。野球少年だったので、「大リーガーが来日した」という情報が入ると、必ず見に行っていました。

また、直ぐ上の姉が音楽をやっていたので、イタリアン・オペラが上演された時には、徹夜で並んで観賞したり……。コンサートに行ったのは、クラシックばかりでした

■原体験としての建築家

日比谷高校野球部に
所属していた頃の伊東氏

ね。
GA ポップスは？
伊東 ポップスには縁が無い家族でしたから，ぼくも興味を持てなかったです。丁度，ビートルズが売れ始めたばかりの頃でしたし……。そんな青春を送っていたことが，今に響いているかもしれません。
GA 何に？
伊東 カラオケですよ（笑）。
GA 当時から，演歌にご興味があったわけではないですよね？
伊東 もちろん。八代亜紀に興味を持ったのは，独立後の話ですから（笑）。

■原体験としての建築家

GA 当時の日比谷高と言えば，東大進学率が高くて有名だった筈です。
伊東 ぼくたちの学年は，最も東大進学率が高かった頃だと思います。1学年で男子300人，女子100人の時代でしたが，浪人も入れると約180人が東大へ入学していました。
GA 当然，高校3年にもなると，進路を考えますよね。
伊東 それが，いい加減な感じで……。その話は，あまりしたくないんだよな（爆笑）。
GA でも，年末にお願いしたgallery talkでは，お話されていましたよ（笑）。
伊東 実は，東大へ行ったら，本気で野球をやろうと思っていたのです。「入学後，最も勉強しなくて良いのは文1だ」と聞いていたし，ストレートで合格できる可能性もあったので……。ところが，文1を受けたら，見事に落ちてしまいました。
　その時点で，やっと真面目に進路のことを考え出したの

です（笑）。

GA　野球は諦める？

伊東　野球をやらずに文1へ進学しても，大蔵省へ入省できるほど頭も良くないし。銀行や商社へ行くしかなさそうだけど，出世しそうもないタイプだし……（笑）。

　色々と考えた末に，「エンジニアの方が向いているかもしれない」と思い直したのです。

GA　それは，大きな方向転換ですね。

伊東　実は，義兄が早稲田大学の電気通信科出身だったのです。彼の影響もあって浪人後は，早大の電気通信と東大の理1を受験しました。

　もし，東大を滑って早稲田に入学していたら，電気通信を志していた筈です。その話を先日，菊竹清訓さんにしたら，「当時の早大電気通信と言えば大変なものだったんですよ。それで，伊東さんのことがかなり判った気がします」と仰っていました。ぼくには，「全然関係ない」と思えることなのですが（爆笑）。

GA　確かに（笑）。

伊東　幸い，東大理1に受かったので，取り敢えず工学部系へ進むことになったわけです。ご承知のように東大は，入学してすぐに学部を選ぶ必要がないので……。

GA　初めは，建築へ行く気は無かったのですか？

伊東　本当に，最後の最後になって決断した感じです（笑）。

　子供の頃の記憶で言えば……。父親が材木屋の息子だったので，諏訪に帰郷した直後の暇な時間に，「他人の家の図面」を描いていたことを覚えています。所謂，方眼紙に間取り図を描く程度でしたけれどね。

　味噌屋の隣にあった，ぼくたちが暮らしていた家も，父親が間取り図を描いたものでした。しかも，床の間を飾る床柱は，父親自ら材木屋で選んできたものだった。そんな姿を，間近に見ていたことは，潜在的な経験としてはあっ

■原体験としての建築家

たと思います。

　もう一つ挙げるとすれば，高１の時に中野に完成した小さな住宅の設計を，母親が芦原義信さんに依頼したこと。棟上げの時に，初めて芦原さんにお目に掛かったのです。

GA　第一印象は？

伊東　日比谷高の大先輩でもあったので，「君も日比谷か！」とお声掛け頂きながら，一緒に鰻重を食べたことを覚えています（笑）。

GA　何故，芦原さんだったのですか？

伊東　本当に偶然だったようです（笑）。

　東京に出てきたばかりの母親は，「家をつくりたいけれど，騙されるのが怖い！」と思っていたそうです。「建築家に頼んだ方が，安心らしいぞ」という噂を聞きつけたのはいいけれど，誰に依頼すればいいかは定かでなかった。

　そこで，一番上の姉の同級生に，吉村順三さんの奥様がいたご縁を伝って，最初は吉村事務所を訪ねたらしいのです。そうしたら，「半年待って戴かないと，設計に取り掛かれない」と言われてしまったようです。しかも，設計料は12％。設計料はともかく，とにかく急いでつくりたかったらしく……。

GA　この時点で，吉村さんのセンは消えました。

伊東　それで義兄に相談した所，幸田文さんの関係で，中央公論社と繋がりがあることが判りました。つまり，「中央公論社」(1959年) をデザイン中だった芦原さんに，白羽の矢が立ったということです。

　芦原事務所へ出向いた所，「直ぐやります」と仰って下さったそうです。しかも，設計料は8％。恐らく，「芦原さんにお願いしよう！」という話になったのだと思います（笑）。

GA　丁度，ハーバードから帰国された直後の頃ですね。

伊東　アメリカ帰りの芦原さんは，母親が事務所を訪ねても，とても親切に対応してくれたそうです。コートを羽織

っていっても，さっと手を貸して下さる。そんな紳士的な対応に，母親はすっかりマイってしまっていたようです（笑）。

後日談として芦原さんに伺った所によると，母親は随分，自己主張したらしい。「相当，手を焼いたよ」と仰っていました（笑）。

GA 完成したご自宅は，どんな印象でしたか？

伊東 芦原さん独特の，細長い平面をしたスキップ・フロアの住宅でした。玄関と居室の境から，既にスキップが始まっていて，ブロイヤー譲りの緩い片勾配の屋根が建物全体に掛けられている。

中野の旧伊東邸，設計：芦原義信，1957年

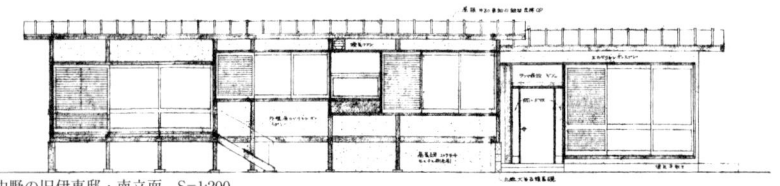

中野の旧伊東邸・南立面　S=1:200

そして，最も特徴的だったのは，一番奥にある畳部屋に隣接した，地面から約 1 m 持ち上げられたテラス。桂離宮の月見台になぞらえて，芦原さんとしては手摺りを付けたくなかったらしいのです。でも，「それは危ない！」という母親の執拗な抵抗で，渋々，低い手摺りが付けられていました（笑）。

今，振り返ってみると，とても質素で綺麗なファサードをしていたし，ローコストにも拘わらず気持ちの良い家だったと思います。

GA 実は，日常生活の中で，十分に建築体験をされていたわけですね。

伊東 確かに，「建築家の存在」を思い出として記憶していたわけですが……。

理 1 で学部を選ぶ段階では，かなり選択肢が限られてしまっていたのが現実でした。当時の建築学科って，理 1 の中ではとても行き易かったのです。「工学部の落ちこぼれ！」と言われていたくらいですから（笑）。

GA 建築学科の同級には，どんな人がいましたか？

伊東 例えば，松永安光くん。鹿児島大学の教授をされていました。彼は，「高校時代から，『新建築』を読んでいた！」と豪語していましたからね。ほとんど建築的知識が無かったぼくは，「こういう奴もいるんだ」と感心するしかありませんでした（笑）。

今でこそ，松永くんのような学生は大勢いるのでしょうが……。ぼくも含めて，当時は素朴なものでしたね。

■意匠か？　それとも構造か？

GA 伊東さんは，初めから意匠系を志望されていたのですか？

伊東 正直，かなり迷っていました。

まず最初の契機は，駒場キャンパスに通っていた2年後期に，丹下健三さんによる「建築意匠」の講義を受けたこと。結局，半年間でご本人は2度しか教壇に立たなかったのですが……。建築学科に入った途端，「あの代々木のオリンピック・プールをやっている丹下健三」が，目の前に顕れたわけです。週刊誌でも，「ベストドレッサー」などと紹介されていて，かなりフィーチャーされていた。

　毎週，講義室に行くたびに「今日は休講」と言われ続けて，やっとぼくの前に顕れた時の丹下さんは，今でも覚えています。蝶ネクタイにダークグリーンのタータン・チェックのジャケット，尖った革靴にパンタロン。『新建築』の合本を抱えながら教壇に向かっていたその出で立ちは，本当に強烈でした（笑）。当時，話題になっていた「伝統論争」の論文を，ただボソボソと読み上げただけで，静かに講義室を後にする……。

GA　やや批判的なイメージを抱きました？
伊東　そういう気持ちはなかったですよ。「これが，あのTANGEか！」と，呆然と建築界のスターを見送っている感じです（爆笑）。

　その後，3年生になって本郷キャンパスに通い始めると，実際の丹下研究室を見ることになるわけです。研究室前の廊下には，朴の木で制作された模型が並べてあり，磯崎新さんや黒川紀章さんたちが出入りしていた。本当に，独特の雰囲気を醸し出していました。

　この頃になると，漸くぼくも，丹下さんやメタボリストたちの仕事を知るようになっていました。割と設計が好きな連中と，建築の話をするようになってもいたので，徐々に意匠系に傾倒し始めていったわけです。

GA　そうなると，迷いはなさそうですけれど……。
伊東　ただ，丹下さんと協働されていた，構造家の坪井善勝さんにも憧れがあって……。実は，4年になって卒論を

建設中の国立屋内総合競技場，
設計：丹下健三，1964年

■意匠か？　それとも構造か？

見て頂く研究室の志望を一端，坪井研に提出した後，吉武泰水さんの研究室に出し直した経緯がありました。
GA　坪井研に行かなかった理由は？
伊東　構造からデザインを考えることは，とても面白そうだったんだけれど……。「ぼくの頭脳で対応できるのか？」という迷いが，踏み留まらせたということです（笑）。
GA　メタボリのような「システマティックな建築」の裏付けとして，構造の可能性を見出されていた？
伊東　メタボリというよりも……。丹下さんの「国立屋内総合競技場」（1964年）に見られる，独特な形態に興味がありました。また，主に松井源吾さんと組んでいた菊竹さんの建築を知るようになっていたので，「構造の重要性」をぼくなりに感じていたのだと思います。所謂，「構造デザイナー」の可能性だってあるかもしれないと。

でも，駒場の教養課程で習う数学でさえ，とても難しく感じられて，まったく歯が立たない状態だったのです。薄々，「数字を扱う構造は無理だな」と判っていたのだと思います。
GA　かと言って，伊東さんには「文学系」の雰囲気もないですね。
伊東　仰る通り，未だに全然，本を読んでいないです（笑）。
GA　まったく「文学系」には興味がない？
伊東　ぼくの家系は，ほとんど小説なるモノを読まない人ばかりでした。中学・高校の頃は，人並みに太宰治などを嗜んでいましたが……。それ以上に，文学にのめり込むことはありませんでした。
GA　大学の先輩たちは，文学的レトリックを使って，建築を語るようなことはしなかったですか？
伊東　ぼくたちの時代には，そんな雰囲気はありませんでした。むしろ，もう少し後の世代の傾向じゃないかな……。
GA　あくまでも，モノありき？

伊東　確かに,「建築」だけを考えているような若者でしたね。

GA　政治的な動き,例えば「学生運動」などにも興味はなかったですか？

伊東　ぼくが東大にいた頃は,丁度,60年安保と70年安保の狭間だったのです。だから,キャンパスの雰囲気も,シラっとしていましたよ（笑）。

　菊竹事務所へ入った頃,70年安保に向けて再び大学紛争が激しくなっていきました。もちろん,仕事が忙しくて,紛争に参加する余裕なんてありませんでしたが……。仕事帰りに新宿へ寄って,遠巻きに見物しているようなスタンスでした。

GA　「シラケ世代」は,ぼくたちの世代の前にもあったのですね。

伊東　所謂,「ノンポリ世代」というヤツです（笑）。

■菊竹事務所の狂気

GA　菊竹さんとは,学生時代から面識があったのですか？

伊東　ぼくが3年になった頃,もの凄い勢いで,次々と衝撃的なプロジェクトを発表していました。それらに興味を抱き,4年の夏に1ヶ月間,念願の菊竹事務所でアルバイトをさせて頂きました。

GA　当時の菊竹事務所は,早大出身の方が多かったですね。

伊東　そうです。東大出身者は,ぼくが初めてでした。菊竹さんも,「今までとは,違うタイプの人間がきた」と思ってくれたのではないでしょうか。

　バイトの最終日に思い切って,「来年から,働かせて頂けませんか？」と言ってみたら,その場で「イイよ」と答えて下さったのです。

都城市民会館,
設計：菊竹清訓,1966年

■菊竹事務所の狂気

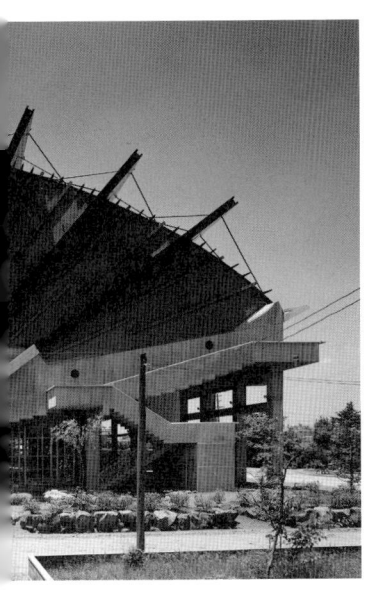

GA アルバイトでは，どんな仕事を任されていたのですか？

伊東 丁度，「都城市民会館」（1966年）の設計に取り掛かるタイミングだったので，その前段階のリサーチを任されていました。今，ぼくの事務所に来ているアルバイトに比べると随分，マシな仕事をさせて頂けたと思います。逆に言うと，当時の学生は，今の学生より役に立ったのかもしれません（笑）。

それで，バイトが終わる頃に，リサーチの成果を菊竹さんに見せに行ったら，「皆の前で発表してください」と言われて……。その時のプレゼンテーションも含めて結構，評価して下さったことに気を良くして，「菊竹事務所へ行こう！」と決断したのかもしれません（笑）。

何れにしろ，実際に働いてみて初めて，「建築って，面白いかもしれない！」と思えました。

GA 学校で習う「建築」とは，明らかに違うものでしたか？

伊東 ともかく，迫力が圧倒的に違いました。「現実に，設計を進めていく時の凄まじさ」を間近で見てしまうと，「自分が考えていた建築と，まったく別物だ！」と思わざるを得ないですよね。

大学教育だけを受けている時には，メタボリに代表される「論理」を前提に「頭の中で考えるのが建築だ！」と思い込んでいたのです。でも，菊竹事務所へ行ってみると，「建築とは，身体全体で考えるものなんだ」ということを教わった。

それ以上に，現実の締め切りまでに猛烈な勢いで図面を仕上げる迫力などを端で感じてしまうと，「建築って，こうやって出来ていくものなんだ」と初めて本質に触れた気がしたのです。「よし，ぼくもやってみよう！」という気持ちに，厭が応にもなってしまいました。

GA 当時の菊竹事務所は，活気に溢れていたんでしょうね。
伊東 ある種，狂気じみている所もありましたよ（笑）。実際，「菊竹清訓氏に問う，われらの狂気を生き延びる道を教えよ」（『建築文化』1975年10月号）という文章を書いたこともありました。
　当時の丹下チームは，磯崎さんや黒川さん，大谷幸夫さん，神谷宏治さんなど，エリート集団だったわけです。彼らタレントが，様々なアイディアを出し合い，あくまでもチームでプロジェクトを攻めていく方法を採っていました。
　それに対して当時の菊竹チームは，菊竹さんの一言に敏感に反応できる所員ばかりでした。菊竹さんが「図面を描け！」と言うと，一斉に全員が描き始める。大体，内井昭蔵さんが平面を描き，遠藤勝勧さんが詳細図を描く。久慈惇さん（＝現姓は小川さん）の担当は，エレベーション。まさに，各所員が菊竹さんの手足のように動けるよう，鍛えに鍛え上げられていたのです。
　本当に，丹下チームとは対照的で，まったく違う性格を持っていました。さらに，武者英二さん，土井鷹雄さんなど，ぼくが入所した時には約15人くらいで構成された，緊張感のある研ぎ澄まされたチームだったのです。
　ぼくの少し前に入所していた，斉藤義さんや仙田満さんたちは，「手が動かずに理屈だけ言う」みたいなレッテルを，先輩方に貼られていましたね（笑）。
GA 二川も，その話を良くしています。「当時の菊竹事務所には，文句ばかり言っていた男がいた！」と（笑）。
伊東 そんなに文句を言っていたつもりはないから，明らかに二川さんの誇張ですよ（笑）。でも，仙田さんとぼくは，手が動かない所員だったことは事実です。長谷川逸子さんは，手が動く方だったから，事務所の役に立っていたんじゃないかな……。何れにしろ，ぼくが入所した頃から，研ぎ澄まされた集団から，もう少し議論を好む集団へと変化

■万博前夜

しつつありました。
　そんな時期に,「エキスポタワー（日本万国博覧会）」（1970年）や「多摩田園都市計画」（1965年〜）の仕事が入ってきて……。ぼくの菊竹事務所での4年間は,この二つの仕事に集中していました。

■万博前後

GA　入所後4年経って……。言葉は悪いですが,どんな見切りをつけたのですか？
伊東　「菊竹さんに見切りをつけた」という事ではなくて……。先述のように,再び起こった大学紛争で世の中が騒がしくなってきていたので,「こんな時代に,悠長に万博なんてやっているのか！」という眼差しを,仲間から受けていたのです。
　ぼくは,「エキスポタワー」だけでなく,丹下さん主導の「Expo'70 基幹配置設計室」にも,菊竹事務所の人質として送り込まれていました。所謂,マスタープランにも関わらざるを得なかったので,万博の仕事には,かなり深く入り込んでしまっていたわけです。
　そんな時期に,万博の仕事に携わっている自分に,シンドさを感じ始めていたことが,「4年後の見切り」の最大の理由ですね。
GA　独立後のアテは,あったのですか？
伊東　同時期に,東大で同級生だった月尾嘉男氏が,丹下研でコンピュータを使った交通計画の仕事を始めていました。さらに,クリストファー・アレグザンダーの著書『都市はツリーではない』（1965年）などの影響も加わって,「もう一度,コンピュータを使った設計を勉強してみよう」と思い始めていたのです。
　ところが,大学紛争が激化して,東大が閉鎖されてしま

エクスポタワー（日本万国博覧会），設計：菊竹清訓，1970年

った。つまり，アテもないまま1969年，菊竹事務所を退所することになりました（笑）。

GA 万博開幕を待たずに，現場を去ったことになりますね。
伊東 そうなんです。開幕直前に月尾氏から，「ロボットを見に来いよ！」と誘われて，現場に立ち寄ったくらいです。

　それっきり，会期中に一度も会場を訪れることはなかったので，「エキスポタワー」すら，ちゃんと完成した姿を見ていません。

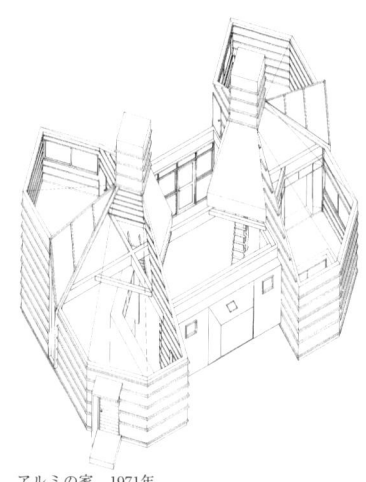

アルミの家，1971年

GA 「デク」と「デメ」を見に行った縁で，最初の事務所名が「URBOT（アーバンロボット）」になったのですか？
伊東 実は，月尾氏と二人で事務所を始めようと思っていたのです（笑）。

　彼がコンピュータ・ソフトウェアを開発し，ぼくが建築デザインをする。それで，「アーバンロボット」という名前を付けたのはいいのですが，肝心の月尾氏が磯崎さんに引き留められてしまって……。結局，ぼく一人で「アーバン

■万博前夜

ロボット」を背負うことになってしまいました（笑）。

GA そんな経緯があったとは，知らなかったです。

伊東 当時は，かなり意地になっていましたよ（笑）。「アーバンロボットとは，落ちコボレのカプセルだ！」なんて声高に言っていたら，ぼくの処女作である「アルミの家」(1971年)として結実してしまいました。

GA 当時のコンピュータって，どんな感じだったのですか？　可能性は論じられていても，使い物にならなかったのではないですか？

伊東 恐らく，そうだと思います。

ぼくも，パンチカードにプログラムを記憶させながらコンピュータを動かす勉強を，多少はやっていたんですよ。でも，かなり難しく感じられて，それ以降，まったく触らなくなってしまいました（笑）。

GA 当時のコンピュータへの興味は，現在の伊東建築に適用されているアルゴリズムへ繋がるのですか？

伊東 まったく繋がっていません（笑）。最近になって，「アルゴリズム」という言葉が所内で使われ始めた時に，「あの頃，パンチカードに打っていたようなことだろうな」位には考えていましたけれど……。

GA 独立直後に，重要なパートナーを失ってしまったことは，かなりの痛手だったと想像します。それでも，独立するからには「起爆剤」的な仕込みもされていたのではないですか？

例えば，スキャンダルな事件を起こすことで，世間の目に留まるようにしていた，磯崎さんみたいなことは考えておられました？

伊東 戦略らしい戦略は無かったですね（笑）。

それまでのぼくは，メタボリズムに憧れて菊竹さんの元で働き，大阪万博のために仕事をしていた。でも，大学紛争を主体的に起こしていた全共闘を，思想的にはバックア

ップしている自分もいたわけです。その頃から，篠原一男さんの建築に興味を持ち始めてもいました。

　そうなってくると，分裂症的になっていたことを，自覚せざるを得ないですよね。コンピュータやロボットにまで興味が広がっていた当時のぼくは，「何とか整理しなければいけない」という気持ちが強くありました。ともかく，「アルミの家」を設計しながら，「自分の方向性」について悶々と考えていた。つまり，戦略を立てる余裕なんて，ほとんど無かったのです（笑）。

　事実，オイル・ショックが追い打ちを掛けていたので，八方破れと言ってもいいくらい，70年代は仕事のアテがありませんでした。

GA　その間，学校などで教えていらしたのですか？

伊東　いえいえ。学校で教えさせてなんかくれません。今，振り返ってみると，東大の土木から道路公団に行った高校の同級生が，パース描きの仕事をくれていたのが飯の種でした（笑）。橋の絵を描いただけで，当時で約10万円くれていたので……。それを二人のスタッフの給料に充てていた感じだったのです。

　もう一つ，月尾氏が関わり始めていた，通産省主導の「コンピュータ・コントロール・ビークル・システム」というプロジェクトのお手伝いもしました。東大で機械工学を教えていて，その後，慶應の先生になられた石井威望さんを，彼が紹介してくれたことに端を発した仕事です。プロジェクトの建築的要素（＝例えば，駅舎）や，デモンストレーション・モデルのデザインなどで，何とか食いつないでいた時代でした。

GA　建設会社の仕事は？

伊東　「絶対，ゼネコンの下請けとしての図面引きはしない」ということだけは，心に決めていました（笑）。

■草創期の伊東事務所

URBOT時代の伊東氏

■草創期の伊東事務所

GA　最初の事務所は，青学会館のそばにあったと伺っています。

伊東　義兄は父親の影響もあって，骨董に興味がありました。それで，思い切って味噌屋を畳んで，陶磁器のギャラリーをやりたいと言い出していたのです。父親と交流のあった友人たちなどツテを頼れば，東京で十分，やっていけると判断したのでしょう。義兄夫婦が上京した際，住処として辻堂に設えたのが「アルミの家」だったのです。

　それと同時に，青山に小さなビルも建て，1階でギャラリーを開く。「アルミの家」の方は，「設計料無し」という条件で，ぼくの好きなようにやらせてもらいました。一方で，青山のビルは設計料を貰うけれども，義兄夫婦の望み通りのビルを設計するという交換条件があったのです。

　つい最近，甥や姪たちが，建て替えてしまったので，もう無くなってしまいました。この甥は，磯崎アトリエで働いた，伊東孝くんです。

GA　そのビルに，間借りしていたわけですね。

伊東　そうなんです。最上階の半分，約10坪くらいのスペースを借りて，1971〜1988年までオフィスとして使っていました。

GA　間借りした事務所には，何か手を加えていたのですか？

伊東　設計者が言うのもなんですが，本当にひどい事務所でね（笑）。

　菊竹事務所時代に，早大で開かれた「地域暖房研究会」へ強制的に参加させられていました。それで，尾島俊雄さんの研究室にしばらく通っている内に，何故か彼と気が合ってしまいました。その後，「独立するので，発起人になってください」と頼みに行ったら，快く引き受けてくれただ

けでなく,「尾島邸」まで設計させてもらいました（笑）。
　さらに, ぼくの事務所の空調まで, 考えてくれると言うわけです。
GA　なんだか, 訳ありな話になりそうです（笑）。
伊東　それがね……。天井裏全体をダクトにすることで, 改めてダクト工事する必要がないアイディアを, 尾島さんが出してくれました。つまり, 天井に張る有孔ボードの孔から吹き出す。
　当然, 既製品の有孔ボードは, すべて同一径の穴です。そこで, ぼくたちが手作業で寒冷紗を貼り重ねることで, 吹き出し量をコントロールしようとしたのですが……。まったく理想通りには吹き出してくれず, ほとんど空調が効かない状態になってしまったのです。特に, 夏季の窓側は暑くてしょうがないので, とうとう有孔ボードを外してしまい, 天井裏も丸見えにしてしまいました。
GA　せっかくの苦労が, 水の泡になってしまったと。
伊東　これは, 尾島さんが悪いわけではないけれど……。その結果, 鉄骨に吹き付けられていた石綿が, バラバラと床に落ちてくる状態になってしまいました。約10年もの間, ぼくたちはそれを吸い続けていたんですよ。
GA　お体は大丈夫ですか？
伊東　朝, 出社すると, 製図板の上に必ず石綿のカスが溜まっているような状態で, 設計をやり続けていました。今考えると, ゾッとする話ですよね。でも, ぼくは何ともないので, 大丈夫なのでしょう。
　当時, 所員として働いていた, 石田敏明くんなども平気そうですから……（笑）。

■日本的なるモノ

GA　独立されるまでの間に, 国内外の建築を意識的に見て

ベルリン・フィルハーモニー,
設計：H・シャロウン, 1963年

■日本的なるもの

回ったりしませんでしたか？
伊東 全然，見ていなかったですね。菊竹事務所でのバイトが終わった直後，卒業旅行のような形で，菊竹作品を中心に山陰・山陽を一人で巡ったくらいです。竣工を間近に控えた「東光園」(1964年) では，現場常駐していた遠藤さんが，凄い形相で職人たちに指示を出していたことを，鮮明に覚えています。

その時に，丹下さんの「香川県庁舎」(1958年) を見たことも，強く印象に残っています。「倉吉市庁舎」(1957年) や「倉敷市市庁舎」(1960年) も，当時のぼくには強いインパクトがありました。
GA 海外は？
伊東 菊竹事務所時代に1度だけ，「モントリオール万国博覧会」(1967年) に行かせてもらいました。その際に2週間の休みを頂いて，ヨーロッパでアアルトの建築などを見て回りました。
GA コルビュジエは？
伊東 「サヴォア邸」(1931年) や「ラ・トゥーレット修道院」(1960年) などは見ていなくて……。「ユニテ・ダビタシオン・ベルリン」(1957年) やパリ市内の幾つかの作品を観ました。
GA ミースは？
伊東 ベルリンで，ハンス・シャロウンの「ベルリン・フィルハーモニー」(1963年) を見に行った途中で，まだ鉄骨剥き出しのままだった「新ナショナル・ギャラリー」(1968年) の脇を通りました。「凄い建築をつくっているな」と思っていたら，ミースの建築だということを後で知りました（笑）。
GA 近現代建築以外，例えば，古典に対する興味はなかったのですか？
伊東 ぼくたちの世代は，関心が薄かったと思います。一応，日本と西洋の建築史は，大学で勉強しましたが……。

隈研吾さんたちのジェネレーションと比べると，興味の持ち方がかなり違っていたのではないでしょうか。

　当時の東大では，3年生の時にかなりの時間を掛けて，関西の古建築を巡るツアーがありました。丁度，その時に座骨神経痛で起き上がれない状態になっていて，参加できなかったのです。この関西旅行へ行っていれば，少しは興味が持てたのかもしれませんね（笑）。

　茶室だって，ほとんど見ていないし……。逆に，今のぼくは，なるべく興味を持たないよう，敢えて見ないようにしているくらいです。70歳になったら，解禁していいかもね（笑）。

GA　隈さんなどは，所謂「ジャポニカ」をウリにしていることを自覚しながら，海外進出を企てているように感じます。伊東さんは，そんな意識すらなかったですか？

伊東　ぼくは，絶対に日本の伝統に触れないよう，強く意識していました。

GA　例えそうだったとしても，「日本的なるモノ」にすり替えられ，海外に喧伝されていった事実も見逃せません。むしろ，桂離宮や茶室に繋がっていないのに，「日本的なるモノ」と近似的に感じられてしまうことに興味があります。

伊東　現代における「日本的なるモノ」は，古典と直接関係ないのかもしれません。

　少し上の世代の日本人建築家と，海外のレクチャーをご一緒させて頂くことが，偶にあるのですが……。妙に「日本的なるモノ」と関連させてプレゼンされているのを聞くと，いつも「厭だなァ」と思っていました。

GA　例えば，60〜70年代のファッション界では，「禅的なるストイックさ」をウリにして，日本のファッションを世界に知らしめていった経緯があります。建築界でも，同様の傾向があった筈です。

伊東　例えば，「香川県庁舎」を初めて見た時のことを振り

返ってみると……。当時，騒がれていた「伝統論争」などと関係なく，只々，「プロポーションの良さ」に感動していたわけです。つまり，「日本的なるモノ」の問題ではない。

三宅一生さんが展開しているファッションでも，「1枚の布から……」というフレーズだけで，すべてを言い当ててしまう部分があったでしょ……。

GA 「日本」を売らずに，「日本」を代表するにものになれる。それは，伊東さん独特の傾向だと思えます。

伊東 同世代で言えば，石井和紘さんは例外的に，「日本的なるモノ」に強い興味があった人ですね。

GA 石井さんは，早くから海外に出ていたからかもしれないですよ。

伊東 確かに。

GA 「日本的なるモノ」が武器になることを，肌身で感じてしまっていた。

隈さんも，同様の傾向があるかもしれません。「ニューヨークで畳を敷いた生活をしていたら，ウケた！」という逸話を披露しているくらいですから（笑）。

伊東 逆に，海外で生活した経験がある人の方が，「日本的なるモノ」に対して，敏感になるのかもしれませんね。

■白い空間とドミノ

GA 70年代は，伊東さん世代が上の世代に闘いを挑んだ時代だと思います。何かと，二項対立的に物事を捉え，メディアが騒ぎ立てていた。

その火中にいた伊東さんは，どういうことを考えていましたか？ 例えば，同世代の石山修武さんと話をしていると，未だに当時の意識を引きずっているような感じを受けます。

伊東 ぼくの70年代を振り返ると，「篠原グループ」と話が

できるようになっていたことが，大きかったと思います。70年代後半になると，篠原研究室にも出入りするようになり，坂本一成さんや多木浩二さんと，頻繁に議論していたわけです。

　一方で，石山さんや石井さん，そして彼らの周辺にいた渡辺豊和さんや毛綱毅曠さんなどとも付き合いがありました。彼らは，坂本さんたちとは，まったく意見が合わない人たち（笑）。

　その二つのグループを介して，上の世代に対する批判精神を培っていったし，自分の建築をつくり上げていった経緯があります。ただし，磯崎さんや黒川さんには随分，面倒も見てもらっていたので，実際には，面と向かって喧嘩できるような相手ではなかったけれど……。「彼ら二人は，同じ年頃には公共の仕事をかなりやっていたのに，俺たちは住宅の仕事しかない」という，やっかみは常に抱いていました（笑）。「俺たちだって，コレくらいはできる」という生意気な気持ちと，ある種の悔しさが入り交じっていて……。

GA　そんな気持ちを，「批判」に換えていたわけですね。
伊東　そういうことになります（笑）。当時は，作品ができる度に，石山グループだけでなく，坂本・多木グループも見に来てくれていました。彼らには，容赦なく厳しいことを言われ続けていましたよ（笑）。仕事数とのバランスを考えると，かなり議論の時間が長かった時代ですからね。

　元々，そんなに議論好きな人間ではないので……。今になって振り返ってみると，やむを得ず，彼らとの議論を繰り返すことができたのは，自らの建築的テーマをつくり上げていく上で，よい時間を過ごせたと思います。

GA　そんな積み重ねが開花したキッカケは，ご自分では何だったと分析されていますか？
伊東　「アルミの家」を設計していた頃，自分が分裂状態

■白い空間とドミノ

　だったのと同じ様な状態が，約10年後に訪れるのです。何故なら，70年代に影響を受けた「篠原イズム」＝「比較的閉じた白い空間」の延長上で建築をつくっていながら，一方で「まったく違うことをやってみたい」とも思い出していたから。つまり，「都市に対して開く」と言っておきながら，「白い空間」の延長上では「なかなか開かない現実」を

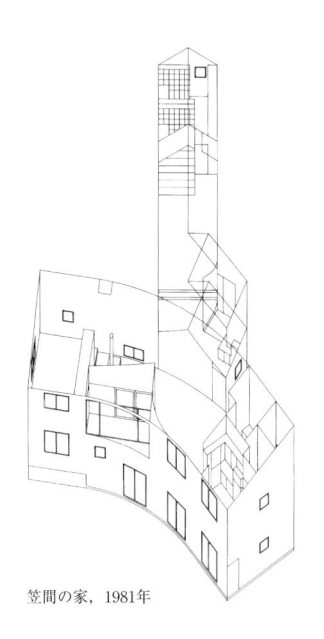

笠間の家，1981年

知ったわけです。
　例えば，「White U」の後，「ホテルD」(1977年) や「PMTビル名古屋」(1978年) をやってみたり，「笠間の家」(1981年) をやってみたり……。特に，「笠間の家」は，石山さんが主催していたダムダンに材木を輸入してもらったりしたので，自分の中では精神的にかなり開いたつもりだったのです。でも，結果を見ると「そんなに変わりがない」と感じてい

ました。
　これ以上の変化を求めるのであれば、「自分の意志だけでは変えられないモノ」にチャレンジする必要があると思って、「ドミノ・シリーズ」を始めた経緯があります。一般誌に「フレーム・システムの提案」を掲載してもらい、読者の中からクライアントを募る。そうやって、「篠原イズム」に感化された「内向性」を払拭するような意識を、強制的

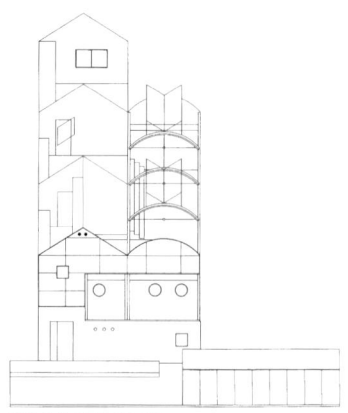

花小金井の家，1983年

に持つようにしてみたわけです。そんな気持ちになれたのも、石山さんの影響が大きかったと思います。
GA　それは意外ですね。
伊東　彼は、芸術家肌であると同時に、そこだけに自分の身を置くことに対しては、とても抵抗感がある。事実、材木を輸入してみたり、町興しに関わってみるなど、色々な方向に触手を伸ばしていきますよね（笑）。
　当時は、石山さんと良く飲んでいたので、「ぼくも何かをしなくちゃ！」と思ったのでしょう。その結果、「ドミノ・

■白い空間とドミノ

シリーズ」を展開したと同時に，バブルの風潮とも組み合わされて，自己変革のキッカケになったことは確かです。

GA 社会やメディアとの付き合い方も，かなり変わったのではないですか？

伊東 もちろん，変えざるを得ませんでした。でも，最も大きく変わったのは，自分の空間感覚。それまであった，「内部感覚」や「子宮感覚」など「内部空間への思考」を，まったく表現しない方法で建築をつくってみる。むしろ，そうしないと「社会と建築」の関係なんて語れないと思い始めていました。

　その後，「ドミノ・シリーズ」を展開した「小金井の家」(1979年)を実現し，「花小金井の家（＝妹島邸）」(1983年)を経て「シルバーハット」(1984年)へ至るわけです。

GA なるほど。

伊東 現在に至るまで，それほど明確な筋道があったわけではなくて……。常に，自分のやっていることが，不安で不安でしようがなかった。「何か，もっと違うことができないか？」と，常に思っていたのでしょうね（笑）。

GA 少なくとも「せんだいメディアテーク」(2001年)以前の作品には，きちんとした筋道があるように思えていました。ですから，今まで語っていただいたような「迷いがあった」というコメントは，とても新鮮に感じられたのです。

　現在でこそ，「思考のレンジを広げることで，とにかく広範な選択肢を取り込む」という方法を採っておられますが……。70年代から80年代の伊東建築には，「一途な建築家人生」を自覚されていたように思えてなりません。

伊東 外から見ると，そう見えるんですかね（笑）。

GA 以前，還暦話をさせて頂いた時に，「リボーンすることで，今後はより自由にやる」と仰っていました。そんな姿勢とは対極的に，一種の「求道者」のようなスタンスを取っていたようにも感じられましたよ。

伊東　ある意味で，とても不器用な人間だし，磯崎さんや隈さんのように博学でもありません。キャパシティの狭い人間だということを自覚しているからこそ，自分がやってきたことを振り返り，次にどう展開できるかを考え続けるしか手が無かったとも言えます（笑）。
　そのような筋道でしかモノを考えられないことが，端から見て「求道者」と見て頂けたのだとしたら……。ちょっと，穿ち過ぎな気もしますよ（笑）。

■レムとの付き合い

GA　石山グループや坂本グループとの付き合いから，ある段階を境に海外の建築家との付き合いも生まれてくるわけですよね。そこから，大きな変化が生じたように感じなくもありません。
　「井の中の蛙」ではないですが……。日本コミュニティの中だけで価値決定が下される段階から，まったく違うバックグラウンドを持った人間との共感を前提に，自信を育んでいく段階へのシフトがあったと想像します。
伊東　特に，レム・コールハースとの付き合いが始まったことは，大きかったですね。
GA　いつ頃からですか？
伊東　「シルバーハット」ができた頃に来日して，実際に見てくれたのが始まりです。その夜，夕飯を食べに新宿まで一緒に出て，パチンコ屋に案内したことも覚えています（笑）。
　彼は，一見するといい加減な人間に見えますが，実際はとても律儀な性格です。と言うのも，その後にロンドンへ行った際，1日，車で市内を案内してくれた位ですから。もちろん，彼なりの見方でガイドされるので，変な所ばかりを見せられた記憶があります（笑）。

シルバーハット，1984年

■レムとの付き合い

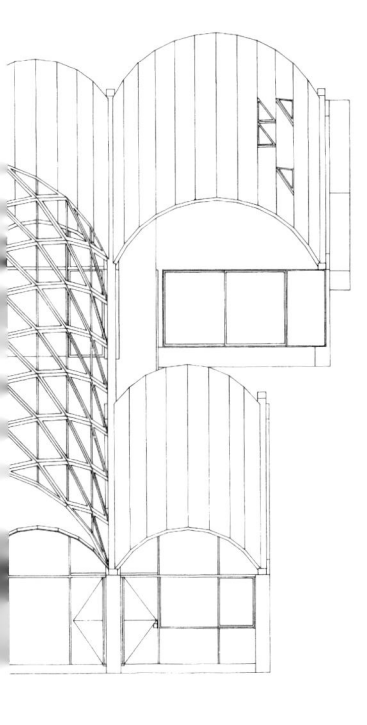

GA それは,想像に難くないです(笑)。

伊東 そうやって,レムとは人間的な信頼関係を構築することができました。頻繁に会っているわけではないけれど,今だに凄く信頼できる建築家だと,互いに思い合っている関係です。とにかく,「こんなことをやってもイイんだ！」と,彼の作品には勇気づけられる所がありますよね。

もちろん,ジャン・ヌヴェルとも良い関係にはありますが,レムとの関係とは確実に違っていると思います。ヌヴェルは,「古典的な建築」を,どこかで信頼している所があるでしょ？

GA 仰るように,あるレベルでとても古典的な捉え方をしていると思います。

伊東 特に,ヨーロッパの建築家は,同じ様なスタンスの人が多い。そんな中で,レムとは「意志が通じやすい」と感じる場面が沢山あります。

こう考えてみると,海外に出る機会が多くなったことで,「面倒臭いことから開放された」という気持ちが芽生えてきました。国内のプロジェクトで,とても細かい要素の議論ばかりを続けていると,どうしても閉塞状態に陥ってしまいます。海外の打ち合わせでは平気で,「こんなこと,関係ないや！」という気持ちになれますからね(爆笑)。

さらに,複数の海外プロジェクトを経験してみると,色々な意味で「建築って,まだ信用されている社会的存在だ」という,安心感があるのです。ぼくが経験したヨーロッパでは,街の人たちの「建築に対する期待」を,ひしひしと感じました。今後,アラブや中国で仕事をしたとしても,「この建築家に頼めば,儲かるぜ」と,建築家を「経済的に商品価値の高い存在」として扱ってくれるでしょう。何れにしろ,「建築は,まだ捨てたものではない」という気持ちを,海外に行くことで,取り戻している感じです(笑)。

ブルージュ・パヴィリオン，2002年

■ハイブリッド社会の可能性

GA　日本における「建築に対する信頼」は，すでに無くなってしまったのでしょうか？

伊東　ずっと無いですね。70年万博を境に，建築家の方も「建築に未来はない！」なんて言ってしまったのもマズかったと思うし……。それと同時に，社会サイドも，「建築家に未来はない！」と宣言してしまった。60年代は，もう少しマシな信頼関係が成立していたと思うけれど……。

　未だに二川幸夫さんが，頻繁に海外へ出ることで，元気を取り戻されているのは，とても共感できることです（笑）。

■ハイブリッド社会の可能性

GA 本人も，同じ様なことを言っていました。ただし，彼の場合は，国内で喧嘩し過ぎて居られなくなったところが違いますけれど（笑）。でも，幸いなことに，自分と価値観を共有する人間が世界に沢山いたので，ある種の居心地の良さを感じたのだと思います。

伊東 今でも不思議に思うことがあって……。事務所の仕事として，海外プロジェクトの比重が高まっているにも拘わらず，ぼくの作品として海外の人たちが認めてくれているのは，ほとんど国内でつくったモノなのです。「せんだい」にしてもそうだし，「TOD'S 表参道ビル」(2004年) にしてもそうだし……。

「ブルージュ・パヴィリオン」や「サーペンタイン・ギャラリー・パヴィリオン2002」(2002年) が，やっと評価の対象になったくらいでしょうか。「コニャック・ジェイ病院」や「バルセロナ見本市 グランヴィア会場」(共に2007年) は，程々の評価でしかないと感じています。「せんだい」や「TOD'S」のように，自らのコンセプトを100％具現化できているわけでもないので……。

つまり，現在のぼくの課題は，「海外でも，〈せんだい〉レベルの建築をつくれるのか！」ということなのです。

GA 施工システムや施工技術のレベルなど，様々な問題が錯綜しているのではないですか？

伊東 その問題もあると思います。結局，丹下さんや磯崎さんの傑作を挙げるとしても，国内の作品になるでしょ？　所詮，日本の建築家は，そうなってしまうと思うのです。

様々な問題を抱えてはいますが，日本の建設業界によって，建築家は素晴らしい結果を与えてもらっているのかもしれませんね。

GA 施工の完成度だけでなく，日本独特のコンテクストも影響していませんか？　例えば，ある種のエクストリームとして考え出されたアイディアを，それを取り巻く人たち

が増幅していく傾向がある。つまり，社会は現代建築を見放しているかもしれないけれど，拒否まではしていない。

　欧米社会では，我々日本人が持っていない常識やマナーが根底にあるので……。それを揺るがすような表現は，確実に拒絶されてしまう。

伊東　例えば，構造設計ひとつをとっても，佐々木睦朗さんが提案するようなアヴァンギャルドなアイディアは，海外ではまったく許されません。「施工の難しさ」以上に，「ベーシックなシステムへ落とし込もう」という意識が働いてしまう。そういうことも含めて，「建築とは，こういうモノだ」という揺るぎない枠を感じる場合が多々あります。その枠から外へ出ることは，けして認められない。

　そういうことを考えると……。思想的にも施工技術的にも欧米より日本に近い，アジア社会に期待し始めています。今までアプローチしてこなかった中国やインドも含めて，日本の建設業界が出ていく余地があるだろうし，強い枠を嵌められる可能性も少ないかもしれない。

GA　先月，インドへ行ってきたばかりなのですが……。やっぱり，日本とは価値観の尺度が全然，違いますよ。

伊東　確かにインドに関しては，情報が少ない分，何を考えているのか判らない所がありますね。

　一方，昨年の「ダボス会議（＝世界経済フォーラム）」に出席した際には，インド人を多く見掛けました。世界経済を動かしている人種構成が，現実的に大きく変わっていることを，肌身で感じざるを得ません。「〈台中〉のような建築をつくって欲しいけれど，きっと高いんだろうね」と，現代建築に興味のあるインド人が，気さくに声を掛けてきた位です（笑）。

GA　景気が良いムンバイなどは，現代的なお金持ちがウヨウヨいるのですが……。片方では，昔からのインドがすぐ横に併存していて，西欧的にシビライズされている富裕層

■ハイブリッド社会の可能性

とも手を結び始めている。そんな共存が，今後の世界で生き残る鍵なのかもしれません。

中東で急速に開発されてきた「砂漠の民による都市」には，そんな定住性を感じることができません。少なくとも，インドや中国に見られるような「ハイブリッド社会」を構築しようがないでしょう。

本来，日本は高度な「ハイブリッド社会」を構築していた筈なのですが……。

伊東 あまりにも，民主主義が徹底し過ぎてしまったことも，災いしていると思います。

GA 結局，お役人が生み出した「民主的な設計思想」が，日本には蔓延してしまったのでしょう。その結果，「突出したクライアント」や「突出した条件」に対応できる幅が，消滅してしまったように感じます。戦前の日本は，現在の南米とたいして変わらない社会構造だった筈ですから。

伊東 最近，竣工したばかりの「White O」(2009年)が建っている南米も，貧富の差が滅茶苦茶あるわけです。そんな地域で，「お金持ちのために建築をつくること」に，ぼくたち日本人は，何となく抵抗を感じてしまうのですが……。その問題を，精神的にも思想的にもクリアしないと，なかなか次へ進めないのかもしれませんね。

台中メトロポリタン オペラハウス　2005-

The Taichung Metropolitan Opera House is built by the Taichung City Government, Republic of China (Taiwan)

■「台中メトロポリタン オペラハウス」のこと

GA 今,動いている仕事の中で,最も大きなプロジェクトが「台中メトロポリタンオペラハウス」(2005年〜)だと思います。
　元々のアイディアは,ベルギーで行われたコンペティションの案「ゲント市文化フォーラム」(2004年)でしたよね。まずは,「ゲント」で提案された,独特の構成原理について伺いたいです。

伊東　「ゲント」は,1,800席のコンサート・ホールを中心に,ダンスなどもできるスタジオやリハーサル・スペースが求められていました。つまり,割とシンプルなコンサート・ホールだったのです。
　既に,「長岡リリックホール」(1996年)や「まつもと市民芸術館」(2004年)など,幾つかのオーディトリアムを経験していましたが……。他のプログラムと比較して,「なかなか空間の形式を変更することが難しい!」と感じ始めていたのです。でも,当時のぼくたちには,美術館ではなくオーディトリアムの仕事ばかりが来ていました(笑)。

GA　端から見ていると,むしろオーディトリアムを得意にしているように思えました。

伊東　とんでもありません!　「ゲント」に関しても,当初は「何もできない割には,専門的な知識を過剰に必要とされるのではないか?」とネガティブに捉えていました(笑)。そこで,どうせコンペに参加するのであれば,「今までにない,コンサート・ホールを提案したい!」という強い思いを,スタディの出発点にしてみたわけです。

GA　言うは易く,行うは難し……。

伊東　「どうすれば,革新的なホールにできるか?」という問いに対して,そう簡単に答えがみつかる訳がありませ

■「台中メトロポリタン オペラハウス」のこと

ん（笑）。

　応募要項にも，難易度が高い要求が書かれていました。例えば，「1,800席のホールを可変型にしたい」と。ステージ形式を変更できるだけでなく，客席も固定せず，平土間やエンド・ステージ型にも対応できるようなユニット化をして欲しい。後に「パリ国立オペラ座」の総裁になったジェラール・モルティエが審査員に名を連ねていたので，彼の「ホールに対する考え方」が色濃く反映されていたのでしょう。

　ぼくたちは，そんな条件を，「結構，近代主義的な考え方だな」と捉えていました。もっと違う形式にしないと，現代的なホールにはならない。そこで，直前にポルトガルで見てきた民俗歌謡「ファド」のコンサートの様子を，コンペ・チームに話してみたのです。

GA　どんな雰囲気だったのですか？
伊東　街路で催しているので，自然と賑わいのある人だかりができてくる。「1,800席あっても，同じ様な楽しさをキープできるホールを実現したい」と考え始めたわけです。

　なかなか，面白い敷地だったことも幸いして……。色々な方向からアプローチできるので，正面性がありませんでした。

GA　ヨーロッパでよく見られる「街中の広場」と，よく似た性格の敷地ですね。
伊東　様々な方向からアプローチしてくる街路が，建物の内部にまで貫入することで，ネットワークを形成する。そして，ネットワークの交点が広場的な性格を帯びてくる。そこかしこで様々なストリート・コンサートが行われるだけでなく，最も大きな広場が「1,800席のコンサート・ホール」になるような構想を描いてみたのです。

　つまり，敷地一杯にヴォリュームを設定し，その中に複数の洞窟（＝cave）を生み出すように，街路が貫入していく。

1 階平面　S=1:1200

1	メイン・エントランス	9	テラス
2	ロビー	10	控室
3	インフォメーション・カウンター	11	イベント・ホール
4	コーヒー/スナック・ショップ	12	レストラン
5	イベント・スペース	13	グリーン・ルーム
6	グランド・シアター	14	厨房
7	プレイハウス	15	ルーフ・テラス
8	ホワイエ		

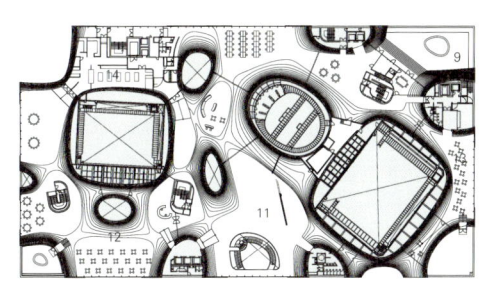

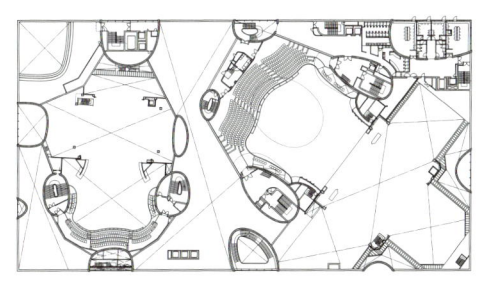

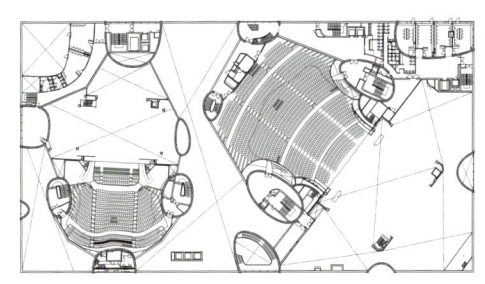

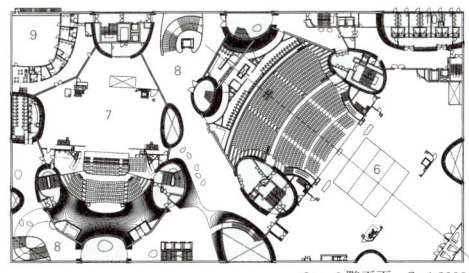

2〜6階平面　S=1:2000

地下1階平面

地下2階平面　S=1:2000

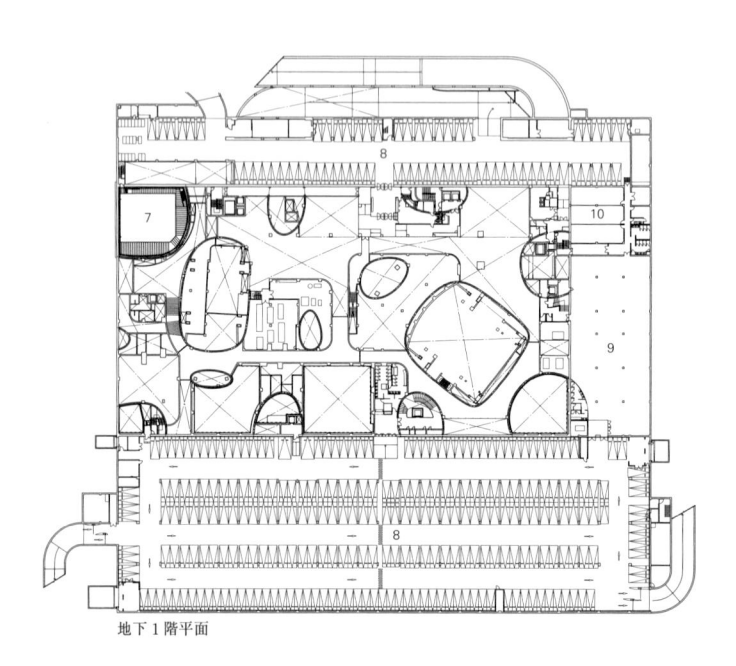

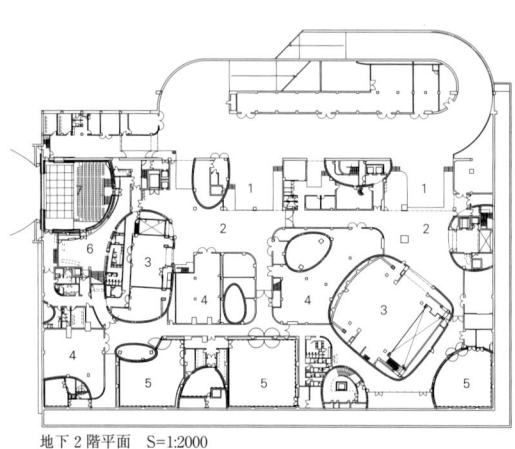

1　搬入口
2　ワークショップ
3　ピット
4　機械室
5　リハーサル室
6　ホワイエ
7　ブラック・ボックス
8　駐車場
9　店舗
10　事務室

■「台中メトロポリタン オペラハウス」のこと

残ったヴォリュームは，楽屋やオフィスになる。割と直ぐに，そこまではスケッチできたのですが……。「そんなイメージを，どういう構造形式で成立させるのか？」という段階で，約3ヶ月間，試行錯誤を繰り返すことになりました。
GA 設計チームには，どんな人がいたのですか？
伊東 中心になってくれたのは，平田晃久くんでした。彼が提示してくれた幾つかのアイディアの中から，「台中」に繋がる構造形式が芽生えてきたのです。さらに，構造家・新谷眞人さんが加わったことで，ほとんどのストラクチャーが3Dシェル面になるような，コンクリート造を提案しました。その中に，コンサート・ホール及びスタジオが連続しながら配されている，「台中」の原型となるモデルにやっと辿り着いたわけです。

ぼくたちとしては，最終審査に残っていた「レム・コールハースと決戦だ！」と意気込んでいたのですが……。実際には，「応募案提出にOMAが遅刻して失格」など，ドラマチックな展開がありました（笑）。そんな拍子抜けするような事件の影響もあって，オランダのノイトリング・リーダイクに最優秀の座を奪われてしまいました。
GA 伊東さんのアイディアは，審査員に理解されていましたか？
伊東 ほとんどの審査員は，「どこが壁で，どこが床なのか？」というベーシックな物理的状態でさえ，模型を見ても理解できていなかったようです。正直，インタヴューを受けていても，「コレはマズいな！」と感じていました。

それに加えて，審査員のキーパーソンだったモルティエにとって，ぼくたちの提案したようなホールは想定外だったのではないでしょうか。
GA 彼は，ブラック・ボックスを求めていた？
伊東 皮肉にも，「座・高円寺」（2008年）で実現している状態に近いホールを，理想としていたのではないでしょうか

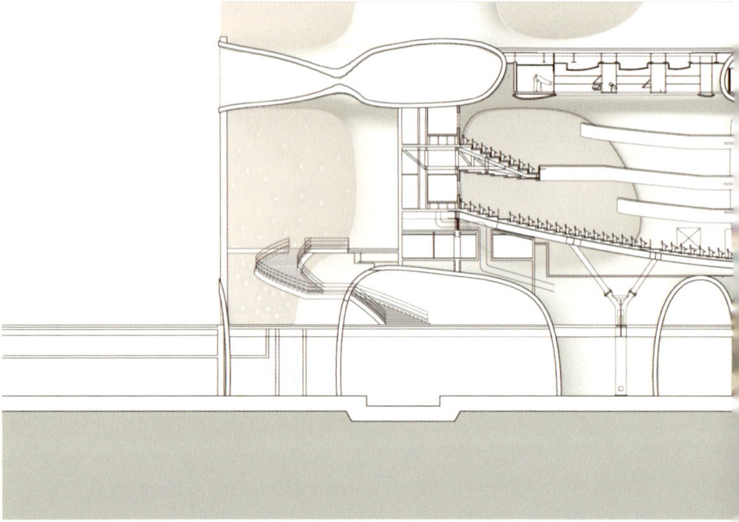

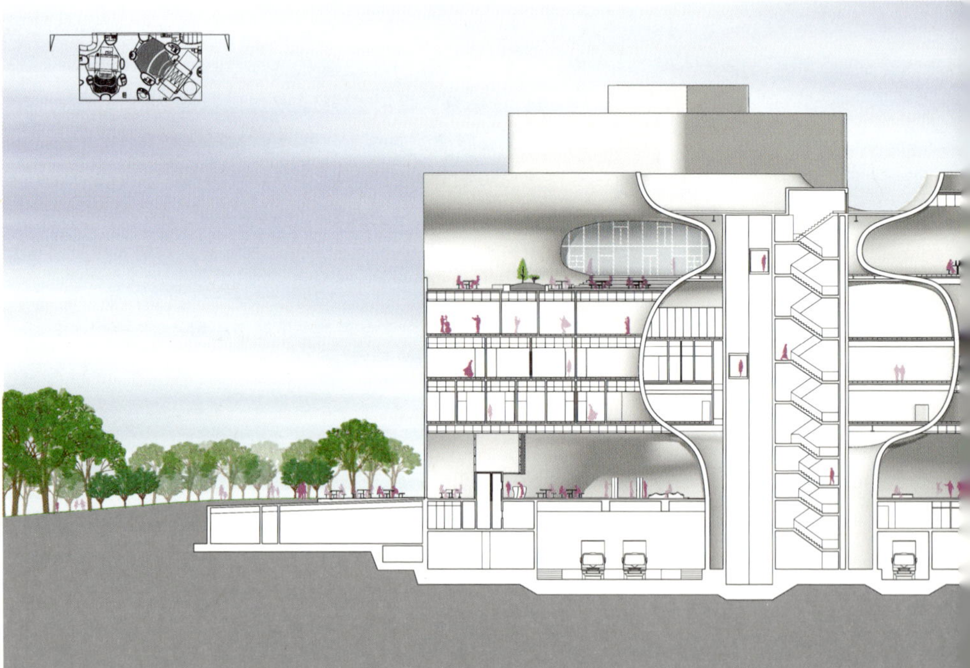

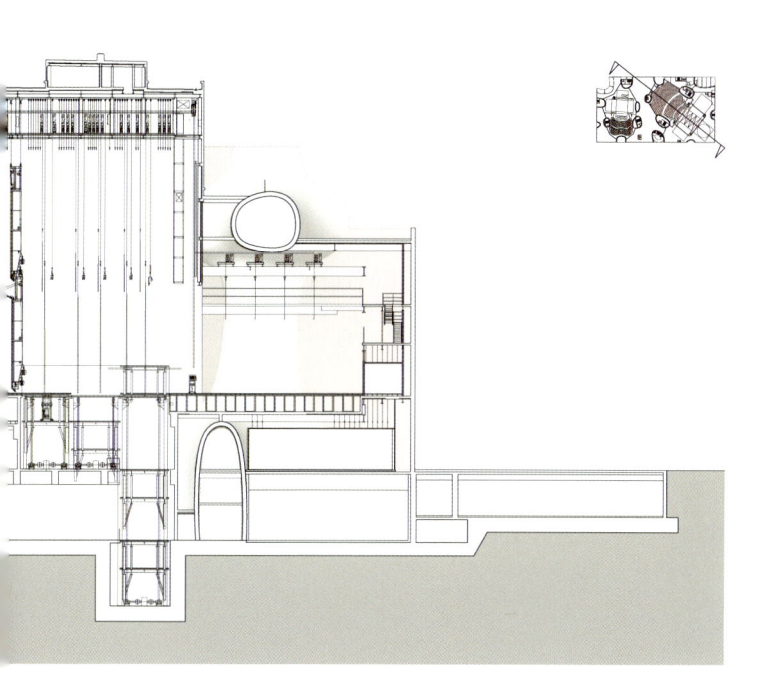

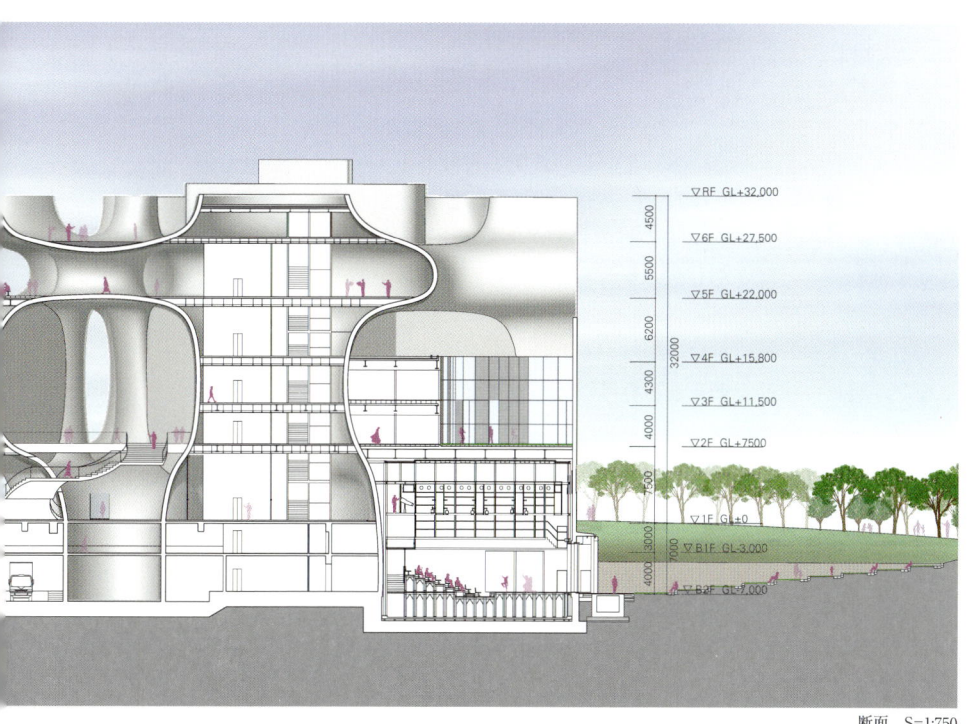

▽RF GL+32,000
4500
▽6F GL+27,500
5500
▽5F GL+22,000
6200
▽4F GL+15,800
32000
4300
▽3F GL+11,500
4000
▽2F GL+7,500
▽1F GL±0
3000
▽B1F GL-3,000
4000
▽B2F GL-7,000

断面　S=1:750

(笑)。こんな「ゲント」での悔しい思いが醒めやらぬ前に，「台中」のコンペが予告された経緯があります。

GA 「ゲント」とは，大分違うプログラムですよね。

伊東 今，振り返ってみると「やや，無謀だったな」という気がしています（笑）。というのも，コンサート・ホール（=「ゲント」）とオペラ・シアター（=「台中」）は，空間の性格が大きく違いますからね。特に後者は，ステージの面積が膨大かつ，フライタワーが極端に高くなる。しかも「台中」では，大・中2つのホールを必要とされていたので，その納め方にかなり苦労しました。

「ゲント」のような比較的シンプルなプログラムであれば，コンサート・ホール以外の密実な部分（=オフィスやレストラン，楽屋，等々）は，凡そ4層くらいでまとまる見通しをつけることができます。

もちろん，「せんだいメディアテーク」(2001年)のように，「縦に構造体としてのチューブを通してしまえば解決する」というストラクチャーではありません。特に，複数のホールを要求されていた「台中」は，各層で適宜，空間の拡縮を許容させる必要がある。「せんだい」と比べると，もう少し全体が有機的な構成をしていないとまとまらないわけです。

尚かつ，ネットワーク状の街路が上層階まで引き込まれるなど，複雑な状態を考えざるを得ないので，なかなか解き切るのが難しい（笑）。

GA では，スタディは，トライ＆エラーの繰り返しですか？

伊東 それしか方法はなかったです。「ゲント」の時から，5〜6人で構成されたチーム内の人間すべてが，ありとあらゆるケースを考え続けていました（笑）。でも，かなりトポロジカルなプロジェクトだったので，「アイディア」とも言えないような状態の発想が多いのも，今までのプロジェ

「ゲント」で参考にしたオブジェ

■「台中メトロポリタン オペラハウス」のこと

クトにない特徴です。
　例えば、「ゲント」の設計をスタートさせる際に、チーム内で毎日、眺めていたオブジェがありました。まるでサンゴのような、生物的有機性を醸し出している、赤褐色の陶作です。「どうやれば、こんな状態が建築になるんだろう？」と、粘土を使って同じ様なスタディ・モデルをつくってみたこともありました（笑）。
GA　まるで「クラインの壺」を想起させるような、反転を繰り返し続けている不思議なオブジェです。
伊東　実は、「せんだい」の現場監督さんから、竣工祝いに頂いた記念品でした（笑）。
GA　オブジェ・レベルの造形であれば、コンピュータを用いて直ぐに描けてしまう時代になりました。でも、必要とされているプログラムを充足させたり、バックアップ・ファンクションを入れ込んでいくとなると、難易度が高くなりそうです。
伊東　オフィスや楽屋などに関しては、オブジェ的な造形の中に、水平なスラブを入れ込んでいけば対応できるのですが……。
　「ゲント」の時に最も難しかったことは、1,800席のホールが圧倒的に大きなヴォリュームになってしまうこと。有機的なネットワークの中にそれを入れ込もうとすると、どうしても違和感が拭えない。「もしかしたら、同様のネットワークでドーナッツ状のヴォリュームをつくり、真ん中の空洞にホールを入れ込む方が上手くいくかもしれない」と、何度も考えていたくらいです。
　或いは、応募要項にひょってネットワークを矩形にスパンと切断し、そこにホールを埋め込む方法だってある。ただし、ホールの周囲に独特の断面が顕れる状態だと、最初に考えていた「街路が貫入したようなネットワーク上にホールがある」というストーリーは、完全に瓦解してしまい

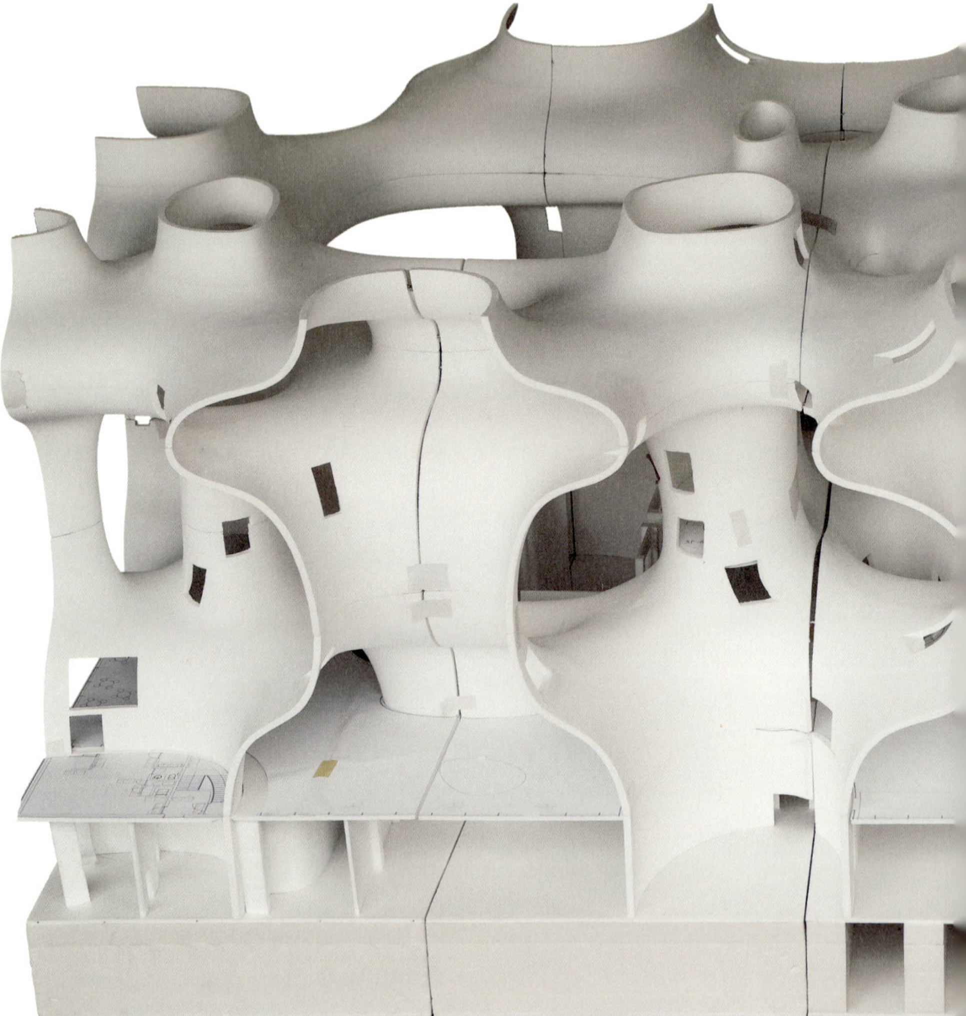

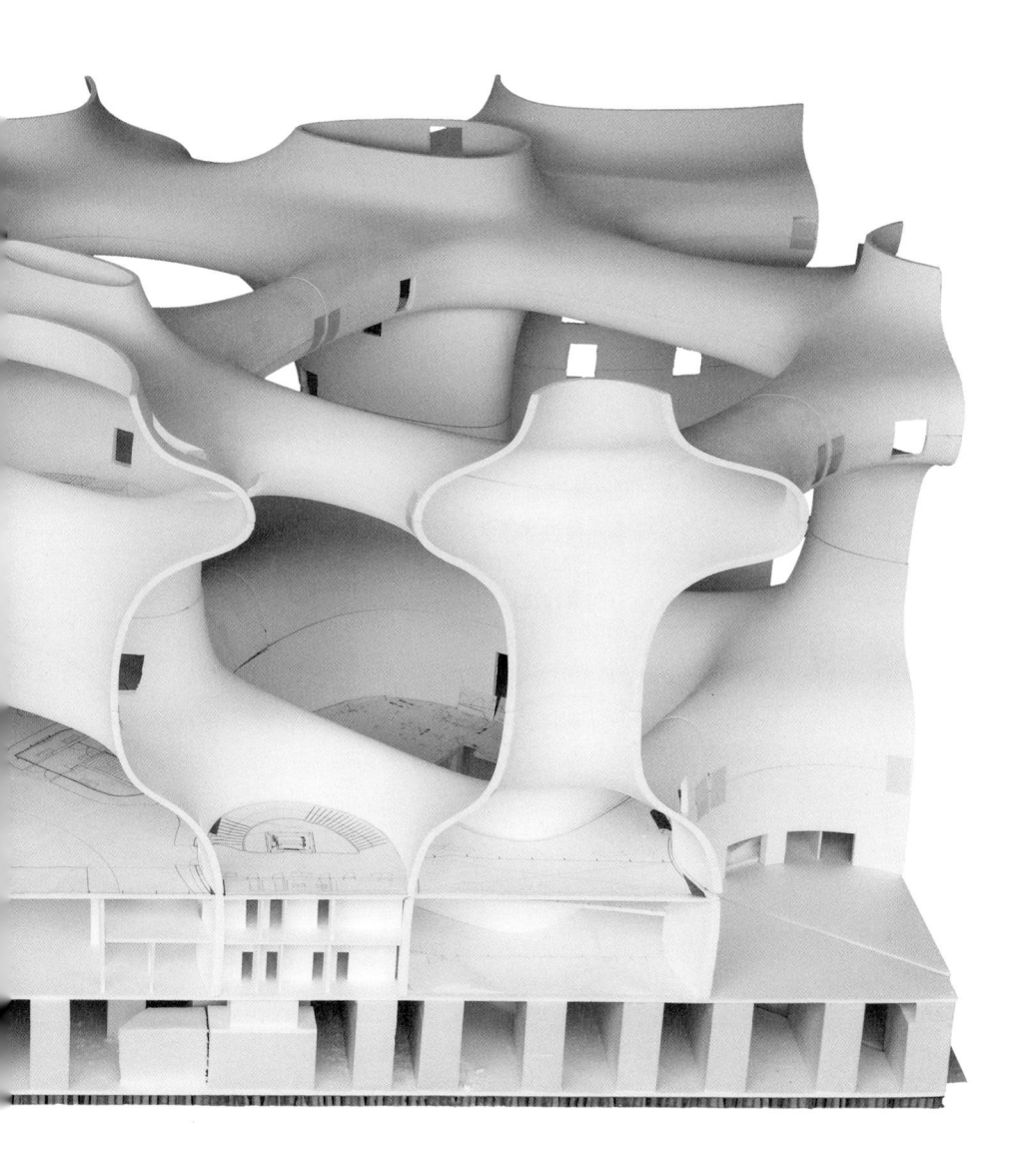

■「台中メトロポリタン オペラハウス」のこと

ます。
　そうやって，試行錯誤を繰り返していく内に，「何か，もう少し単純なルールでネットワークを構成したい」と思うようになっていきました。

GA　「ゲント」で発見されたルール「エマージング・グリッド」は，「台中」において更にデベロップされたのですか？

伊東　かなり整理されていた「ゲント」のルールを，そのまま「台中」でも適用したと言った方が正しいと思います。既に，「エマージング・グリッド」は，アプリケーション・プログラムにまで昇華されていたわけです。

　だけど，二つの大きな劇場を必要とされていた「台中」は，それらを同レベルに配置した途端，ほとんどの床をシェアしてしまうことになります。その証拠に，1次審査の段階では，かなりハッキリとした「3層構成案」を提出していました。

　ある意味で，実施案より判り易い明解な構成を採っていたのですが……。ぼくの中では，「ケンチク・建築しているな！」という違和感が，まだ残っていたのです（笑）。

GA　「ケンチク・建築している」ですか……。

伊東　「台中」の1次審査案に比べると「ゲント」は，かなりラディカルな提案だったと思います。メイン・ホールとリハーサル室，スタジオが，ガラスのパーティションを外すと，すべてが連続してくような洞窟空間を想定していましたからね。

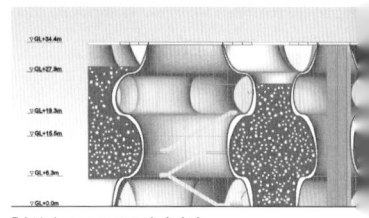

　至る所でミニ・コンサートを開いていて，街のあちこちから音が聞こえてくるような空間体験ができた筈です。演出によっては，観客が演奏者と共に建物内を移動したり，アーティストは見えないけれど遠くから音だけが聞こえてきたり……。イメージし始めると，色々な可能性が浮かび上がってきます。でも実際には，年中，そんな状態になっ

「台中」：コンペ1次審査案

「台中」：コンペ2次審査案

■「台中メトロポリタン オペラハウス」のこと

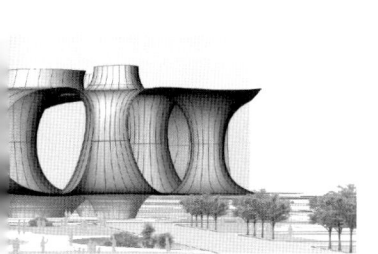

ているわけでもないですからね（笑）。
GA そのストーリーは，「建築」と言うよりも，「アーバン・プランニング」のスケールに近い気がします。
伊東 そうやって「ゲント」のイメージを膨らませれば膨らませるほど，やはり「台中」の1次審査案は，確実に「建築」していたと思います（笑）。

　2層目にあたるGL+6.0mのレベルに二つのホールを配置し，メインフロアとする。その下はピロティ，上は屋上という単純な構成が，それを助長していたので，「ゲント」で提案していたような迷路的な印象は稀薄になっていました。立面を見ると，古代の神殿みたいでしょ？
GA それは言い得て妙ですね（笑）。
伊東 だから2次審査案では，地下に配置していた要素も地上階に組み込みながら，4層に戻した経緯があります。1次審査案を大幅に変更したアイディアだったので，審査員は相当，驚いていた筈です。

　ただ，良質な審査員ばかりでしたから，ぼくたちの意図を十分に理解していただけました。役人中心の審査員だったら，必ずお叱りを受けていたでしょう（笑）。
GA 「ゲント」の場合，既存の街のコンテクストを読み込んだ上で，それと連続した新しい街区としてヴォリューム化したとも言えるわけです。同じように「台中」でも，既存コンテクストの読み込みがあったのですか？

　与えられた敷地内で，一つのモデリングされた世界をつくり上げていることは共通していますが……。それをスパッと矩形にカットしている対処の見え方は，街のコンテクストと接続している「ゲント」と明らかに異なります。
伊東 水平方向と垂直方向，どちらに対してもどこまでも連続していくようなシステム。それを適用したプロジェクトでは，「ある抽象的な空間」が想定されている中で，「敷地」という特殊な境界でカットするような操作を，実行す

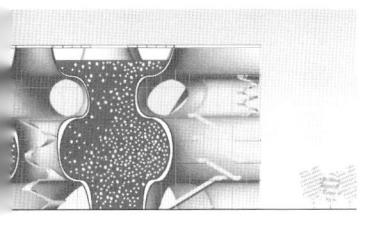

る場合が多い。その結果，ある抽象性を伴ったヴォリュームになります。

例えば，「せんだい」は典型例です。それと同様に，「ゲント」も，敷地形状に沿ってカットした結果に過ぎません。
GA カットした面には，必ずファサードが生まれますよね？
伊東 「せんだい」の頃は，カットした面に対して，多少の色気がありました（笑）。例えば，前面の定善寺通り側には，何か別のファサードが付いている状態になっている。でも，他の3面は，シンプルにカットした状態を，できるだけ維持したつもりです（笑）。

ブラック・ボックス前の屋外ステージ

■「台中メトロポリタン オペラハウス」のこと

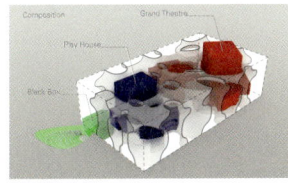

ダイアグラム

　「せんだい」以降のプロジェクトでは，もう少し「セクションなんだ！」という意識が強まっていると思います。特に，敷地一杯にヴォリュームを満たしている「ゲント」の場合，割と自然に「カット面」での対処が可能でした。

　一方で，大きな都市公園内の施設である「台中」は，「必要なヴォリュームでカットする」という操作が，より露わに出ています。公園自体もデザインする必要があったので，「ゲント」のような既存街路を貫入させるような条件でもありませんでした。白紙の状態での提案に等しいので，むしろ「内から外へはみ出していく」ような，正反対のアプローチだったと言えます。

GA　敢えて，直交座標系でカットすることで，「独自のモデリング」の自立性を表明されているということですか？

伊東　「歪んだ座標系のシステムを，どのようにカットするのか？」は，とても重要な問題です。

　「多摩美術大学図書館（八王子キャンパス）」(2007年) が，典型的だと思うけれど……。2面は直交座標系でカットしているけれど，残りの2面は歪んだアーチ列に沿って緩い曲面でカットされている。「多摩美」の外観処理は，竣工後に事務所内でも議論になりました。単純に4面すべてを直交座標系でカットした方が，「どこまでも連続していくアーチ列」ということが，もっと強く表現できたかもしれない……。さらに，緩くカーブしたアーチ列にフィットした曲面ガラスを，面一で収めてしまったことで，「内と外」の境界がよりハッキリしてしまったのではないか……。

　そんな議論を踏まえた上で，有機的に蠢くような内部空間が形成されている「台中」では，「抽象的な領域を設定したんですよ！」という自主的な表明の必要性を，少なからず感じていました。だからこそ，素っ気ないほど単純に直交座標系でカットしたわけです（笑）。

GA　「エマージング・グリット」自体，「内と外」の境界

をネットワーク化するシステムだった筈ですよね。

伊東 ですから本来的には，カット面で「内と外」の境界をつくる必要がないシステムの筈です（笑）。「Ａ・Ｂ」２種類のチューブ系が組み合わされているので，片方の系がすべて外部空間となれば，より面白いことが起こる筈です。まだ，それを実現できるだけの余裕がないですね（笑）。

GA オーソドックスな周辺世界と溶け込んだチューブ系が，建築に内在する可能性も出てくる。

伊東 そうなってくれると，理想的なのですが……。「台中」では，どちらの系も内部化してしまっています。

GA 「モデルとしての切断面」と「囲い込み要素としてのファサード面」。この二つの方法論が，最近の伊東建築には展開されている気がします。今までお話を伺っていた「台中」が前者だとすれば，「TOD'S 表参道ビル」(2004年) などは後者にあたる。

将来的には，二つの方法論をハイブリット化した提案もありうるのではないですか？

伊東 そうかもしれません。今のぼくは，「TOD'S」のような方法論より，「台中」で展開しているようなシステムに，圧倒的に興味があります。だけど，「内と外」の境界をつくらないが為に「エマージング・グリッド」などのシステムを考え出している筈なのに，実際にはカットしただけで終われず，その面に蓋をする必要も出てきてしまう。この問題は，なかなか解決できないのが現状です。

GA さらに，一定以上の大きさを伴ったプロジェクトでないと，同様のシステムを適用しづらい筈です。

伊東 先述の平田くんは，「ゲント」と同じ様なシステムを「TOD'S」にも適用しようとしていたのです。「さすがに，それは無理だよ！」と諭したことを覚えています。独立後の彼は，小さなプロジェクトでもグニャグニャ系にチャレンジしているようですけれどね（笑）。

■「台中メトロポリタン オペラハウス」のこと

GA　伊東さんの中では，当初から見極めがついていましたか？
伊東　ある程度はネ（笑）。クライアントの性格も読み取れれば，大体，想像がつくものですよ。
GA　「台中」のような空間を体験することで，人間の身体感覚は拡張するのでしょうか？　もしくは，それ以外のヴィジョンをお持ちですか？

1階ロビー／インフォメーション・カウンター

伊東　どうかな……。
GA　個人的には，「オーガニックな空間と社会の摺り合わせ」などを前提に，伊東さんが「新たな原理」を発見し続けているようには思えません。非常に精緻なロジックで組み立てられているけれど，あるレベルからは利用者（＝社会）に投げている。そこから先は，建築と利用者の間に享楽性さえ生まれれば良しとしているようにすら感じます。
伊東　「台中」のようなシステムが生まれてくる背景を考えてみると，ぼくの中に「内部感覚」が色濃くある気がし

グランド・シアター

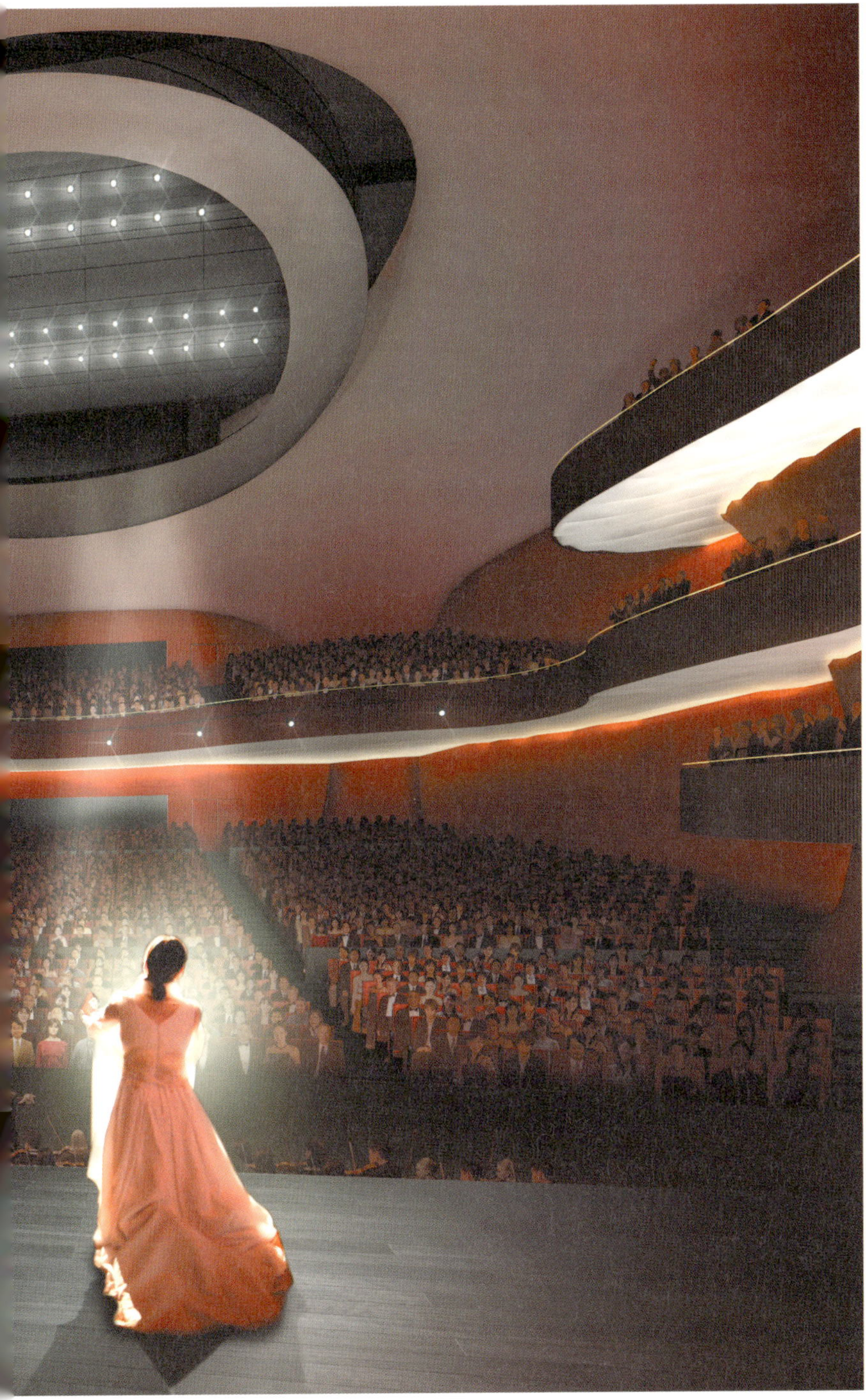

ます。「建築を内側から考えたい」と常に言い続けてきましたが……。どこかで「それこそ，空間の本質だ！」と思っている自分がいるからだと思います。

　「White U」(1976年)もそうですし……。それを生み出した「アルミの家」(1971年)も，同じ様な意識が無自覚に反映されていたかのかもしれないと，最近は思い始めています。

GA　具体的には？

5階イベント・スペース

伊東　外側から形をつくり出したようでありながら，実際には機能など無く「ただ，遠くからの光が差し込む状態」だけをイメージしていましたから。つまり，処女作から一貫して，ぼくには「外部感覚」は無いのかもしれません。常に，何かに囲まれている「内部感覚」を前提に，目線の先に光が見えるような状態を希求していた気がします。

GA　「洞窟」や「子宮」みたいなイメージですか？

伊東　その通り。でも，何度か「洞窟・子宮感覚」を抹殺しようと試みたこともありました。例えば，「シルバーハッ

■「台中メトロポリタン オペラハウス」のこと

ト」(1984年)のように「軽く,透明に！」という意識を反映させてみるんだけれど,結局,「洞窟・子宮感覚」に戻ってきてしまう。この繰り返しは一生,拭えないのかもしれません（笑）。
GA 「洞窟・子宮感覚」は,公共建築において,どのような作用を及ぼすのでしょうか？　例えば,不特定多数の人に,共感が得られますか？
伊東　どうなんでしょう……。
GA 少なくとも「台中」は,「建築的」ではない？
伊東　常に,「建築的」じゃない表現を心掛けているつもりです。先程,「アーバン・プランニングのようだ」とご指摘いただいたように,都市と建築の境界が完全に無くなるような状態は,面白いと思っています。

　一方で,「建築」とは,どうしても「ある完結したモデルをつくること」から逃れられないので……。その枠に嵌ってしまうのではなく,「どこまでが自分のデザインしたモノで,どこからがそれ以外なのか？」の見境がない状態を生み出したいわけです。そんな状態ができたら,それこそ「建築」が解体される。そういうことができないかと,いつも考えています。

　さらに,「建築」には,個人の論理を越えた部分（＝身体そのものから発露される感覚）も必要だと思っています。特に,第三者が設計した空間を体験する時には,それが感じられるかどうかが,重要な評価軸になる。例えば,ジャン・ヌヴェルの作品が判り易い。全体構成はとてもクラシックで,それこそ「ケンチク・建築」していて「ヤリきれないな」と思うんだけれど……。
GA 「ヤリきれない」とまで,言っちゃいますか（笑）。
伊東　本当に「何も参照することはない」と,嫌気がさしてくる場合だってあります（笑）。でも,彼が身体的に持っている「官能性」を反映した空間を体験してしまうと,魅

せられる場面が随所にあるわけです。本当に，建築って面白いですね。
　ぼくの中では，「建築思想を革新していきたい！」という部分と，「自らの身体性から離れられない」という問題が，同時的に存在しているような気がします。けして，矛盾していない。
GA　平田さんのような建築家は，それを原理化するために，自らを律している節がありますね。
伊東　彼はまだ若いから，「自らの身体性」なんて考えないんじゃないかな。だからこそ，「論理がすべてだ！」という姿勢でも，突っ走っていける（笑）。
GA　「ゲント」で想定されていたシステムが，「台中」で実現する。しかも，オペラというクラシックな形式性の強いイベントを，台湾の人たちが体験する。一体，「台中」では，どんな新しいことが巻き起こるのでしょうか。
　とてもユニークで，今まで見たこと，体験したことがない空間が顕れるだろうことは，容易に想像つくのですが……。そこに，中華圏独特の文化基準を持った人たちが立ち入り，欧州のクラシック・パフォーマンスが繰り広げられる。
伊東　一体，どうなるのかな……（笑）。
GA　例えば，パンク・ムーブメント草創期に，ロンドンの街頭で行われていた異形集団のライブ。今でこそ時間的な解決によって，パンクも歴史となり，ロンドンという街の一部と化していますが……。当時の違和感は，相当なものがありました。
　同じように，何にもルーティングしていない，異次元のモノ同士が，「台中」で顔合わせするわけです。歴史も共有していないし，人種も違うものの文化が，どんな鉢合わせをするのか興味があります。
伊東　それは，ぼくが聞きたいくらいです（笑）。

■「台中メトロポリタン オペラハウス」のこと

プレイハウス

GA やっぱり，その部分は他者に投げている？

伊東 そういうことになります（笑）。「ゲント」で発見した，「内と外」の関係がどこまでも連続していく原理から出発し，「台中」における「カテノイド」という構造システムまでは辿りつきました。ただし，「オペラハウス」という機能から，二つのホールは完全に閉じざるを得ませんでした。「ゲント」で想定していた「内と外」の関係は，ある程度，継承していますが……。少なくとも，二つのホールは縦蓋，横蓋の「プラグ」で，完全に遮断されてしまった。

GA 当初のコンセプトからすれば，別物になっている？

伊東 今のぼくは，「それは，それでイイか！」と割り切っています。いい加減かもしれないけれど……（笑）。

　少なくとも，「カテノイドとプラグ」の組み合わせでオペラハウスができるということだけでも，今まで体験したことのない音楽空間を提供することになるでしょう。まるで，洞窟の中で音楽を聴いているような，独特の閉ざされた空間。そこから先に何が起こるのか，実際に共用されてみないと判らないですね（笑）。

　このシステムを「エマージング・グリッド」と呼び始めた頃から，「直交グリッドではないけれど，別の汎用性がある」と言っていました。だからこそ，「21世紀のグリッド」として，何度でも使えるシステムだと思い込んでいたのです。

　ところが，実際に「台中」が着工する段階まできてみると，泥沼の中から新しいグリッドを立ち上げているような感じでしたね。思った以上に大変だったので，「もう一度試みたい！」なんて軽くは言えなくなりました（笑）。

GA 「台中」の後，次のフェーズはお考えになっていますか？

伊東 少なくとも，本来的な「内と外」の問題は，再考する必要があると思います。「内と外」の関係を曖昧にするた

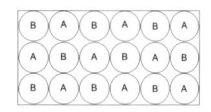

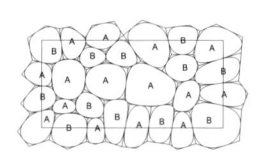

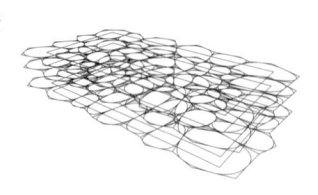

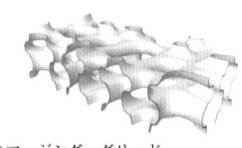

エマージング・グリッド

■「台中メトロポリタン オペラハウス」のこと

めに,「カテノイド」と呼んでいるチューブは発見された筈なのに……。「建築」として成立させてしまった途端,「内は内,外は外」に分離されてしまう。

つまり,表現レベルで「内と外の関係を曖昧にした」と言っているだけで,実現される「建築」は必ずしも曖昧になっていない。その問題を,所内での年頭挨拶で所員たちに伝えたのです。

そんな意識で振り返ってみると,「せんだい」は良いセンを行っていたと思います。ガラスで閉ざされてはいますが,チューブの中には新鮮な空気が通っていたり,自然光が差し込んだりするので……。「内と外」の関係を構築する上で,新しい「働き」を担わせようという意志が,チューブに強く反映されていたと思います。

今までお話してきた「台中」は,完全に「表現の問題」だけに置換されてしまっている。「台中」の先には,もう一度「働き」を加味した表現を,きちんと試みたいと考えています。

GA 具体的に,取り組み始めているプロジェクトがあるのですか?

伊東 実は,今朝も打ち合わせしていたのですが……。「ゲント」と同じ敷地で,新たなコンペが企画されています。今度は,図書館と研究所が組み合わされた,「メディアテーク」に近いプログラムに対する提案を求められています。「ゲント」で試行していたことをある程度は踏襲しつつ,「働きとしてのチューブ」を考えながら「何ができるのか?」を模索し始めたばかりです(笑)。

GA いつ頃,提出されるのですか?

伊東 今年の5月11日に,プレゼンテーションする予定です。どんな案になるのか,ぼくも楽しみにしています。

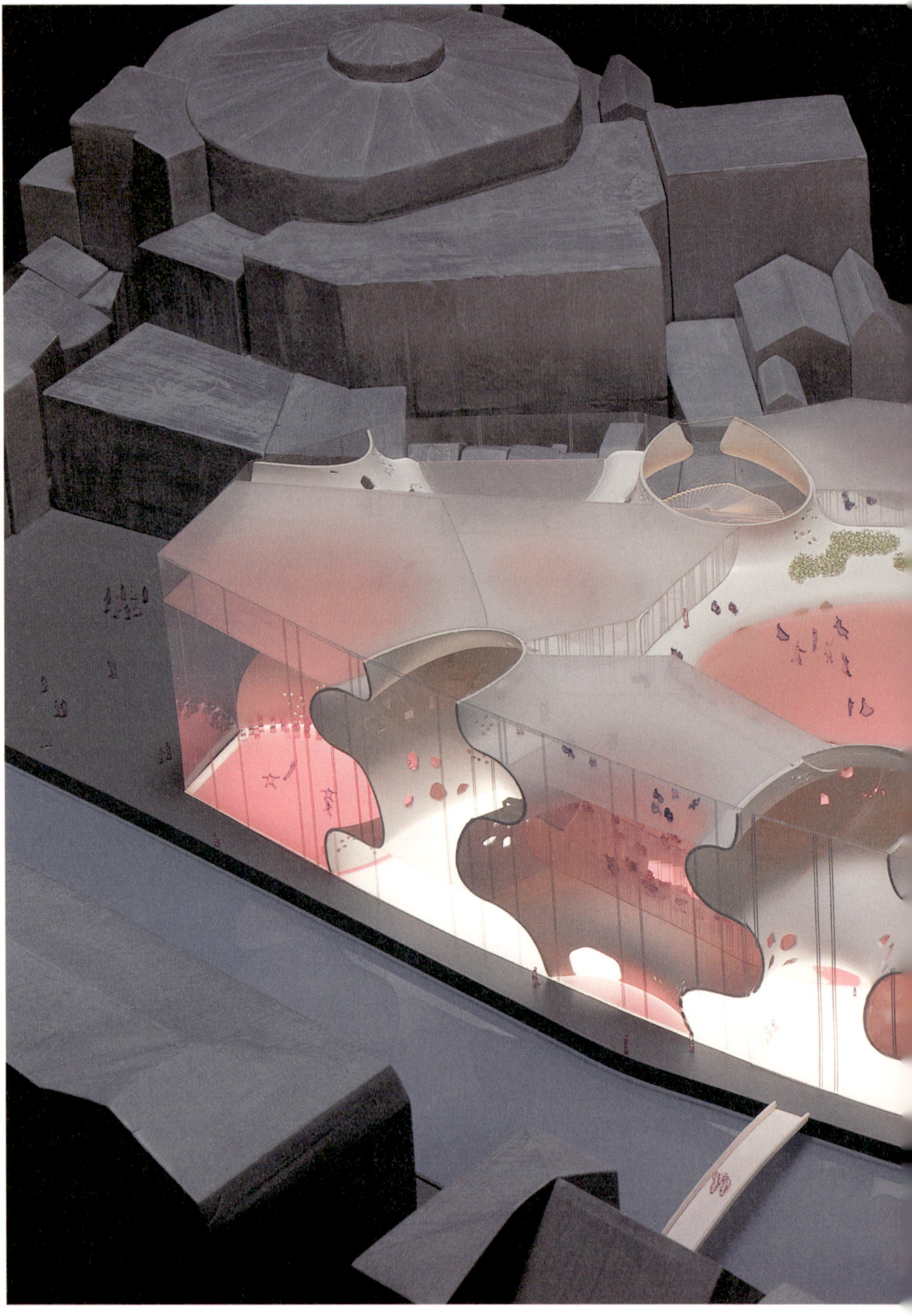

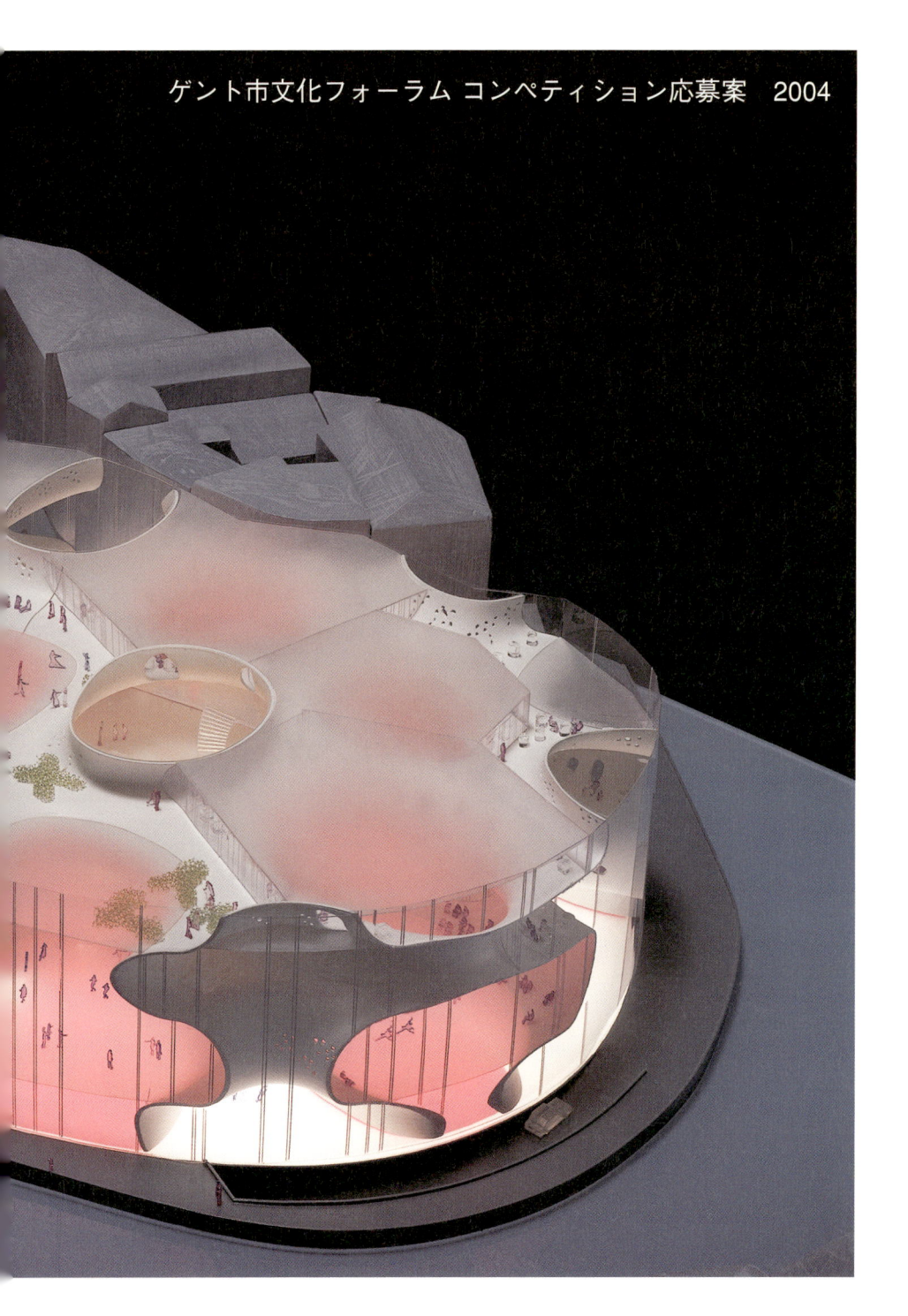

ゲント市文化フォーラム コンペティション応募案　2004

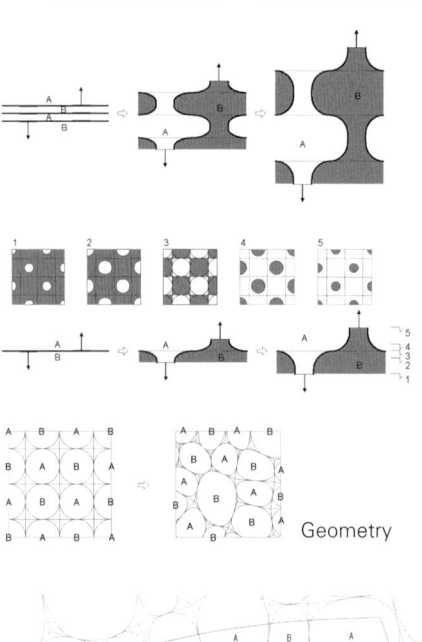

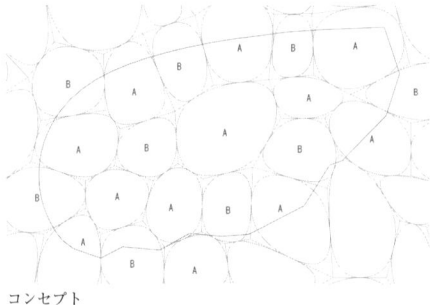

Basic system

Starting from one surface, dividing it into A & B zones, the A zones are pulled down, the B zones are pulled up. The surface is stretched between these two movements. They create continuos spaces, existing next to each other, but divided from each other by this one same surface.

Combined system

This system can be expanded in the third dimension by adding layers of alternationg A and B spaces, resulting in an intertwined three-dimensional tube system. Connections between A and B caves can be made by cutting hole into the thin dividing skins in between them.

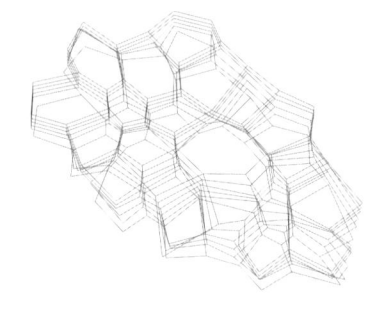

Geometry

Starting from a basic geometric pattern, the system gets further distarted according to the functional requirements of sizes of space. In this way the orthogonal grid system can be transposed to a much freer geometry dividing the A and B area, inducing more complex and dynamic spaces.

コンセプト

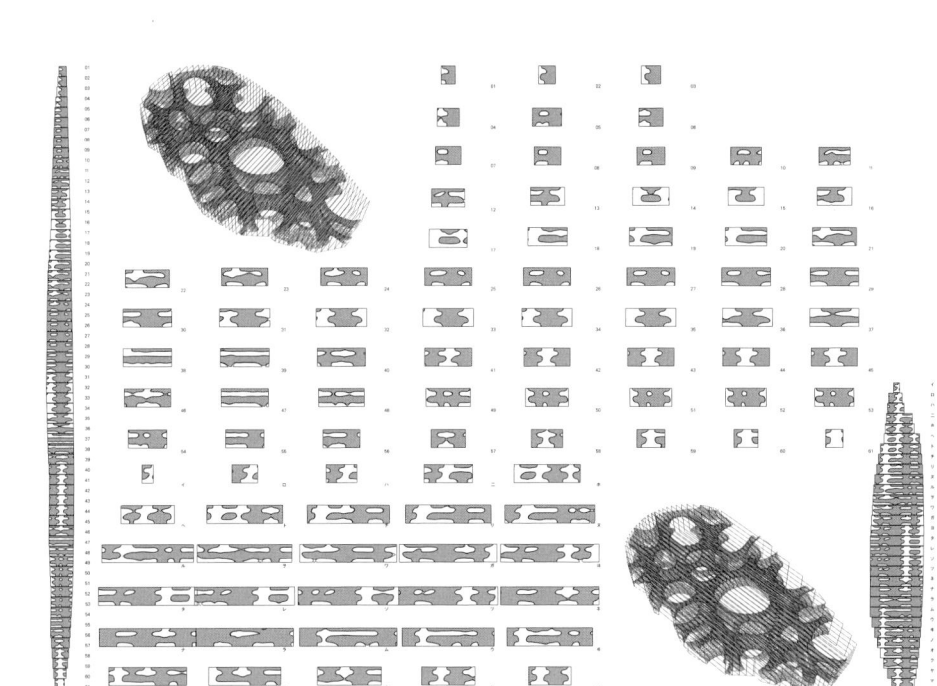

Geology of the Sound Cave

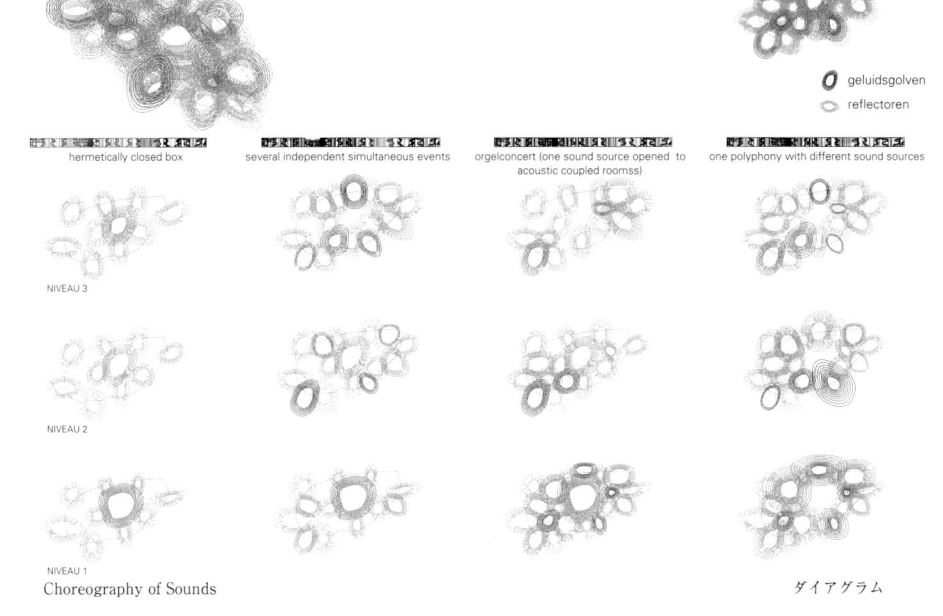

O geluidsgolven
⬡ reflectoren

hermetically closed box | several independent simultaneous events | orgelconcert (one sound source opened to acoustic coupled roomss) | one polyphony with different sound sources

NIVEAU 3

NIVEAU 2

NIVEAU 1

Choreography of Sounds   ダイアグラム

座・高円寺　2005-08

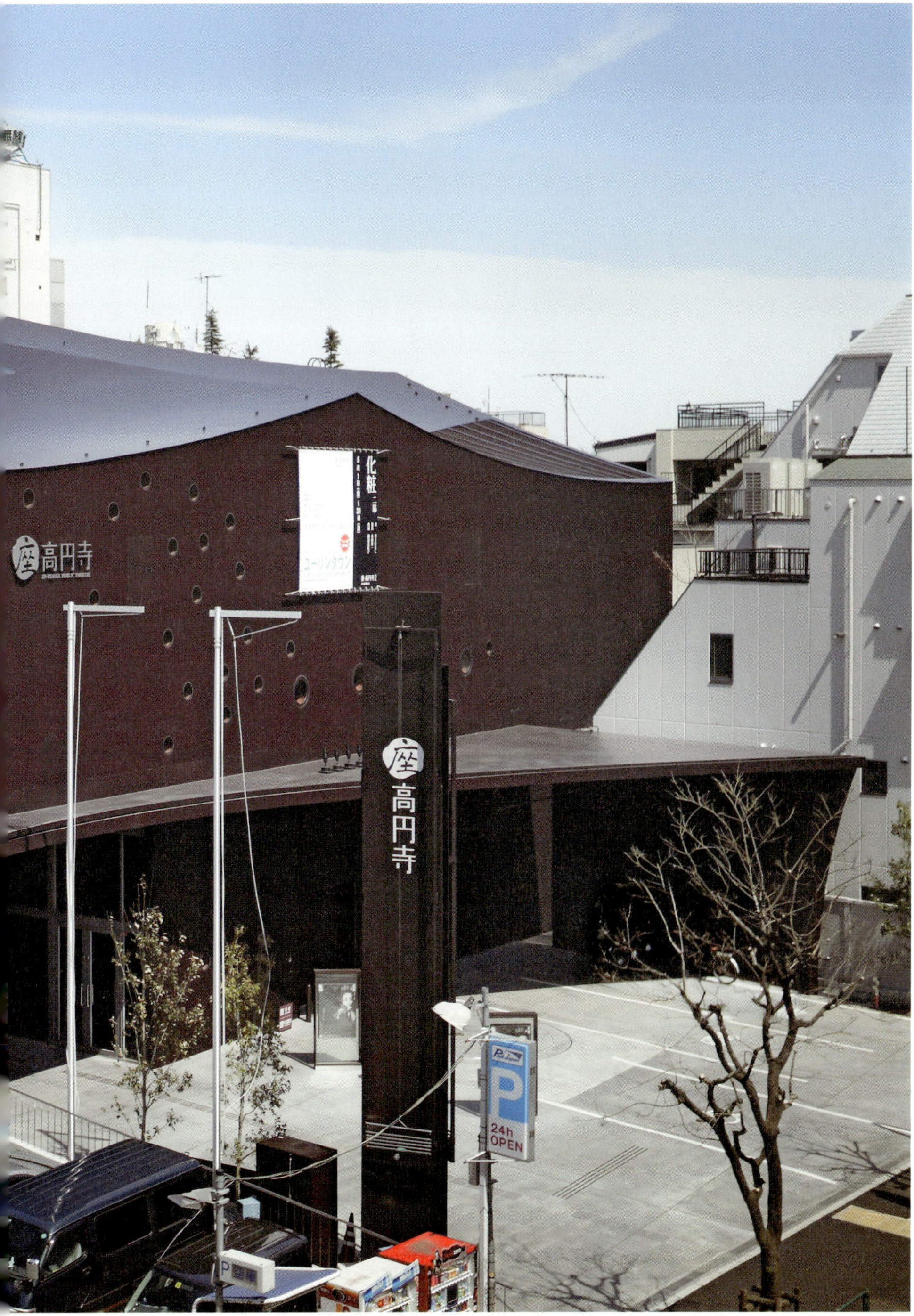
座高円寺
座
高
円
寺
P
24h
OPEN

■「座・高円寺」のこと

GA 同じホール建築でも「座・高円寺」(2008年) は,「台中メトロポリタンオペラハウス」(2005年~)と対極的です。ブラック・ボックスであるばかりでなく,演劇専門ホールという独特のプログラムでもあります。実際に拝見しても,多様極まる演劇的な要求に対して「日本的小回り」の利く空間構成になっていると感じました。

伊東 同じ劇場でも,「台中」のようにオペラ専用もあれば,「高円寺」のように演劇を中心にした所謂「芝居小屋」もあります。

　個人的なイメージかもしれないけれど……。一般的に,日本で行われるホール建築のコンペティションの場合,「コレは,コンサート専用ホールです」とか「演劇専用です」と,必ず規定されています。それらが併設される場合もよくある。杉並区であれば,コンサート系は「杉並公会堂」(設計:佐藤総合計画, 2006年),演劇系は「高円寺」という棲み分けが,施設ごとにキチンとなされている。

GA 必ず,機能規定から始まるわけですね。

伊東 でも,ぼくがホール建築に携わる場合は,ちょっと感覚が違っていて……。

　例えば,「まつもと市民芸術館」(2004年)。「松本でオペラを上演する劇場」をスタディする過程で,「元々,ヨーロッパの貴族たちが楽しんでいた音楽が,大衆化していった」と捉えていました。すると,ホール自体にも何らかのエレガントな雰囲気,ホールへ至るまでの高揚感などを,最初にイメージし始めるわけです。

　一方で,「高円寺」は,「日本の芝居小屋である」と捉えていました。江戸時代に確立された大衆芸能の為の芝居小屋は,とても仮設的だったそうです。さらに,「芝居」の語源を調べてみると,ちょっと面白いことを発見しました。

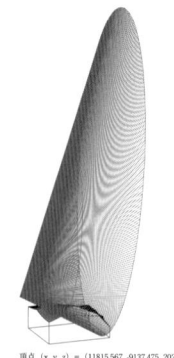

中心軸ベクトル ($\Delta x, \Delta y, \Delta z$) = (1, 1.34, -0.42)

頂点 (x, y, z) = (11815.567, -9137.475, 20286.294)

■「座・高円寺」のこと

GA 伊東さんでも，調べモノをするんですね。
伊東 当然ですよ！（笑）。枡席と桟敷席の間に，「入込み」と呼ばれるエリアがあるのです。その大衆が詰め込まれるエリアは，元々，芝敷きだったと言います。そこから出てきた「芝居」は，そもそも庶民的な演劇だったということが，自分なりに確認できました。

街の中心から外れている場末感漂う場所に計画されていた「高円寺」の場合，敷地を見た段階から「まさに，芝居をやるべき所だな」と感じたわけです（笑）。その瞬間から，「芝居小屋」というイメージだけは，崩さないようにしていました。

GA つまり，エレガントさを求めない？
伊東 竣工後，「高円寺」を体験した人たちの話を伺うと，「階段室周りで，独特の伊東さんらしい秘めやかさを感じた」と仰る方が多いです。確かに，「まつもと」のホワイエ空間に繋がるような感覚を，喚起してしまっているのでしょう。「○×座談会」（GA JAPAN 98）でも，評者の隈研吾さんを相手に「この階段室が，どうもイケない」と，繰り返し発言していたことを覚えています（笑）。

何故なら，ぼくが意図していた「高円寺」は，あくまでも庶民的で仮設的な，まさに「芝居小屋」だったからなのです。

GA でも，階段室以外は，かなり素っ気ないですよね。
伊東 そうなんです。恐らく，「高円寺」のようなプログラムでも，オペラハウスと同じように考えてしまうから，建築家は演劇人に嫌われてしまうのだと思う。つくり込み過ぎてしまって「こんなの使い物にならない！」という演出家の意見を，小耳に挟む時がよくありますからね（笑）。

そういう意味で，「高円寺」の芸術監督に就任された佐藤信さんが，当初からアドバイザーとして参加して下さったことは，大きかったと思います。特に，地上レベルの劇場

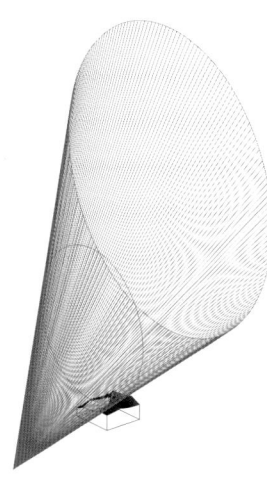

頂点 (x, y, z) = (-73826.813, 14368.820, -13808.722)

階段室より2階アーカイブ・カフェを見る

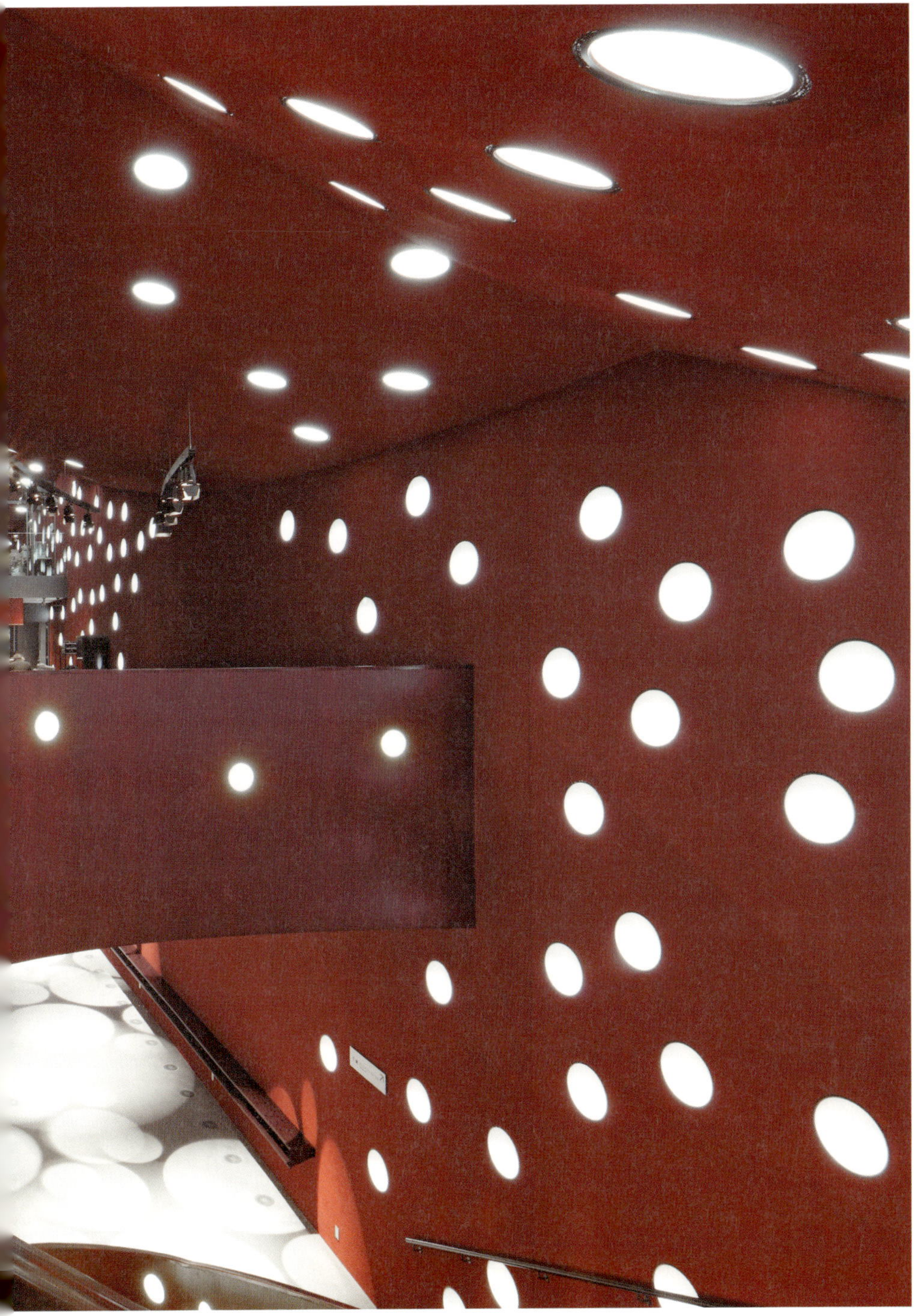

断面　S=1:450

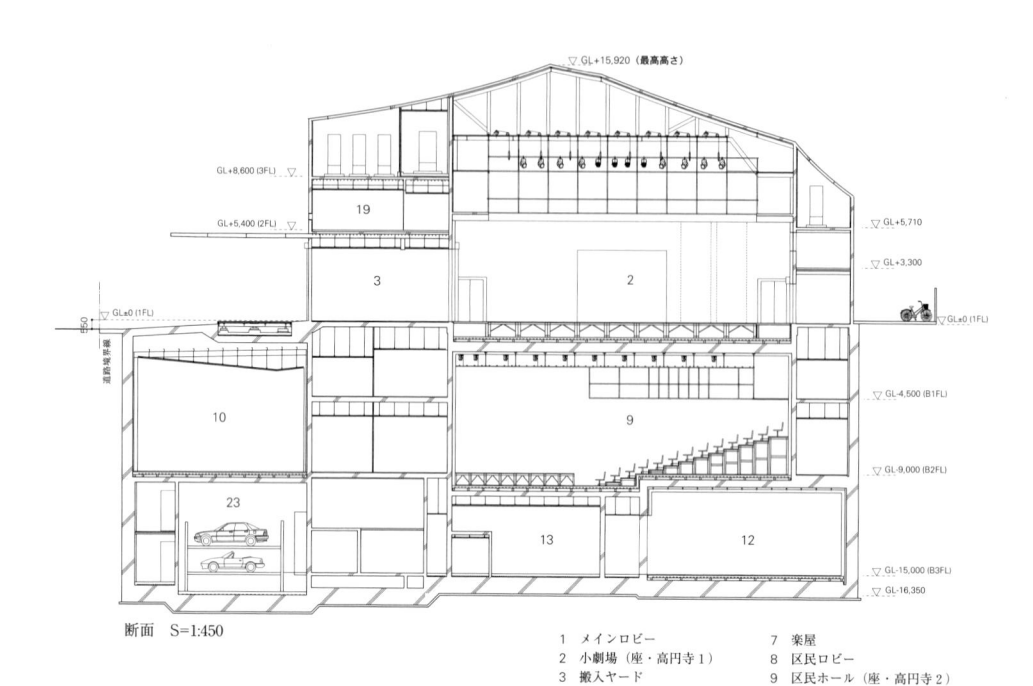

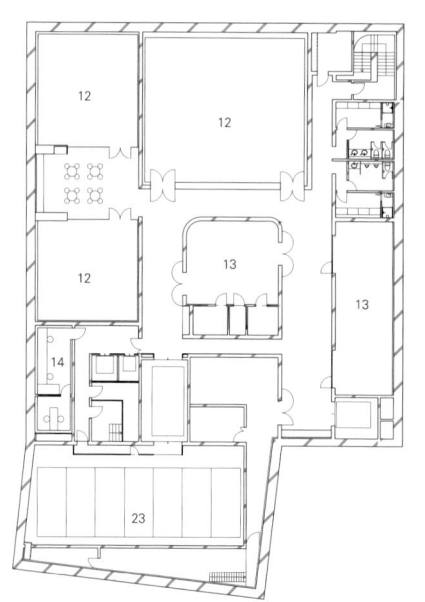

1	メインロビー	7	楽屋
2	小劇場（座・高円寺1）	8	区民ロビー
3	搬入ヤード	9	区民ホール（座・高円寺2）
4	広場	10	阿波おどりホール
5	倉庫	11	区民ホール楽屋ラウンジ
6	小劇場楽屋ラウンジ	12	けいこ場

地下3階平面　S=1:600

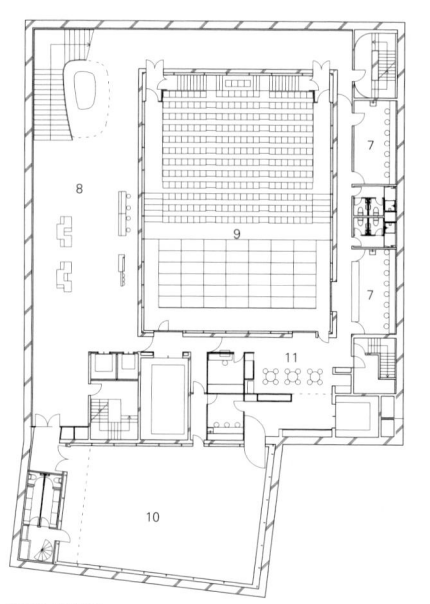

地下2階平面

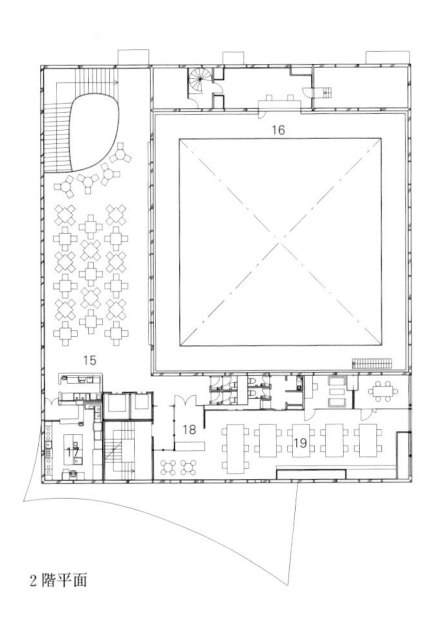

2階平面

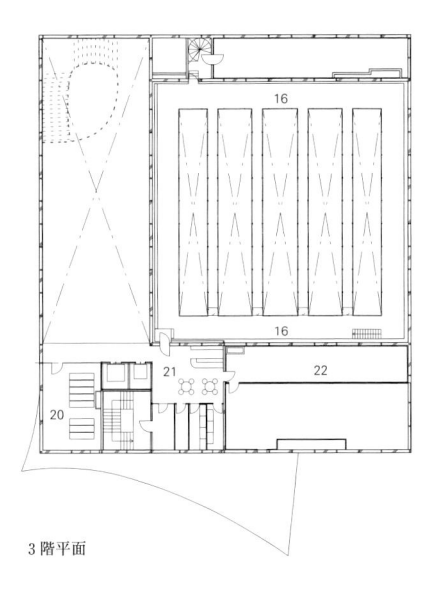

3階平面

13	作業場	19	劇場事務室
14	音響・映像作業室	20	演劇資料室
15	アーカイブ・カフェ	21	職員休憩コーナー
16	ギャラリー	22	空調機械室
17	厨房	23	地下パーキング
18	受付		

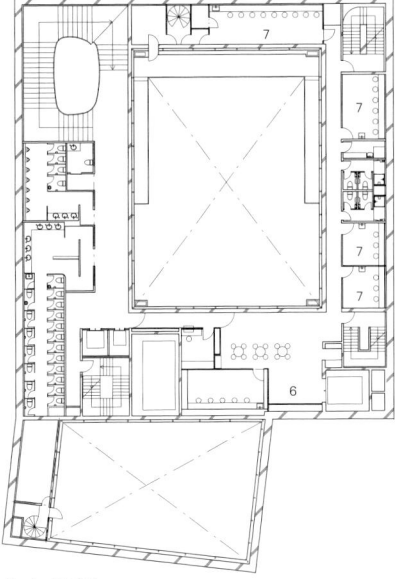

地下1階平面

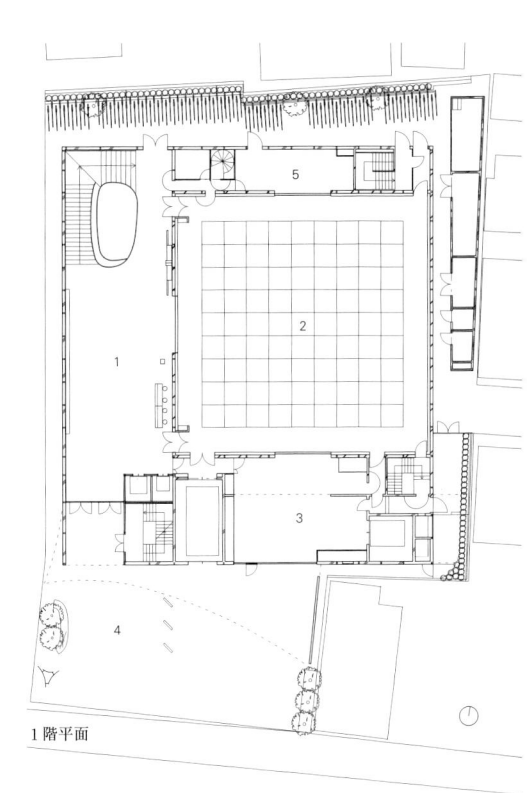

1階平面

85

は，建築家が観にくると「何だコレ？」という顔をされるくらい，仮設的で何の色気もない空間が，実現できたと思います（笑）。

GA 力の抜き加減は，絶妙だと思いました。

伊東 でも，「高円寺」のような建築をデザインするのは，それなりに勇気がいるものです。どうしても，つくり込んでしまいガチだから。

GA テント小屋的な風情を与えているのは，自制した結果だったのですか？

伊東 「高円寺」も2段階の審査がありました。1次審査は，企画書のようなものを提出する文章だけ。ぼくたちは，既に「芝居小屋をつくる」という言葉を，この時点で明記していました。

2次審査でも，「鉄の小屋だ！」と言っていたのですが……。実際には，シンプルな「鉄の箱」を提案していました。今でこそ言えますが，十分に「芝居小屋」にまで昇華しきれていなかったわけです（笑）。

GA 「シンプルな黒い箱」にしたのは，それなりに理由があるんですよね？

伊東 地上にある劇場とホワイエの間に，中間ゾーンが設定されていたからです。この中間ゾーンは，パーティションをスライドさせることで，劇場やホワイエと一体化することもできる。このアイディアを実現するには，可動パーティションが大前提だったので，フラット・ルーフにした方が妥当だろうと。

ところが，コンペ当選後に佐藤さんから「こんな面倒な仕掛けは必要ない！」と指摘されてしまいました（笑）。最初から，広い劇場を用意するだけでいい。しかも，できるだけ最小限の設えにして，演出家が自由に座席配置を組み替えられるようにして欲しいと仰るわけです。

GA それだけでは，実施案における「テントのようなシル

■「座・高円寺」のこと

小劇場（座・高円寺1）

エット」を与える理由には乏しいですね。

伊東 「広い劇場」というニュアンスの中に，「もう少し，天井高が欲しい」という要求も含まれていました。

ところが，敷地の四周は近隣の建物がかなり迫っているので，斜線や日影で抑えられていました。中央部は，ある程度の高さを確保できるけれど，外周部へ行くに従って，低くする必要がある。つまり，「仮設の芝居小屋」を直喩したわけではなく，幾つかの条件が組合わさった結果，5つの円錐面と2つの円柱面の組み合わせによるシルエットが形成されてきました。

実際，周辺の雑多な風景に「高円寺」が収まってみると，「四角いピュアな箱」よりも「テントを彷彿とさせる曖昧な形」の方が，フィットしていると感じます。もちろん，黒く異様な存在感は変わりないけれどね（笑）。

GA JR中央線の高架を走る電車から観ると，その感覚は良く判ります。色はともかく，「芝居小屋だ」と認識できる人も多い筈です。そういう意味で，タイポロジーの有用性も感じてしまいました。

伊東 確かに，2000年以降に展開してきた「せんだいメディアテーク」(2001年)，「ブルージュパヴィリオン」や「サーペンタイン・ギャラリー・パヴィリオン 2002」(共に2002年)，さらに最近の「多摩美術大学図書館(八王子キャンパス)」(2007年)や「台中」と比べても，「高円寺」は若干，系列が違うのかもしれません。

頂点 (x, y, z) = (-1272.678, 15096.251, 10213.988)

GA 言葉は悪いですが，ファッション界における「セカンド・ライン」とでも呼べそうです（笑）。「せんだい」や「台中」と同列に並べてしまうと，少なからぬ違和感がある。

伊東 「芝居小屋」や「敢えて閉じる」と宣言してしまった瞬間，実施案のような状態に行き着く運命が，既に決まっていたのかもしれません（笑）。

ただし，「和風」という言葉が喚起するような，独特のイ

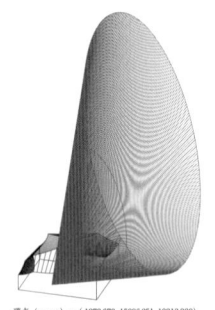

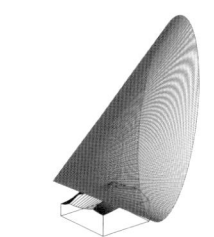

■「座・高円寺」のこと

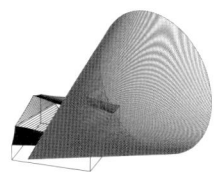

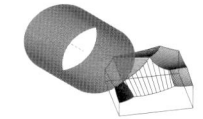

メージに結びつけられたことは，思いも寄らない発見でした。

GA 実際，「漢字が似合う空間」と思えました。

伊東 やはり，「屋根」という要素は，建築に大きく影響してくるようです。今までも何度か，「屋根」にはチャレンジしてきたけれど……。

GA 最近では，各務原の「瞑想の森 市営斎場」(2006年)が挙げられます。

伊東 ところが，「各務原」のように屋根をつくってしまうと，途端に「建築的」になってしまう。その証拠に，「各務原」みたいな建築をつくると，安心感があるせいか，とても評判が良いのです。少なくとも，日本国内でクライアント受けするには，「屋根」をつけるべきでしょう（笑）。

一方で，「建築らしくない建築をつくりたい」と思い続けている自分もいるわけで……。それを実現するためには，「屋根」が最も弊害になる。そういう意味で，フラット・ルーフには別の安心感があるとも言えます。

GA それでも，「高円寺」では，フラット・ルーフ案を却下しています。

伊東 屋根に勾配はあるけれど，すべてを鉄板で覆うことで，壁と連続的な繋がりが生まれている。その結果，あまり屋根を意識させずに，屋根に内在している「日本独特の安心感」にも結びつけられました。

そんな「高円寺」を経験してみても，「屋根って，本当に難しい」という感覚は，揺るぎません（笑）。

GA 隈さんのように，屋根を掛けることで「日本的でもあり，現代的でもある」ような，多義的に読み取れる操作をする建築家もいます。

伊東 でも所詮，「屋根」には変わりない。「根津美術館」(2010年)を拝見しても，明らかに「屋根」と言うしかないからね（笑）。

フェーレス・ポルタ・フィラ

エントランスホール棟

パヴィリオン1

パヴィリ

Landscape

バルセロナ見本市 グランビア会場拡張計画
＋トーレス・ポルタ・フィラ　2003-10

■ヨーロッパにおける仕事のこと

伊東 先月は，どちらへ取材に行っていたのですか？

GA ヨーロッパです。先週，バルセロナで「トーレス・ポルタ・フィラ」(2010年) の撮影をさせていただきました。

伊東 それは，ありがとうございました。

GA バルセロナのスタッフは，良く知った顔が揃ってきましたね。

伊東 確かに，地元スペインで仕事をした経験のあるスタッフが，中心になりつつあります。

GA 例えば，小針修一さん。リカルド・ボフィルの事務所にいた頃からの知り合いです。最近は連絡を取っていなかったのですが，久しぶりにバルセロナでお会いしました。

伊東 大らかな性格で，スペイン語も堪能な小針くんは，バルセロナ・オフィスで中心的な役割を担ってもらっています。

GA 芸大時代，六角鬼丈さんの研究室に在籍されて，その後，エンリック・ミラージェスの事務所にいた福田誠さんも，スタッフになられたんですね。

伊東 彼は，体の芯からスペイン人になっている感じがあるね。あらゆる意味で独特の色気もある，面白い人材です（笑）。

GA 彼らに話を伺うと，今までのバルセロナ・オフィスは，現場での実務が中心の「前戦部隊」の意味合いが強かったと言っていました。でも，「今年はバルセロナのスタッフを中心にしたチームで，コンペティションに参加するんです」と，嬉しそうに話していましたよ（笑）。

彼らを使って，目先を変えるための「新たな戦略」でも立てておられるのですか？

伊東 海外の現場だけをやっていると，東京事務所のスタッフと接触が無くなってくることに，危機感を持ち始めて

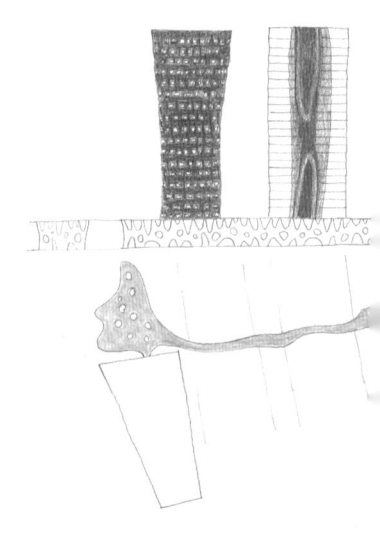

■ヨーロッパにおける仕事のこと

いたのです。実際，ビデオ会議で素材について，時々，打ち合わせするくらいですから……。
　もう少し，「一緒にデザインしている」という感覚を，彼らも持ちたかったようです。

GA　東京で考えていたことが100%，現地スタッフに伝わっていない事態もあったのですか？

伊東　もちろん，多々あります。

GA　今回，「トーレス・ポルタ・フィラ」を拝見した時に，「これは，いつもの伊東建築とは違う」とも思えました。もちろん，ホテル・サイドの強い要求を受け入れざるを得ない部分もあったでしょうが……。

伊東　ホテル棟に関しては，頻繁にビデオ会議をやって，ぼくもある程度は認識しているつもりなのですが……。クライアントからの要求が，事ある毎に変更されたので，十分に対応し切れなかったことは否めません。
　一方，FIRAのパヴィリオンに関しては，比較的，クライアント側の組織がしっかりしていたので，それほど大きな食い違いもなく，進めることができたのですが……。それでも，佐々木睦朗さんが「構造的に，もう少しシャープにしたい！」と提案しても，そのまま実現することは難しかったですね。
　実施設計は，IDOMというスタッフが1,000人もいる大組織が担当しています。日本で言えば，日建設計をエンジニアリングに特化したような組織なので，リスキーなことはすべて退けられてしまうのです。もちろん，施工技術の問題もあるので，幾つかのフィルターが掛かっていたことは確かです。

GA　「日本のような精度が達成できない！」という前提で，最初からデザインしていたのですか？

伊東　スタディを始めた頃は，そこまで認識していませんでした。でも，7〜8年も関わっていると，「何ができて，

エントランスホール棟

パヴィリオン8

何ができないか？」が判ってきてしまう。すると，どうしても事前に，セルフ・コントロールしてしまうのです。

GA コンペに当選した段階で，『GA DOCUMENT 73』に掲載させて戴いたCGが持っていた「独特の強さ」。それは，「コレさえ実現すれば成立する」とも感じられる，明解な目標設定のようにも思えました。

実際，クライアントの意見がかなり反映されたホテルになっているにも拘わらず，「コレでいいんじゃないか」と思える落とし所に収まっている。プロジェクト初期の外観CGから，それほど見え掛かりが変わっていない状態で実現されているので……。当初から，そんなストラテジーを立てていたのではないかと，勘ぐってしまいました。

伊東 最初は，戦略が立てられるほど，ヨーロッパの実情を理解していなかったですよ（笑）。

今までの経緯を振り返ってみると，クライアントの問題以上に，ローカル・アーキテクトとのコミュニケーションや施工の問題の方が大きかったのです。そこで，想像以上に強いフィルターが掛かってしまう。

日本では，施工者が提示した見積もりで合意に達した段階になれば，佐々木さんからの「構造的な大胆な提案の実現」が保証されているわけです。ところが「バルセロナ見本市 グランビア会場拡張計画」(2003年〜) に限って言えば，実施設計に至るとローカル・アーキテクトの意見が大勢を占めてしまうので，彼らの思い通りに変更されてしまいます。例え，「既に検証済みだから，新しいシステムでやりましょう！」という合意に達しても，その分については，確実にコストへ加算されてしまう。その壁が，なかなか崩せませんね。

コンペ段階では，特に単体の建物だと，野心的な提案が通ってしまうのですが……。「グランビア」のように規模も大きく，複数の棟が連なるプロジェクトになってくると，

■ヨーロッパにおける仕事のこと

コンペで提案したアイディアが，有耶無耶にされてしまう傾向がより強いですね。
GA　そこが，ヨーロッパで現代建築を実現する際の，難しい所ですね。
伊東　一方で，建築家が尊敬されていると同時に，他方で，なかなか踏み越えられない壁を感じてしまう，もどかしさもある。
GA　特に，今回取材させて頂いたツイン・タワーは，「最

エントランスホール棟の内部

トーレス・ポルタ・フィラ

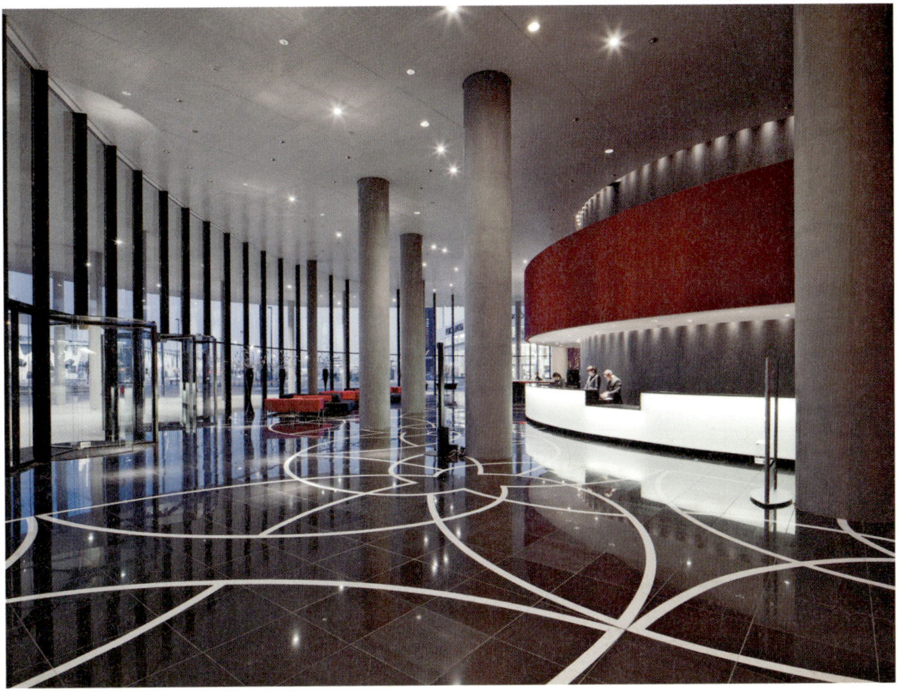

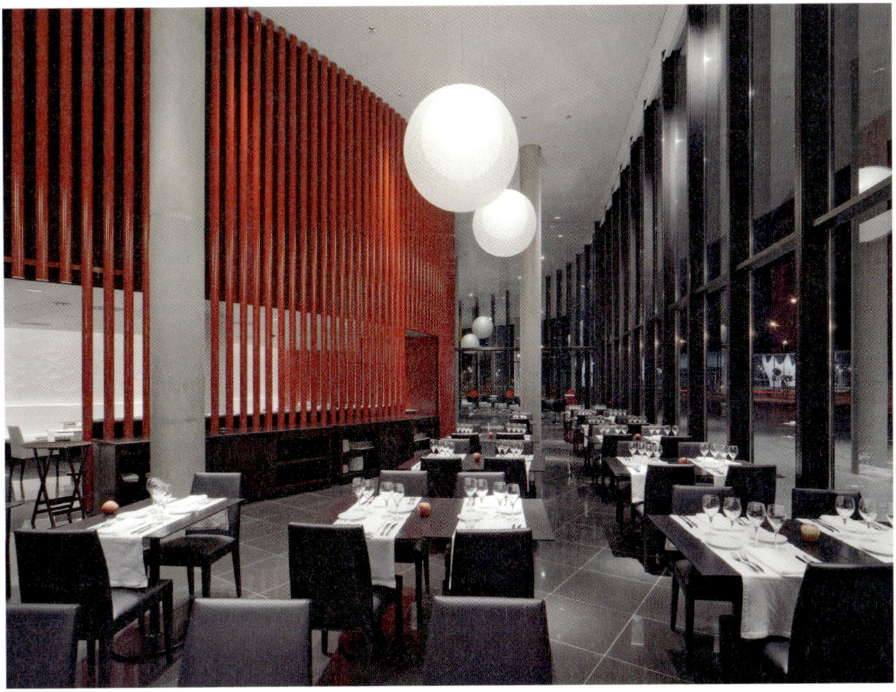

オーディトリアム サービス部門複合施設 (バルセロナ見本市 グランビア会場)
2005-11

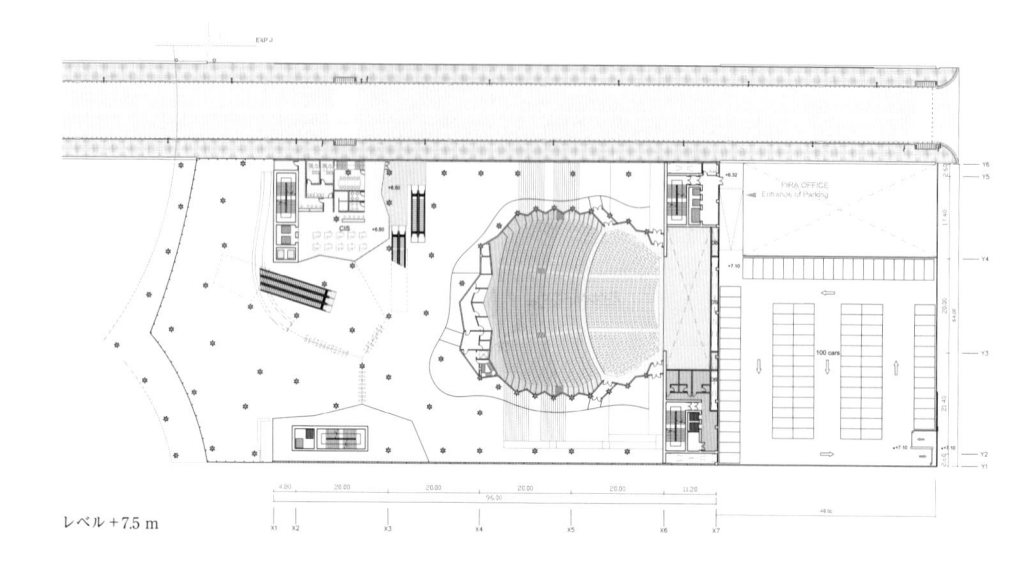

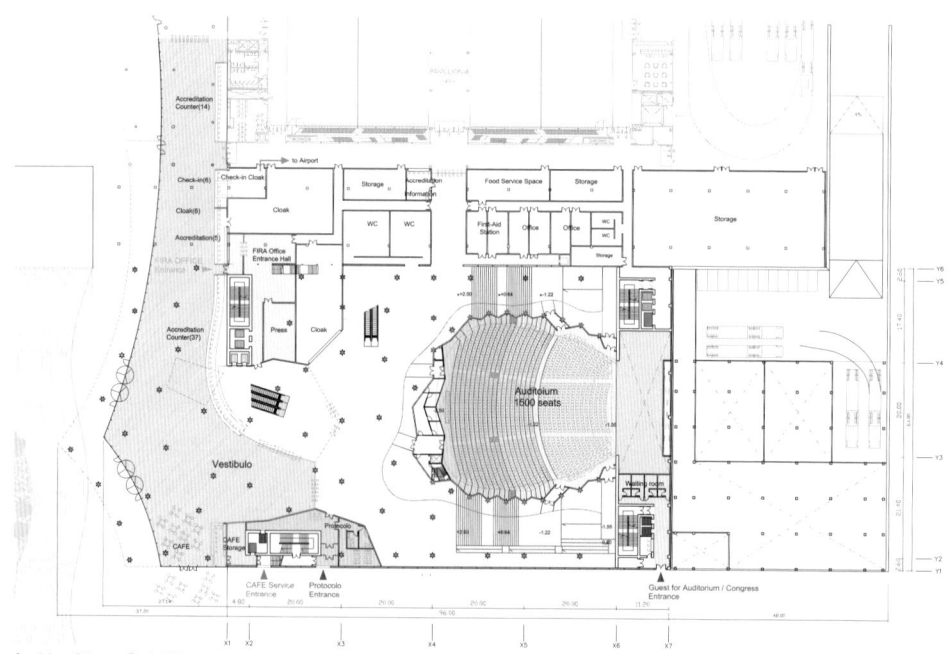

レベル +7.5 m

レベル +2.5 m　S=1:1600

レベル＋14.0 m

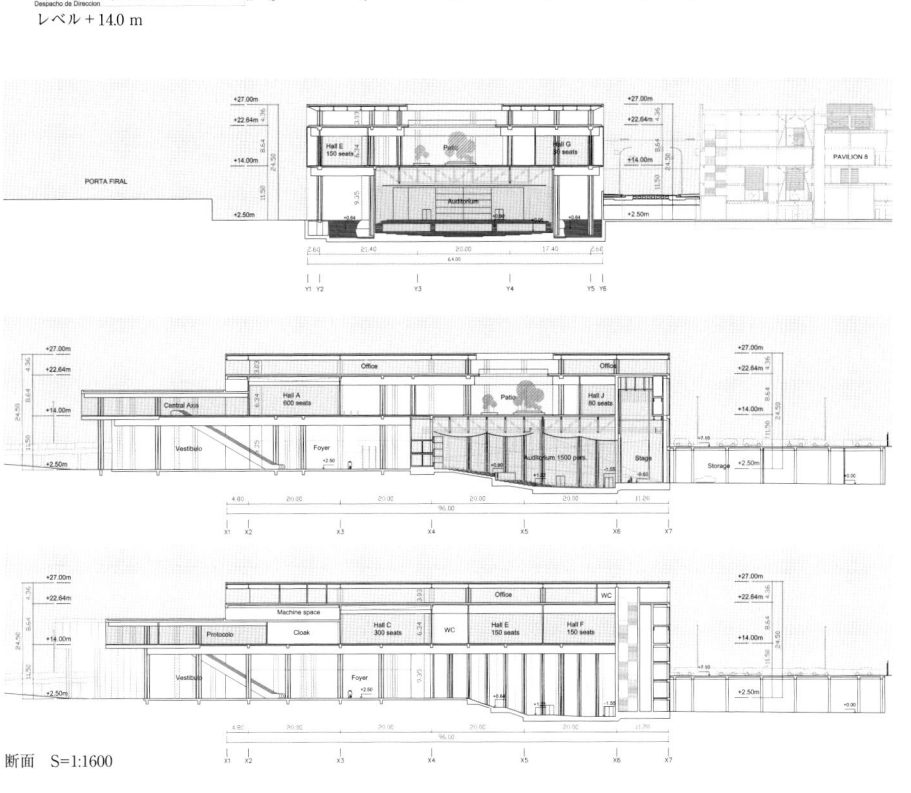

断面　S=1:1600

101

オーディトリアムのホワイエ

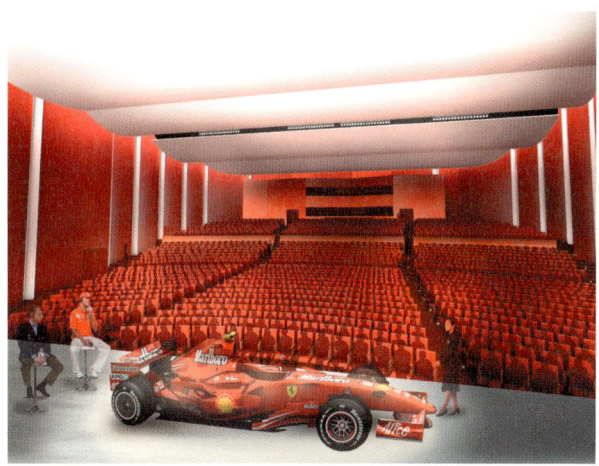

オーディトリアム

初のイメージが直接的に形になっている」という感じを強く持ちました。「ひとたび，そのイメージが顕れれば，多少の不都合があってもコンセプトが実現したように見える」ような組み立て方は，意識的だったのではないでしょうか。
伊東　もう少し，説明してもらえますか？
GA　物事のつくられ方は，伊東さんの中では日本のプロジェクトと大差ないのかもしれませんが……。それを実現する際の「落とし所」を，地元に根付いている文化によって，柔軟に変更しているように感じます。特に，ディテールやガジェットに対しては，そんな意識を色濃く感じました。
伊東　別の言い方をすると，「表現とコンセプトの関係」に対する意識なのかもしれません。もちろん，「コンセプト」という言葉は，色々な意味を含んでしまうので，使い方に気を付けなければならないのだけれど……。

　ぼくたちの場合，本当は「表現とコンセプトが一つのものであって欲しい」と常に考えているのです。「内部の使われ方やディテールを含む，その他すべてが，あるコンセプトの延長上で一つのモノとして統合されている筈だ！」と，思っていたい（笑）。

　もちろん，「そんな意識をある程度，真っ当できるプロジェクト」と，「そのような議論が無いままで実現してしまうプロジェクト」があります。特に，コマーシャルな建築は，後者の場合が多い。今回のツイン・タワーも，後者に近い状況だったと思います。「VivoCity」（2006年）もそうだったし，インテリアに関しては何も触れなかった「MIKIMOTO Ginza 2」（2005年）もそうでした。「TOD'S 表参道ビル」（2004年）ですら，同じ様な状況でしたから。
GA　それに対する，反発はないのですか？
伊東　「これ以上頑張ってもしょうがない」という気持ちが，どこかにあるんだと思います（笑）。
GA　やっと，その言葉を仰って頂けました（笑）。そこに

■ヨーロッパにおける仕事のこと

こそ，ある種の「セカンド・ライン的な考え方」があるように感じるのです。「ここでは，パッケージ・デザイン的な所でいいや！」みたいな……。

伊東 極端なことを言えばね（笑）。

GA 特に，ヨーロッパのプロジェクトは，その傾向が強いのではないですか？

伊東 プロジェクトの性格によると思います。

ただし，ヨーロッパの社会は，一方で建築をリスペクトすると同時に，他方で「建築とは，こういうモノだ！」という強い枠も，かなりハッキリあるわけです。「そこから先には，絶対に踏み込ませないぞ！」という感じがあるから，「表現レベル」で留まってしまいガチになる場合が多い。

その点，日本やアジアの方が……。

GA 建築について無知である？

伊東 「歴史や伝統に対するプライドが無い分，何でも提案できてしまえる」ところがあると思います（笑）。だから，今後，現代建築の可能性を考えるのであれば，「アジアの方が面白い」と言えるわけです。

その背景には，「リスキーなことが，コストにあまり跳ね返ってこない」ことも挙げられる。その問題は，とても大きい。

例えば，アメリカで「カリフォルニア大学 バークレー美術館／パシフィック・フィルム・アーカイブ」（2006〜09年）を設計していましたが……。独特な鋼板サンドイッチ構造を導入するだけで，直ちにコストに跳ね返ってきてしまう。それをクリアするためだけに，猛烈なエネルギーを使わざるを得ないわけです。

ヨーロッパでも，ほぼ同じ状況です。「踏み込ませない壁」が，コストの問題として屹立してしまう。その対処だけでも，「なかなか大変だな！」といつも実感させられていますね。

カリフォルニア大学 バークレー美術館／
パシフィック・フィルム・アーカイブ　2006-10

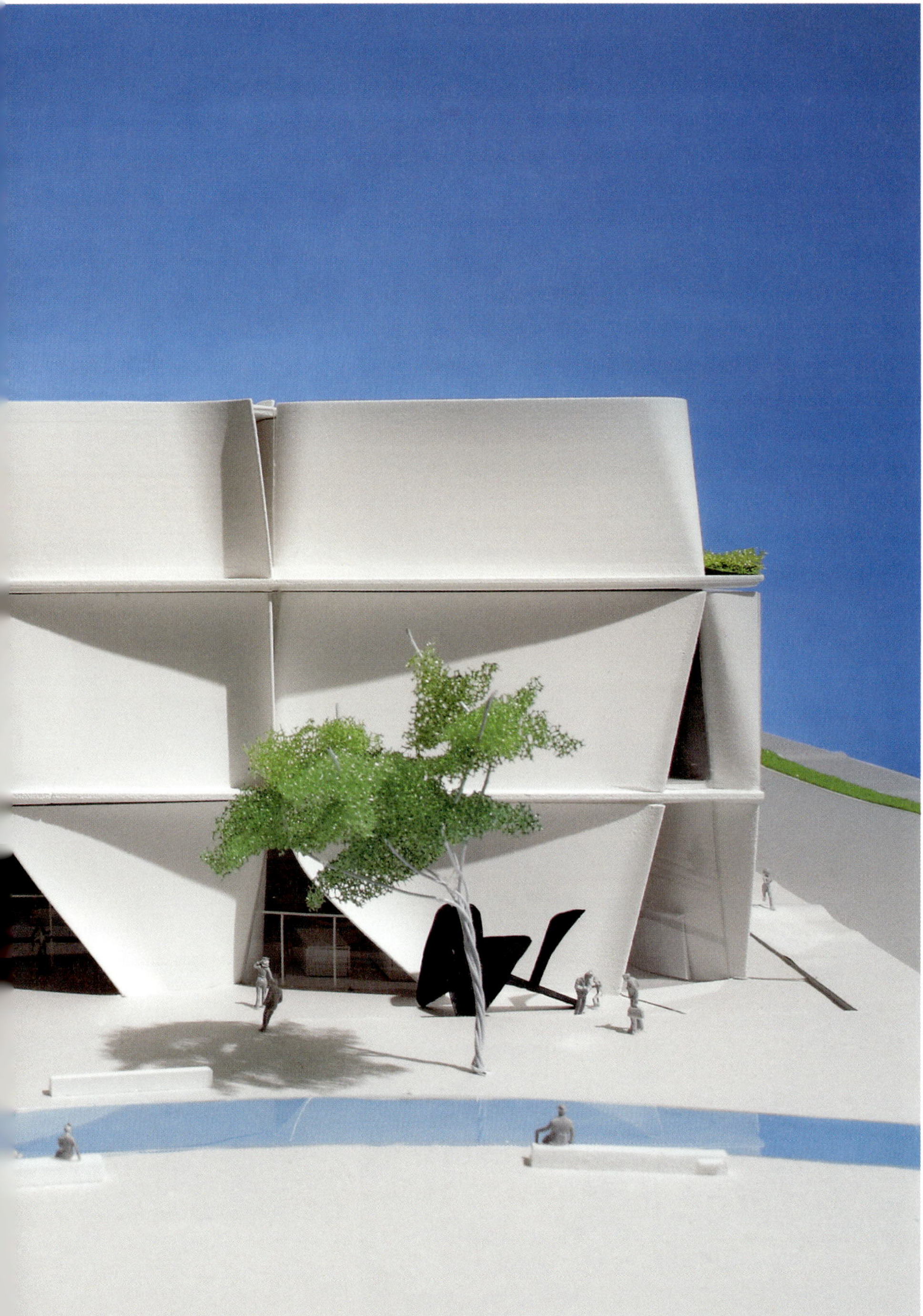

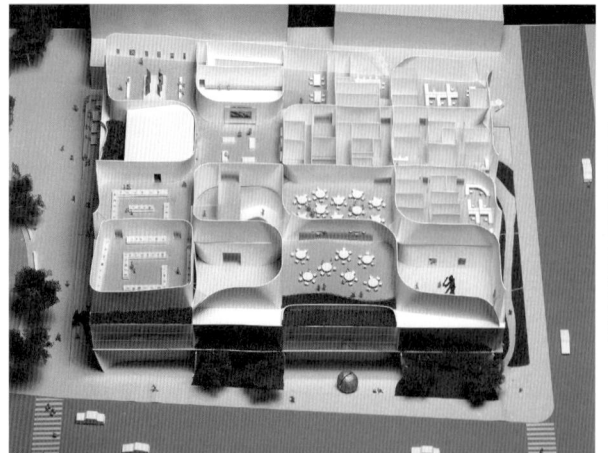

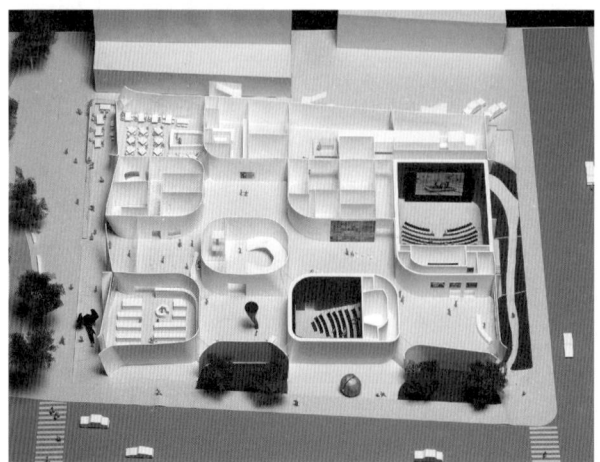

3 階

2 階

1 階

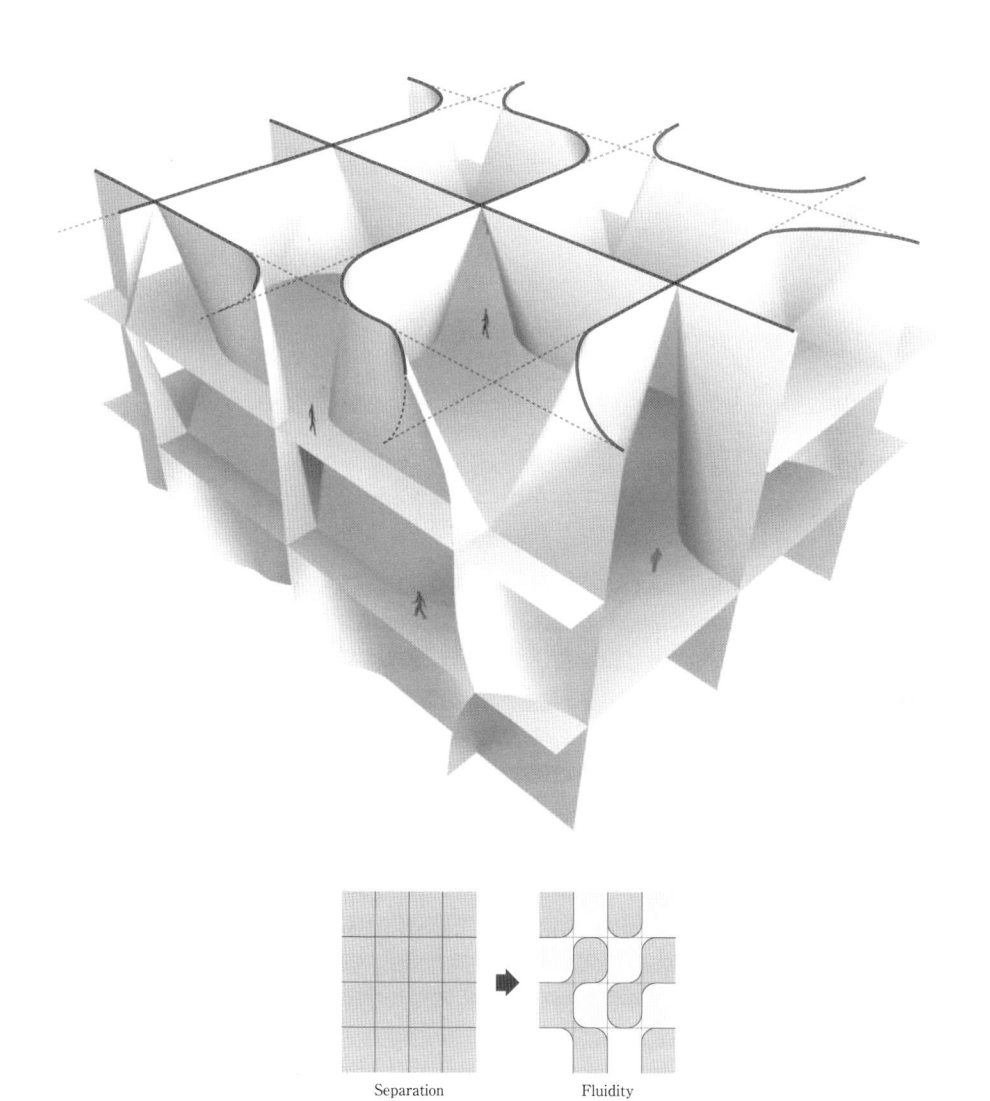

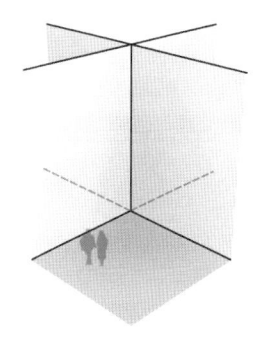

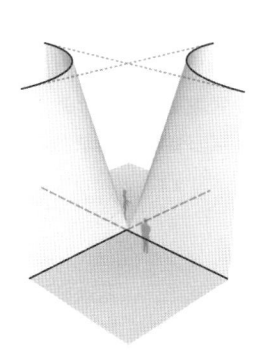

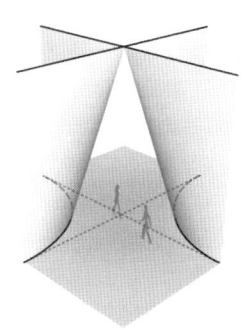

Separation　　　Fluidity

ダイアグラム

今治市 伊東豊雄建築ミュージアム（仮称）　2006-

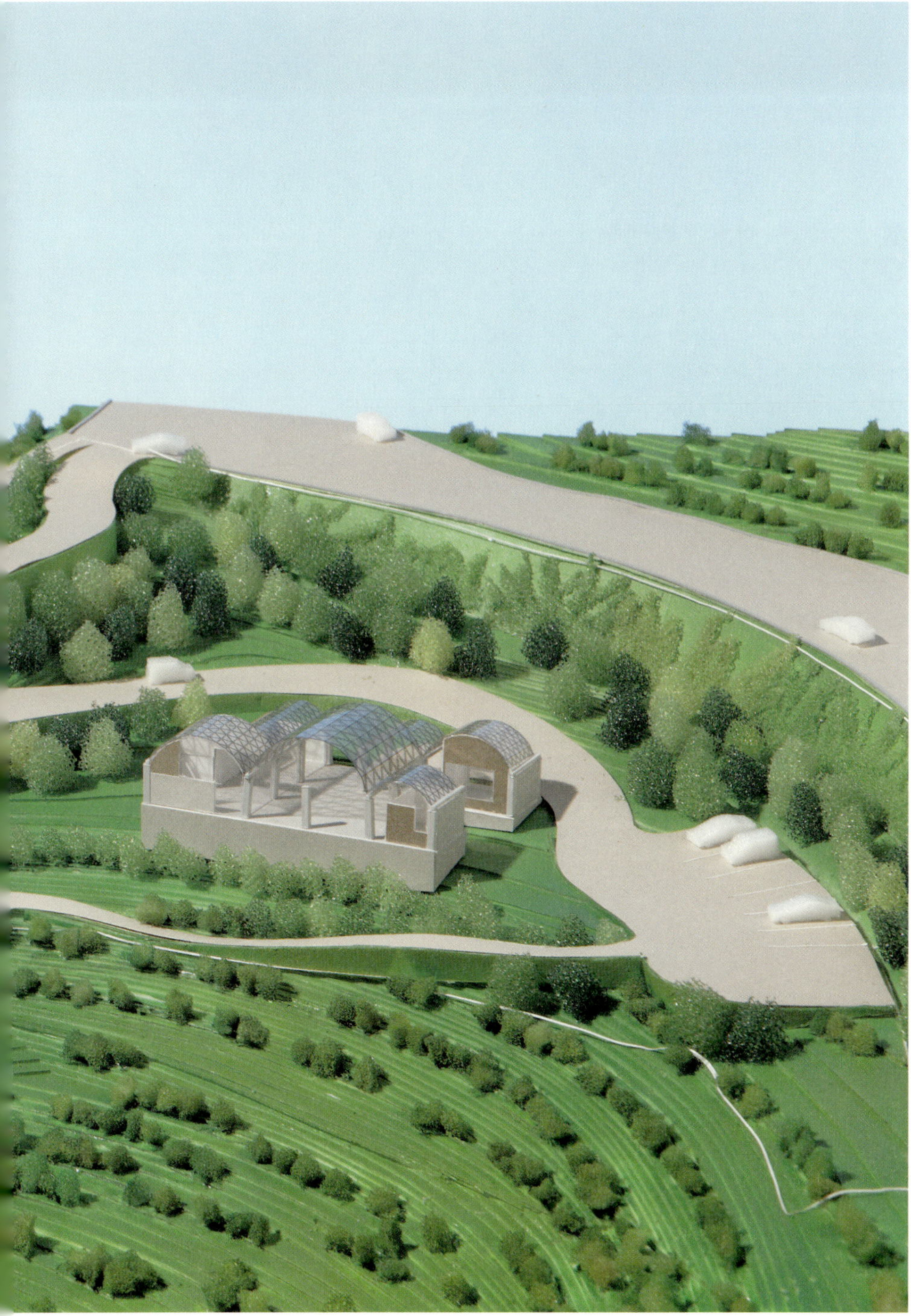

■「今治市 伊東豊雄建築ミュージアム(仮称)」のこと

GA そもそも，ご自分のミュージアムをつくることになった経緯は？

伊東 話の発端は，今から5年くらい前に遡ります。本州と四国を結ぶ「しまなみ海道」に位置する，瀬戸内海に浮かぶ大三島に，「小さな美術館をつくってください」という依頼を受けました。

　当初のクライアントは，元実業家の所敦夫さんという個人でした。2004年に，同じ島で「ところミュージアム大三島」をつくっておられ，その隣に，ご自分のコレクションを展示する，小さなスペースをつくって欲しいということでした。しかも，プライベートな施設ではなく，大三島町に寄付し，町が運営する施設にしたいと。

　ところが，大三島町が今治市に吸収合併されることになったのです。2005年に実施された市町合併の為に，かなりの月日が費やされてしまったので，その間，所さんと色々な話をする時間が持てました。そこで生まれた会話の中で，「私塾のようなモノをやりたいのであれば，大三島でやったらいいじゃないか」という話に進展してしまったのです(笑)。

　この時点では，「今治市 伊東豊雄建築ミュージアム(仮称)」になるとは，夢にも思いませんでした。私塾の場所として，「所ミュージアム」をお借りするくらいの感覚で，考えていたのです。

GA 一体，誰が画策したのですか？

伊東 所さんと今治市が話をした結果，市議会でもオーソライズされたようです。実は，所さんのコレクションを管理されている「ギャラリー長谷川」の長谷川さんと共に，今治市に話を持ちかけたようです。その結果，「所ミュージ

■「今治市 伊東豊雄建築ミュージアム (仮称)」のこと

アム」が「伊東ミュージアム」へ移行することになりました。

GA 戸惑いはありませんでしか？

伊東 もちろん，ありました（笑）。一つは，場所の問題。「瀬戸内海に浮かぶ離島で，本当に私塾なんてできるのか？」という疑念です。今まで，自分のアーカイブをつくる気持ちなんて，更々なかったものですから……。「どうしたものかな？」と迷っていたのも確かです。

だけど，周囲の人たちや所員に相談してみると，「そんな希有な話は，そうそうあるものじゃない」と諭されて，ご依頼をお受けすることになりました。既に設計開始から約2年半，経過したタイミングでの決断でした。

GA 確か，「伊東ミュージアム」には二つの施設が計画されていましたよね。

伊東 今までお話した経緯の延長上で，ぼくの住処だった「シルバーハット」(1984年) を移設することになったのです。

昨年末亡くなった，ぼくのワイフが病気になってからマンション暮らしをしていたので，「シルバーハット」は空き家になっていました。その間，国内だけでなく海外からも，見学のオファーを頂いていたのですが，とてもお見せできるような状態ではありませんでした。それならば，大三島に移築し，ワークショップの場として利用しながら，半公共的な施設として公開した方が良いかもしれないと思えてきたのです。

そこで，ぼくから「ミュージアムの隣に，移築させてください」と提案させてもらいました。幸い，今治市が受け入れてくれただけでなく，土地まで用意して頂くことになりました。

GA 施設規模の割りには，比較的広い敷地ですよね。

伊東 二つの敷地を合わせると，約6,200m²になります。尚かつ，みかん畑の中にあるので，傾斜地の造成も必要です。

スチールハット

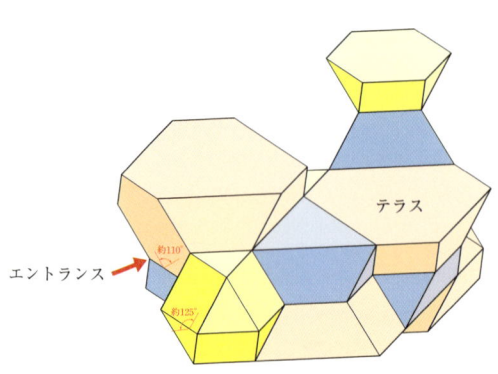

エントランス　約110°
約125°
テラス

切頂8面体	切頂4面体	立方8面体	切頂4面体
Octahedron	Tetrahedron	Cuboctahedron	Tetrahedron
O	T	C	T

アプローチ用の道路や擁壁を設えるには，想像以上に大規模な工事が行われることになりそうですが……。

　それらに関しては，すべて今治市が予算をつけてくれることになりました。現在は，ようやく入札が終わった段階です。

GA　「私塾をやりたい」というお気持ちは，どの辺りから湧き上がっていたのですか？

伊東　「若い建築家を育てたい」と言うと，烏滸がましいですが……。かなり前から，そういうことをやってみたいと考えていました。恐らく，「くまもとアートポリス」のお手伝いをするようになったことも，影響しているかもしれません。

　また，「福岡アイランドシティ中央公園中核施設　ぐりんぐりん」(2005年)の仕事をしている時，当時の福岡副市長に同様の話をしたら，とても共感して下さったこともありました。予算まで付けてもらって，若い人たちとワークショップをしながら，実際，公園内に二つのフォリーをつくることもできました。

　何れにしろ，「大学院クラスの学生たちと，もう少し実践的で，尚かつコンセプチュアルな建築の話をしたい」とは，結構，長い間考えていたのです。ただ，どの時点で始めたら良いのか，タイミングを図ることがなかなか難しくて……。

　大学の専任になっても，実現できるとは思えません。かと言って，海外まで出ていきながら「設計で手一杯」という現況からすると，「もう少し，歳をとってから」とも考えたのですが……。やっぱり，現役を退いた後に，教育的なことをやってもしょうがない。

　「どういう方法があるかな？」と思っていた矢先に頂いた話だったので，「それに載ってしまえ！」という感じでもありました（笑）。

■「今治市 伊東豊雄建築ミュージアム (仮称)」のこと

GA 具体的なプログラムもお考えですか？

伊東 あくまでも私塾なので，1年に10人くらいのスケールで展開したいと考えています。

GA 例えば，F・L・ライトは，「タリアセン」という私塾をやっていました。当時，リアルタイムには，それほど強いシンクタンク性があったと思えませんが……。あるレベルでは，歳を重ねたライトが，若い人たちと対話することで，自分も何かを得たいという側面があったと思います。

数年前，J・ヌヴェルに会った時にも，ニースの自宅そばに土地を借りて，シンクタンク的な塾をやりたいと言っていましたよ。

伊東 それは知りませんでした。

GA 伊東事務所では，若いスタッフとも分け隔て無くブレインストーミングを行い，そこで得られた刺激によって新たなアイディアをつくり出していることは有名です。私塾は，そのようなスタンスとも違うものなのですか？

伊東 うちの事務所に入ってくる若いスタッフに，「建築に対するリアリティが無くなってきている」という危機感を抱き始めていました。それも，動機の一つだったのです。

GA 「建築に対するリアリティ」とは？

伊東 「建築の社会性」，もしくは「建築は誰のためにつくり，どう使われるのか？」と考えるような，「建築に対するリアリティ」が無くなってきている。「美術館は斯くあるべき」とか「図書館は斯くあるべきだ」と，コンセプチュアルなレベルでは語れるけれど……。その発言自体は，「建築家による建築家の為だけ」のレベルでしかない。

「何年に一人」という優秀な人以外は，「それが，建築としてどのように使われていくのか？」という想像力が，ほとんど無くなってきているのです。その理由を考えてみると，「建築をどう理解し，どう学ぶか？」という，かなり根本的な問題と関わっているように，次第に思えてきていま

す。
　特に,「伊東塾」が現実味を帯びれば帯びるほど,「20世紀の建築論では駄目なんじゃないか！」と感じているのです。大袈裟に言えば,「21世紀の建築論」を構築することが,「伊東塾」における最大の目的なのかもしれない。

GA　「21世紀の建築論」ですか……。

伊東　なかなか, 上手く説明できないけれど……（笑）。どうも,「抽象」という問題と, 深く拘わっているような気がしています。

　学生の課題だけでなく, ぼくの事務所ですらそうですが……。建築を考え始める時に, まずは「機能の関係」に集約されてしまいます。ともかく, プログラムを読み解くことから始まるわけです。

　特に, コンペは典型ですよね。「この建築は,～を目的とするものである」というテーマはあるにしても,「それを実現するためには, こんな機能が必要である」と, 必ず明記されている。結局,「必要とされる機能を, どのように組み合わせるか？」という話に, 直ぐなってしまう。

GA　非常にオーソドックスな設計手法ですよね。

伊東　ぼくたちも, 要項に書かれているプログラムの関係を図式化するところから, スタートする場合がほとんどです。その後, プランニングに置換され, 構造や設備など, 技術的な問題も徐々に加味されてくる。何れにしろ, 現実化するための様々な要素が包含されていきます。

　最初の段階で, 抽象的に「機能」という概念で捉えられたモノは, 抽象的なプランに置き換えられ, 抽象的な立面や断面に置き換えられる。結局, 現場において物質が立ち上がってくる過程で, 初めて具体的なモノになっている状態です。

　今のところ,「機能に置き換える」ということ自体に, かなり問題があるんじゃないかと思えてしょうがない。「抽象

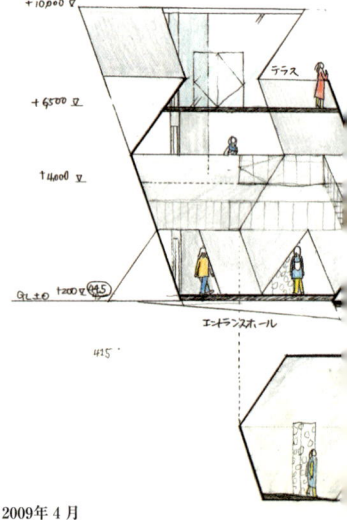

2009年4月
多面体を積んだシンボリックなタワーをつくる。
2階が出現する。テラスに上がると夕陽が望める

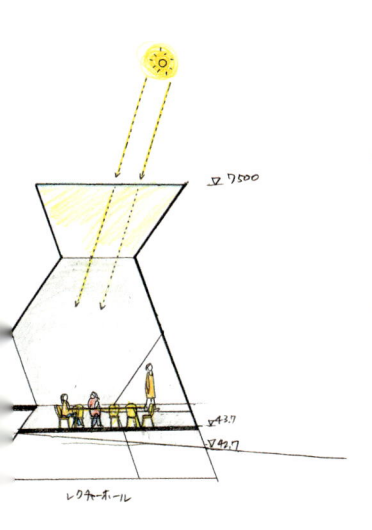

■「今治市 伊東豊雄建築ミュージアム (仮称)」のこと

から抽象へ」という過程ではなく，もっと具体物として建築を考え始めたいのです。もちろん，建築を統合していくためには，ある種の「抽象的作用」や「抽象的思考」は必要だとは思うけれど……。

その過程で，絶え間なく具体物にフィードバックするシステムをつくらないと，環境との関係も捉えられないし，「そこに人間がいる」という状態も包含できない。そんな前提に則して，「どういう風に建築を構築していけるのか？」を，本当にゼロから考えたいと思うようになってきました。

GA 今までも，日本女子大学や京都大学などで教えられていたと伺っています。それらの経験から，「20世紀型の教育」には辟易されたのですか？

伊東 そういう部分もありますね（笑）。

GA 大学で教育を受けてきた人間を雇っても，使い物にならないから，ご自分で育てられる？

伊東 そこまでは言いませんが……（笑）。少なくとも，「別の論理で建築を考えられないか？」という問題提起自体，もの凄く面白いことだと思い始めたことは確かです。

もう一つ，「子供は，建築をどう考えるのか？」という問題にも興味が出てきています。ここ2〜3年の間に，子供を対象としたワークショップを何度か経験しました。そうしたら，いつの間にか「伊東は，子供と一緒に建築を考える奴らしい」と思われ始めてしまって……。

ちょっと真剣になって調べてみると，小学校のカリキュラムに建築を組み込んでいる国が，結構あるようなのです。例えば，フィンランドやイギリスでは，かなり詳細な学習要項が存在していて，積極的に教育しています。義務教育に組み込まれていないアメリカでも，絵画や音楽と同レベルで，様々な建築のテキストが用意されている。

そのような，子供のための建築教育も，「伊東塾」でやってみると面白いかもしれないと，思い始めています。

GA 子供を対象とした教育も，大三島でやるのですか？
伊東 もちろん，東京をベースにしないと，なかなか難しいと思います。子供だけでなく大人のスクールも含めて，東京と大三島を結ぶような形で「私塾」を展開する構想にまで，膨らみつつある所です。
　こんな話をしていると……。「私塾ばかりに首を突っ込んでいると，本職の建築が駄目になるぞ！」と仰る，二川幸夫さんの姿が目に浮かんできました（爆笑）。大学の先生に話してみても，二川さんとは別の意味で，なかなか理解されないのが現状です。

GA 教科書がないことも含めて，ある種のメソッドが見えないことが不安なのでしょうか？
伊東 それもあるでしょう。
GA そもそも，大学の先生にならなかったのは何故なのですか？
伊東 先日もお話したように，菊竹事務所の頃は，大学に戻り掛けた時期もありました。でも，大学紛争などで封鎖されてしまったので，戻る場所自体が無くなってしまったのです。
GA 学部を卒業された時は，大学院に残ろうとは思わなかった？
伊東 丁度，都市工学科ができた年に卒業を迎えたことが，大きく影響しています。それまで，丹下健三さんの研究室は，大学と設計事務所がほとんど一体になったスタイルをとっていました。ところが，この年から大学は都市デザイン，設計はウルテックと，明確に分離されてしまったのです。
　「それなら，菊竹清訓さんの事務所へ行った方が面白そうだ」という判断が働いて，大学に残りませんでした。
GA 現在の伊東さんの仕事ぶりを見れば，当然，大学へ招聘されるお話もあったのではないですか？

■「今治市 伊東豊雄建築ミュージアム（仮称）」のこと

伊東 ここ20年の間に，幾つかの大学へ誘われたことは事実です。でも，その頃には「専任で大学へ行っても，中途半端になってしまいそうだ」と思っていましたね。そんな事を言うと，傲慢に思われそうだけれど（笑）。

GA 設計の仕事とは両立しない？

伊東 あまり器用な人間ではないので……。

GA 「伊東塾」が始まると，どのくらいの頻度で関わりそうですか？

伊東 まったく検討がつきません。少なくとも大三島に関しては，様々な大学の先生にお声掛けして，研究室の学生を連れてきてもらおうと考えています。1週間～10日間のワークショップの内，2日くらいはぼくも参加できる。そういうケース・スタディを年間に何度か繰り返すことを，まずはやってみるつもりです。

　もちろん，地元の人たちと先生や学生がコミュニケーションを図り，島や今治についても話し合ってもらいたい。特に，大変な経済状況にある今治市の実態を見るだけでも，随分，考えさせられることが多いと思います。巨匠である丹下さんの出身地にしては，あまりにも寂れていますから。

GA 大三島は，みかん畑で有名なのですか？

伊東 確かに，みかんは特産物ですが……。1年中，食べるわけにもいかないからね（笑）。それはともかく，今治市内とは対照的に，自然に恵まれた島は，とても長閑で気持ちの良い環境が広がっています。特に，冬の牡蠣はうまい！

GA そっちですか（笑）。

伊東 海と山，何れにしろ土地に力がある島だと思います。その証拠に，大三島を訪れたことがある人は皆，「あそこは良い島だ」と言ってくれます。本堂や拝殿が重要文化財に指定されている「大山祇神社」だけでなく，「ところミュージアム大三島」や「大三島美術館」など，複数のミュージ

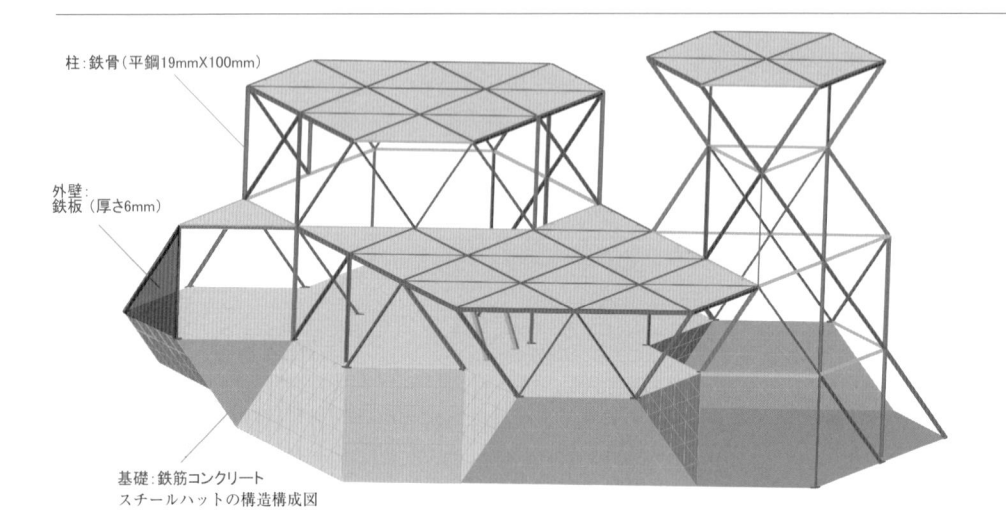

柱：鉄骨（平鋼19mmX100mm）

外壁：
鉄板（厚さ6mm）

基礎：鉄筋コンクリート
スチールハットの構造構成図

アムが島内に点在しています。それらを周遊するだけでも結構，楽しめますよ（笑）。

　幸い，1986年に廃校になった木造平屋の「旧宗方小学校」を「大三島ふるさと憩いの家」としてリユースしているので，「伊東塾」でワークショップを開いたとしても，宿泊施設には不自由しません。

GA　「伊東塾」の運営は，今治市が行うのですか？

伊東　東京とも連携するのであれば，NPO法人をつくる必要があると考えています。今年中にも，設立する予定です。

GA　観光資源としての「伊東豊雄」は，どの程度，期待されているのですか？

伊東　たまたま，「ギャラリー長谷川」から具象彫刻家・岩田健さんの屋外展示場を依頼されたので，「大三島がいいのでは？」と提案してみたら，話に載ってくれました（笑）。先述の「憩いの家」の元校庭を使って，岩田さんの寄付を前提に「岩田ミュージアム」をぼくが設計し，今治市が運

■「今治市 伊東豊雄建築ミュージアム（仮称）」のこと

営する予定です。そうやって,「伊東ミュージアム」も含めた文化施設の集積効果が助長され, 僅かでも島外からの観光客が増えるかもしれませんが……。

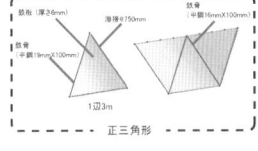

今治市としては「伊東ミュージアム」によって観光収入を上げようとは考えていないようです。今後の維持運営費に関しても, 市からの予算が潤沢に頂けるとも思えません。結局, NPO法人として維持していく為の予算の確保を, ぼくたちが考えて行く必要があるでしょう。

GA となると, 今治市の目論見は？
伊東 市内に若い人たちが頻繁に訪れ, 町について考えてくれる。それを繰り返すことで, 町自体が活性化していくことに期待しているようです。

大三島町に限って言えば, かなり高齢化しているので, 島内で若者を見掛けることがほとんどありません。そういった意味で,「若い人たちが訪れたいと思える位, 島の知名度を上げたい」という気持ちの方が, 観光収入への期待より大きいのではないでしょうか。

GA 瀬戸内海といえば, アートを主体にした再生を直島で成功させています。大三島にも, 何らかの影響があったのですか？
伊東 観光資源に乏しかった島に, 福武總一郎さんが大きな投資をしたことで, 採算ベースにも載せられたのでしょうが……。大三島での動きは, 直島とは性格が違うモノだと思います。

GA 「伊東ミュージアム」におけるミュージオロジーは, 伊東さんがなさるのですか？
伊東 もちろん, ぼくたちが行います。「スチールハット」と呼んでいる展示主体の施設は,「オスロ市ダイクマン中央図書館」（2009年）のコンペティションで提案した, 密実充填可能な切頂多面体を八つ組み合わせた建築です。実質的には五つの部屋から構成されています。

エントランスホールから三つの展示ユニットを経て，最後にサロンのユニットに到達する。「この間を，どのような展示にするか？」は，これから考えるところです。全てのスペースを合わせても200m²に満たない，コンパクトなミュージアムです。

GA　コンテンツである展示物と建築の関係は，完全に切れていますよね。互いにインテグレートしたり，「White U」(1976年)の実寸モックアップを再現するようなアイディアはなかったのですか？　それとも，敢えて避けた？

伊東　最終案に至る過程で，切頂多面体ユニットの組み合わせの特徴を幾つか把握していました。

　例えば，平面的には，すべての部屋が同じサイズの六角形になるにも拘わらず，各壁が天井に向かって広がったり狭まったりすること。それによって，サイズやヴォリュームが異なるスペースが，ひとつ一つ顕れてくる。つまり，かなり閉じられたスペースを，次々に渡り歩いていくような体験になることがイメージされました。

　だから，各々の空間が，色や素材を違えても問題ない。「せんだい」のスペースであれば，鉄板で覆い尽くしたっていいわけです。何れにしろ，まったく別のスペースに，次々とスポスポ入り込んでいくような経験は，「伊東ミュージアム」でしてみたいと思っています。

　仰るように，展示内容と建築を構成する切頂多面体は関係ないかもしれないけれど……。空間体験としては，各々のユニットが突出するように考えています。ただし，垂直な壁が一つもないので，向こう側に斜めに広がっていく壁，もしくはこちら側に迫ってくる壁への対処は，もう少しスタディする必要があると思います。

GA　少なくとも，斜めの壁にベタ貼りのパネル展示はできない？

伊東　その問題も含めて，これから一つずつ密度を上げて

■「今治市 伊東豊雄建築ミュージアム（仮称）」のこと

いかなければなりません。今年4月に東京国立近代美術館で開催される，「建築はどこにあるの？ 7つのインスタレーション」という展覧会に招待されています。絶好のケーススタディの機会なので，幾つかの切頂多面体ユニットをつくって体験してみようと考えています。

GA あくまでも，切頂多面体ユニットは建築の構成システムであって，用途を説明するものではありません。用途を規定するのは，あくまでも後付のインターフェイスになる。それは，「台中メトロポリタン オペラハウス」(2005年〜) にも共通しています。

一つの建築が立ち上がる際に，その構成システムと目的が切れていることに対して，どのようにお考えですか？

伊東 そもそも，「伊東ミュージアム」のアイディアは，図書館で提案したモノですからね。「台中」だって，「ゲント市文化フォーラム」(2004年) で提案したシステムを援用しているわけだし，美術館にだって難なくリニューアルできるかもしれません。

GA 「伊東ミュージアム」が完成するまでのプロセスの精密さと，結果的に立ち現れてくる建築が内包する揺らぎとのギャップ。それに対して，どのようにコメントされるのか興味があります。

伊東 結構，いい加減に考えているんですよ。大体，「White U」をつくった時から，「輪っかになったチューブさえ与えれば，そこで人間は住み暮らせる」なんて豪語していたわけですから (笑)。

もちろん，「White U」の頃は，今のような「建築的な技」は持っていなかったので，結構，住みにくい家だったと思うのですが……。

GA そんなこと言っていいんですか (爆笑)。

伊東 当時より，もう少し身体と空間の関係を，緻密に考えるようになっている筈です (笑)。そうなのであれば，

「せんだい」のように「様々な場所さえ用意しておけば，そこで勝手にやりたいことをやればイイ」と割り切れてくる。

例えば，本を読めば，そこは図書館になるわけだし，絵を観れば美術館になる。そのくらいの「いい加減さ」が，逆に現代建築には必要だと思うのです。そんな状態こそが，人間をリラックスさせ，気持ちよくさせる。

それにも拘わらず，20世紀の建築は，機能で雁字搦めに縛り付けてしまった。「ここで本を読みなさい！」とか「ここで絵を観なさい！」と強制される方が，よほど不自由な状態ですよね。本当は，同じ箱を与えている筈なのに，光の具合を少し変えただけで「ここは，本を読む場所です」なんて言っている方が，余程オカシイのではないでしょうか。そういう感覚を，これまでの体験から得ることができました。

GA 美術館や図書館は，まだ自由度が高いのではないですか？

伊東 仰る通りだと思います。先日もお話したように，今のところ「ホール」は最も難易度が高い。伝統の中で培われてきた形式が幾重にも重なっているし，未だにモーツァルトやバッハが頻繁に演奏されている。そんな世界で「どんな場所だって，コンサートはできるじゃないか！」と発言してしまうと，身も蓋も無くなってしまうわけです（笑）。

それでも，「ゲント」では勇気を持って，「もう少し開いたホールがあってもイインじゃないの！」と提案してみたわけですが……。「台中」に至っては，オペラ専用ホールということもあって，「形式の壁」を設けざるを得なくなっている。

GA 確かに，機能が見えてくると，ある種の建築が弱くなる傾向は否めませんね。

一方で，機能を全面に出すことで，高密度に成立させている建築家もいます。例えば，リーディング・ルームの空

■「今治市 伊東豊雄建築ミュージアム（仮称）」のこと

間のプロポーションに命を掛けている人たちもいる。「伊東ミュージアム」だって，機能を外しているとはいえ，ある常識的なスケールのヴォリュームによって，各ユニットが設定されているとも言えます。

伊東 もちろん，ぼくだってある程度の常識はもっていますよ（笑）。

GA でも，そこで行われているヴォリュームの設定は，精密ではないですよね？

伊東 他の建築を見に行った時には，「ここは，プロポーションやスケールが悪い」という指摘をしますし，身に付いている感覚があります。

だけど，個人的には「建築を，屋外のようにしたい！」という欲求が常にあるわけです。屋外だって，コンサートもできるし，演劇だってできるし，住むことだってできる。「それに，最低限の要素を与えるだけでいいじゃないか！」というのが，理想像としてあるわけです。どこまで重装備にしていくかは，「各プロジェクトにおける対外的な関係の中で決定していく」というのが基本的スタンスです。

「かなり屋外寄りになってもいい」と判断すれば，大胆に外部化するし，「コレはいかん！」と思えばギュッと閉じてしまう。先週，撮影して頂いた「トーレス・ポスタ・フィラ」（2010年）などは，そのような議論になかなかならないので，自分の中でも達成感が生じづらいのです。「そんなことは置いておいて……」という具合に，物事が決まってしまう。

GA ぼくには，確信犯的に「伊東さんの手札」をポンポンと見せているように思えました。それでも成立してしまうことが，怖いことでもあり……。

伊東 結局，「喧嘩してでも壊してしまえ！」と言えるほどの度胸がないんですよ（笑）。

GA 数年前に開催された「ル・コルビュジエ展」（2007年，

モックアップ

2階（床面積：116.0 m²）

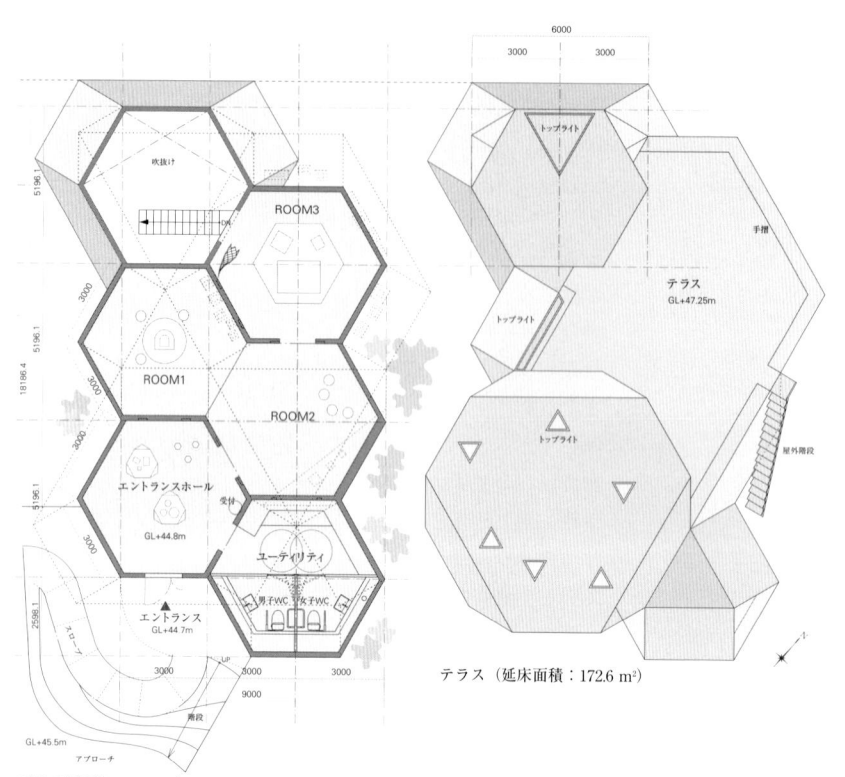

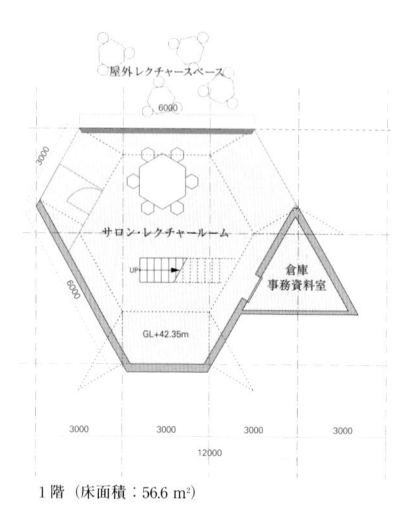

テラス（延床面積：172.6 m²）

1階（床面積：56.6 m²）

■「今治市 伊東豊雄建築ミュージアム（仮称）」のこと

森美術館）には，「カップマルタンの休暇小屋」(1952年)の原寸大モックアップが展示されていました。プロポーション，寸法，さらに一部の材料まで正確に再現しているのに，妙な違和感があったのを覚えています。

今年1月までワタリウム美術館で行われていた「ルイス・バラガン展」でも，「バラガン邸」(1948年)の一部が再現されていました。椅子や机は本物を持ち込んでいましたが……。

伊東 まったく違うモノになっていましたね。

GA 「伊東ミュージアム」でも，「シルバーハット」が移築される予定です。中野とはまったく違う環境に建つことに対して，どのようにお考えですか？

伊東 そうだな……。

GA 「スチールハット」だって，別の場所でも成立するシステムですよね。例えば，「アンカーリング」と称して「そ

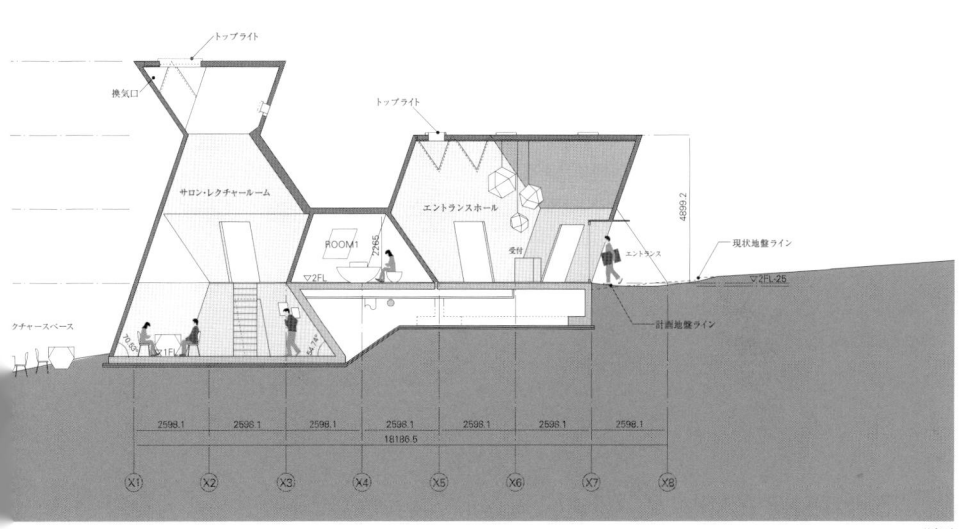

断面

ROOM 3
せんだいメディアテーク以降のプロジェクト
〈自然のシステムを構造化する〉

サロン・レクチャールーム

スチールハットのイメージスケッチ

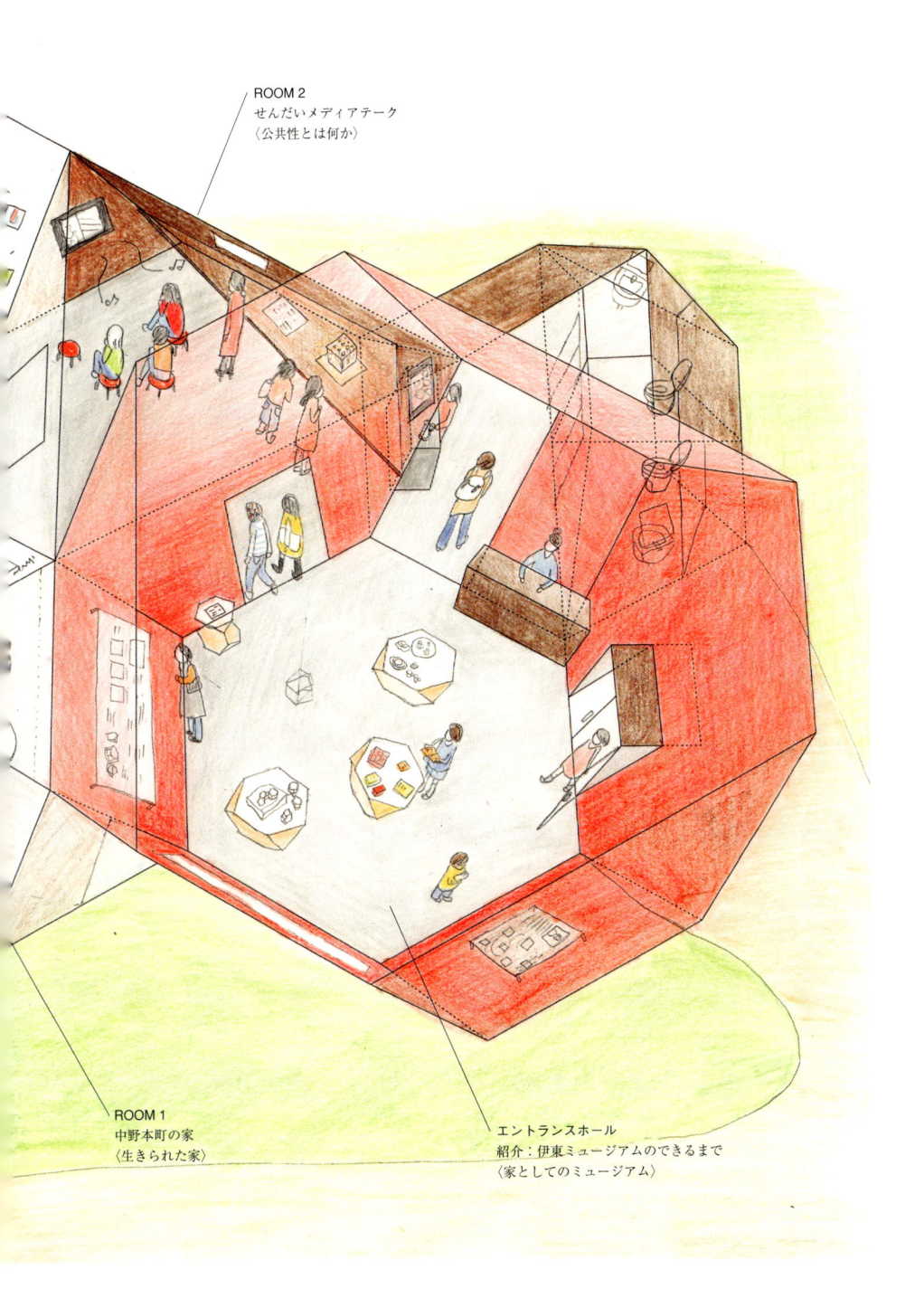

ROOM 2
せんだいメディアテーク
〈公共性とは何か〉

ROOM 1
中野本町の家
〈生きられた家〉

エントランスホール
紹介：伊東ミュージアムのできるまで
〈家としてのミュージアム〉

の土地へ，如何に繋ぎ止めるか？」という理屈を捏ねる，スティーヴン・ホールのような拘りは感じません。

伊東　先程の「抽象」の話と関わりますが……。

　現代建築は，デザインという図面の中だけにあるのではないと考えています。それが，ある場所に建てられることでモノに置き換わり，使われていくプロセスを含んで，初めて建築として成立する。そして，そのプロセスの中に「場所性」が生まれてくる。

　取り敢えずは，何かを置けばいい……。

GA　それが，「場所」をつくり出していく。

伊東　だからこそ，できるだけ土地に拘束されないような，「仮のモノ」を置く必要があるのです。それを取っ掛かりにしながら，建築が始まるような状態が面白いと考えています。

　「せんだい」において，そのことを凄く学んだような気がする。取り敢えず，「チューブとプレート」を設定した上で，「メディアテークとは一体，何なんだ！」という議論を，関係者全員を巻き込みながら展開していた。その中で揉まれながら，実施案にまで変位していった経緯があります。

　現在でも，新たな企画が提出されれば，審査した上で，それに見合った新しい使い方がなされている。実際，1階の使われ方は，オープン当初と比べると，かなり変わりましたからね。

　つまり，S・ホールの言う「場所性」とは，かなり違う感覚だと思います。

GA　「スチールハット」の切頂多面体は，「せんだい」における「チューブやプレート」と比べると，かなり異質なものだと思えます。ある意味で，近代的な自由度を担保している「せんだい」に対して，「スチールハット」の各ユニットは，自由度を限定しているようにさえ見える。

　今日的な電子的情報デバイスなどのバックアックが前提

■「今治市 伊東豊雄建築ミュージアム（仮称）」のこと

にあれば，切頂多面体ユニットにもある種の自由度が得られるとお考えですか？

伊東 まさしく，「オスロ」のスタディを始めた時に，所内で議論になった問題です。

それまで，ぼくたちが展開してきた定義で言えば，「せんだい」のようなどこまでも連続していく，限定しない空間を良しとしてきた筈なのです。でも，「オスロ」では，ちょっと違ったことをやってみたいと思ってしまいました（笑）。

GA 具体的には？

伊東 小さな集落がたくさん集まっているような，「本のまち」を提案してみたい。凄く明るくて「軽い小屋」のようなユニットもあれば，完全に閉じられていて「穴蔵」や「洞窟」を連想させるユニットもある。各々，別の家族が住み暮らしているユニットに入り込み，渡り歩くような体験をしてみたい。「一つひとつの完結した宇宙の連続体が，図書館なんだ！」という提案を，思い切ってやってみたわけです。

「伊東ミュージアム」では，「スチールハット」を切頂多面体でやろうと思い始めた頃と，「シルバーハット」を移築しようと考え出した時期が，大体，オーバーラップしていました。と言うのも，「シルバーハット」の発表当時，「この住宅は現代の集落だ」と発言していたから。1980年代に考えていた「集落」と，現在，考え始めた「別の集落」を対比的に併存させることは，結構，面白いのではないかと。

GA 「シルバーハット」に関しては，伊東さん個人の記憶やご家族の記憶が，既に張り付いているフレームを持ち込むことになります。そうなると，「建築をポンと置くことで，事後的に場と結びつく」という理想を貫きづらいように思えます。

むしろ，色々な意味や時間が付着しているフレームを，大三島で保存することの方が強くなってしまう可能性もあ

るのではないでしょうか？

伊東　あまり，そういう気はないんです。個人的に「建築は，いつ壊されてもイイ」くらいの感覚を持っていますから（笑）。

GA　一時期，「White U」が解体される経緯をレクチャーでお話され，聴衆が涙したことが話題になっていました（笑）。「シルバーハット」の移築は，「White U」の解体とはオーバーラップしない？

伊東　「シルバーハット」を考えていた当時も，躯体だけを用意した上で，それにどうやって壁を立て，照明器具をぶら下げ，キッチンをつくり込み，ドアを取り付けるかを，ゼロから考えてみようとしていました。確かに，かなり無理がある発想ではあったけれど，なかなか面白いプロセスを体験することができたのです。

　そこまで，今回はゼロ化できないとは思うけれど……。一応，用途が変わるので，取り敢えず「シルバーハット」の躯体だけが移設される予定です。「そのフレームに対して，何をしたらいいんだろう？」と考えることはできる。

　コストも限られているので，当初は一部を内部化すること位しかできないでしょう。だからこそ，大三島を訪れた学生さんたちと，「さらに内部化するには，どうしたらイイか？」と，一緒に考えてみたいというのが，一つのテーマになっています。

GA　「スチールハット」は？

伊東　展示中心の公共施設なので，ある程度，建築として成立させておく必要があります（笑）。仰るように，「シルバーハット」ほどフレキシブルではないかもしれないけれど……。

　「各ユニットの内部を，どのようにつくり込んでいくか？」に関しては，「第三者のミュージアムではない」というメリットを最大限活かして，実験的なことを繰り返した

大三島に移築されるシルバーハット

■「今治市 伊東豊雄建築ミュージアム（仮称）」のこと

いと思います。場合によっては，つくり替えてもイイかもしれませんよ（笑）。
GA 初めから，切頂多面体の組み合わせで考えていたのですか？
伊東 実は，プロジェクト初期の頃は，地形が任意に盛り上がることで，新たな地形を生み出すような建築を，ずっ

と考えていたのです。だけど，それによって生み出される外観だけでなく，内部空間までもが，「何となく，この場所に合わない」と感じていました。
　特に，島内を周回する唯一の幹線道路から見たときのシルエットが，気になっていました。有機的な曲面で起伏を繰り返す状態から，切頂多面体の組み合わせになった途端，

ぼくの中ではシックリきた。

GA　伊東さんは，どちらかと言えばオーガニック派だと思っていました。

伊東　まさしく，「トーレス・ポルタ・フィラ」は，「有機的な形」を最重要課題にしていました。一方で，形がメインテーマでない「スチールハット」でも，珍しく「夕陽が沈む際のシルエット」のイメージが，自分の頭の中に張り付いていたのです。

GA　基本的に，鉄板で構成されるんですよね？

伊東　はい。ただし，「座・高円寺」（2008年）のような鉄板構造ではなく，フレームに鉄板を貼るようなシステムです。どちらかと言えば，フレームで支えていて，鉄板で補強している。

GA　模型で表現されているように，開口部は少ないのですか？

伊東　それこそ，抽象的なフォルムだけが浮かび上がってくるようなイメージです。

GA　茶色にした理由は？

伊東　当初は，「コールテン鋼のようなモノでもイイかな？」と思っていたのです。でも，海辺の建物なので，船のように塗装するのが最もシンプルな対処法のようです。

　もちろん，白い船もありますが……。今回も，「座・高円寺」と同様に，当初から黒いイメージしかなかったですね。何故と聞かれても，ちょっと困ってしまうな（笑）。

GA　「シルバーハット」との対比を意識されました？

伊東　いや，そうじゃないですね……。

GA　神様が突然，降臨される？

伊東　そんな偉そうな話でもないですよ（笑）。

GA　重要な決定の際に，「誰にも説明できない飛躍」がある。そのこと自体に，興味があります。

伊東　強いて言えば，「逆光のシルエット」を意識する場合

■「今治市 伊東豊雄建築ミュージアム（仮称）」のこと

が多いかもしれません。「スチールハット」でも，夕暮れ時に影絵のように見えているイメージがありましたから。
GA 「伊東ミュージアム」と冠しているからには，伊東建築を代表してしまう危険性も孕んでいるわけですよね？
伊東 そうですかね……。
GA そんな建築を設計すると，何らかの不自由さを感じることはないですか？
伊東 規模が小さいこともあって，そんなに意識する必要もありませんでした。「オスロ」のコンペが終わった後，「全然，伊東らしくないよ！」と，色々な人から言われていましたから（笑）。
　逆に，「駄目だし」をされると，「面白いかもしれない！」と，考え続けてしまうタチなんです。
GA そういう意味で，「伊東さんらしさ」が，判りづらくなっているのかもしれないです。敢えて，手数を増やしておられるのだとは思いますが……。
伊東 やっぱり，体質はそう簡単に変わらないですからね。切頂多面体を弄っていたと思えば，別のことに興味を持ったり。
GA 「何処かに行き着いてしまうと，面白くない！」という感じも判りますけれど。
伊東 過去に編み出した手法をバージョンアップすることも含めて，色々なことにチャレンジしたいですね。

モックアップ

オスロ市ダイクマン中央図書館
コンペティション応募案　2008-09

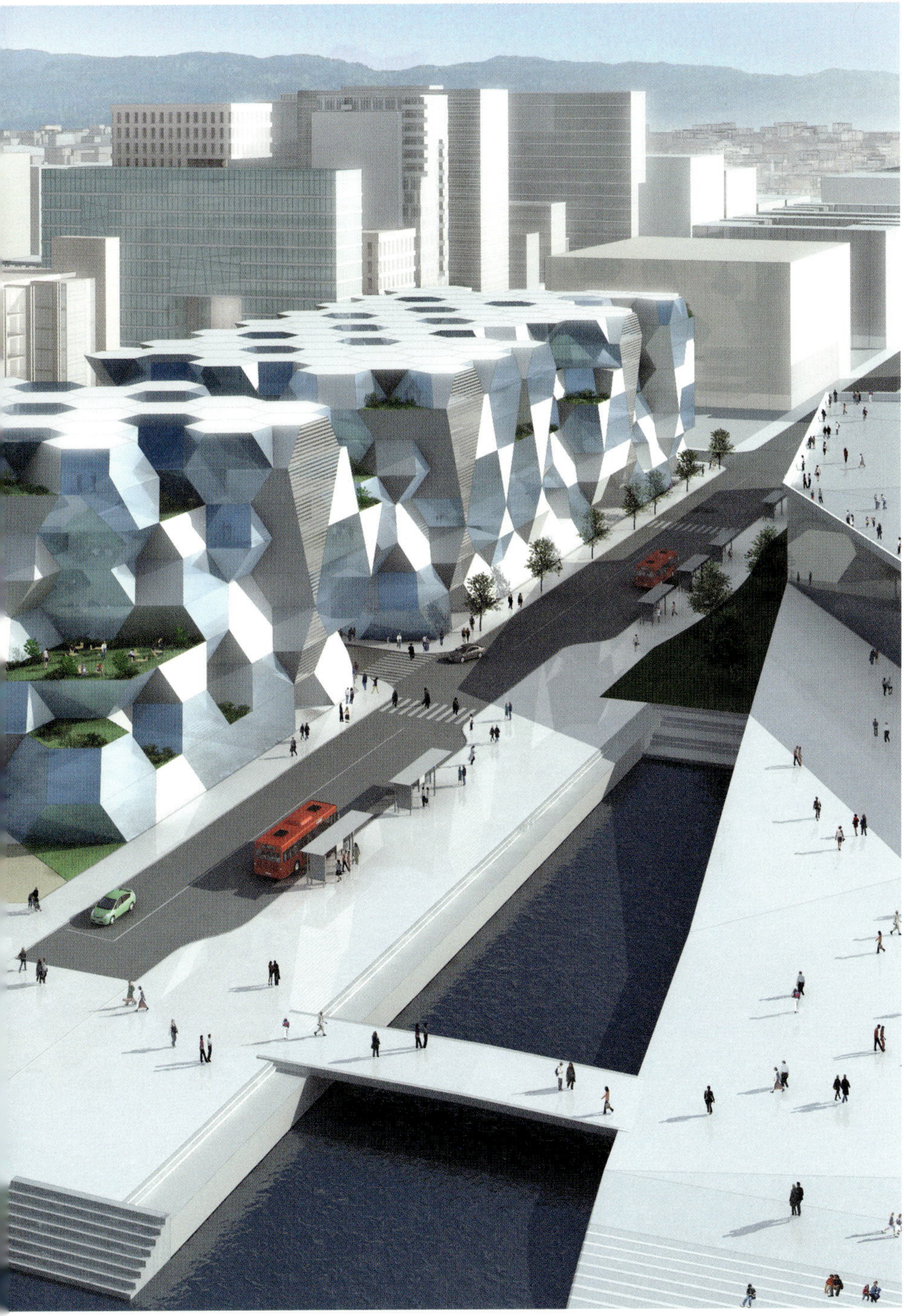

OCTAHEDRON TETRAHEDRON CUBOCTRAHEDRON TETRAHEDRON
O T C ⊥

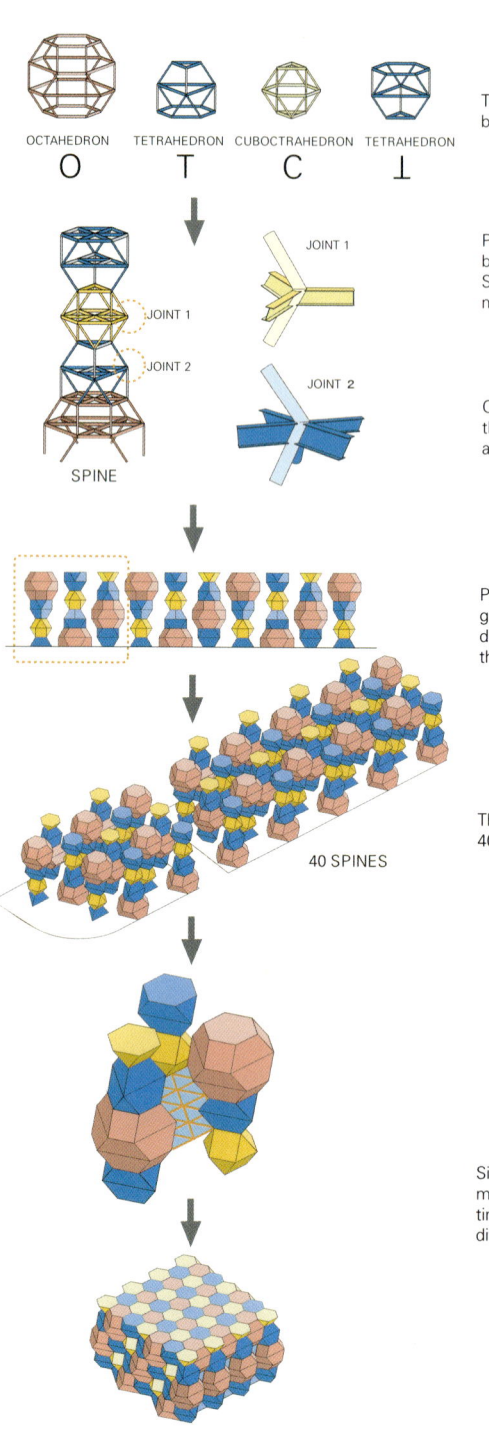

The overall structure is formed by three basic polyhedrons

JOINT 1
JOINT 2
SPINE

Polyhedron frames are formed by ST-219.1 diagonals and ST-H 300 x 150 horizontal members

Only two joints are used throughout to simplify assembly

Polyhedrons stacked in groups of four to form three different "spines" that cover the entire site.

40 SPINES

The entire structure comprises 40 spines in repeating patterns

Simple repetition o identical members reduces construction time and emulates the molecular diversity of thenatural world

Reading Corners
Cozy nooks to curl up w
Comfortable seating aro
a fire place creats an at-
atmosphere.

Greenhouses
Semi-outdoor lightwell a
with benches placed aro
large trees and plantings

Gallehedron
for holding a wide variet
library-related presentati

Bibliohedron
Entire walls faced with
bookshelves whose obli
angles throw classic libr
shelving into a stimulati
dynamic.
A gymnasium for the mi
housing some 25,500 vo

Playrooms
Part den, part playgroun
can sit on the floor and
have books read to them
fun enviroment.

Entrance
Library Shop
Restaurant

Oper
Com

Library Layout

Main library areas kept on low floors for easy access and smooth single-level flow.

Theatrohedron
Low sofas along angled walls offer comfortable viewing of a hexagonal- and trapezoidal-panel multi-screen projection system. Perfect fo author readings and discussions

Book Passage
Footpaths through the library city, providing access an visual orientation.

Miscellaneous internal support functions

Office / administratioin and technical support function

Bibliohedron

Specialised departments

4F

orkstations
personnel serving th public

Open Access Storage

Sorting room

Storage in closed stacks

Retail

Audio-Visual

Staircase
1F-3F

EV③
B1F-4F

Retail

2F

EV②
B1F-4F

Escalator
1F-3F

Aker River Common

EV①
B1F-4F

Plaza3

24 Hour Library

Road through building to Dronning Eufenias Gate

scalator
1F-3F

Auditorium
Plaza2

Theatre

Book Passage

Newsroom

Plaza1

Ground floor areas give immediate access to popular indoor activities. Clustered around three main plazas are Café-Restaurant, Library Shop, 24 Hour Access area, Auditorium, Main Theatre and other public spaces.

Modules

C	Creating	Bibliohedrons (2 modules) Theatrohedron (1 module) Gallehedron (1 module)
L	Living	Reading Corners (16 modules) Playrooms (3 modules) Newsrooms (2 modules) Entrance Gallery (1 modules)
G	Growing	Greenhouses (4 modules)
i	Inquiring	Information Centres (6 modules)
w	Working	Workspaces (7 modules)

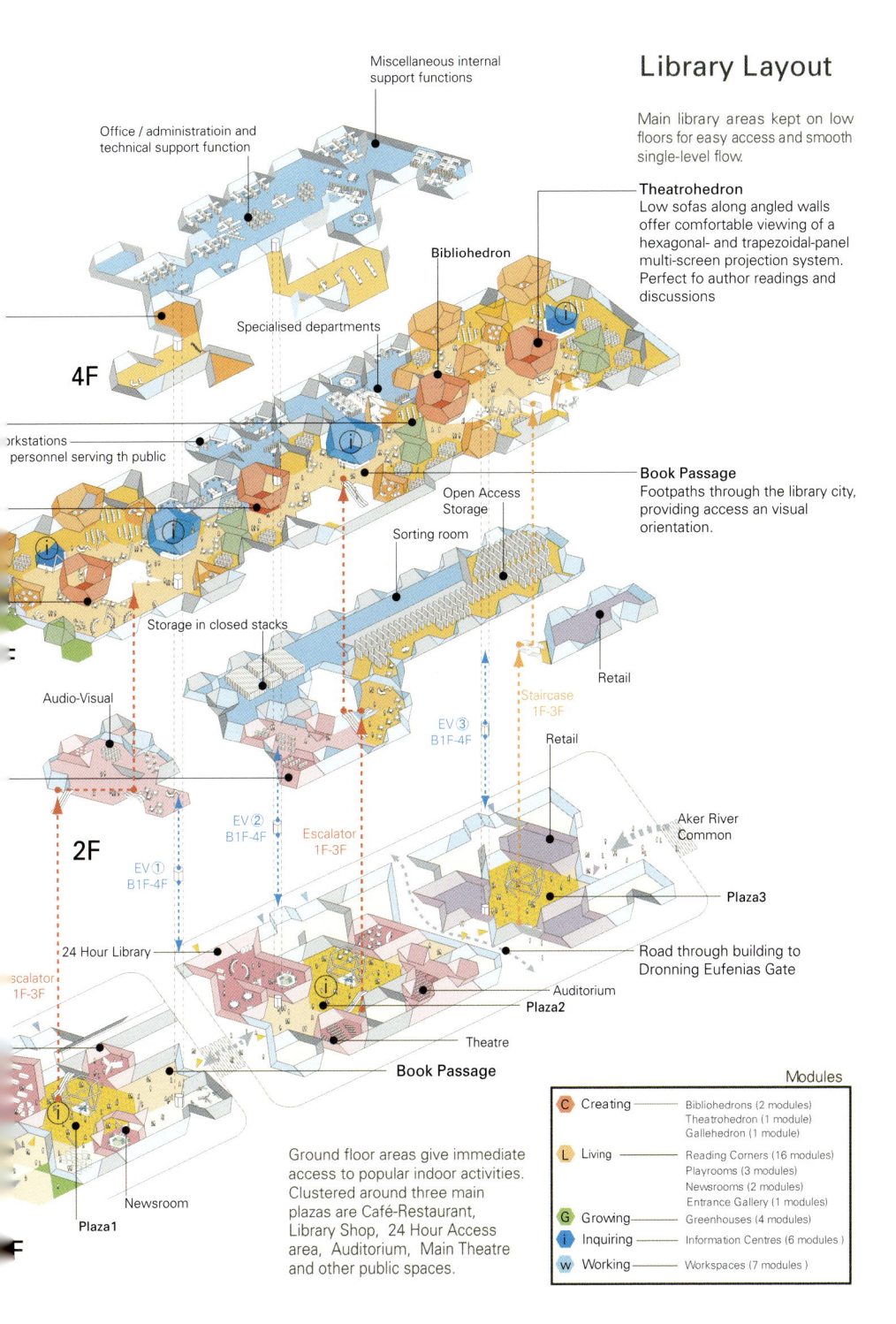

Exterior

Bibliohedron

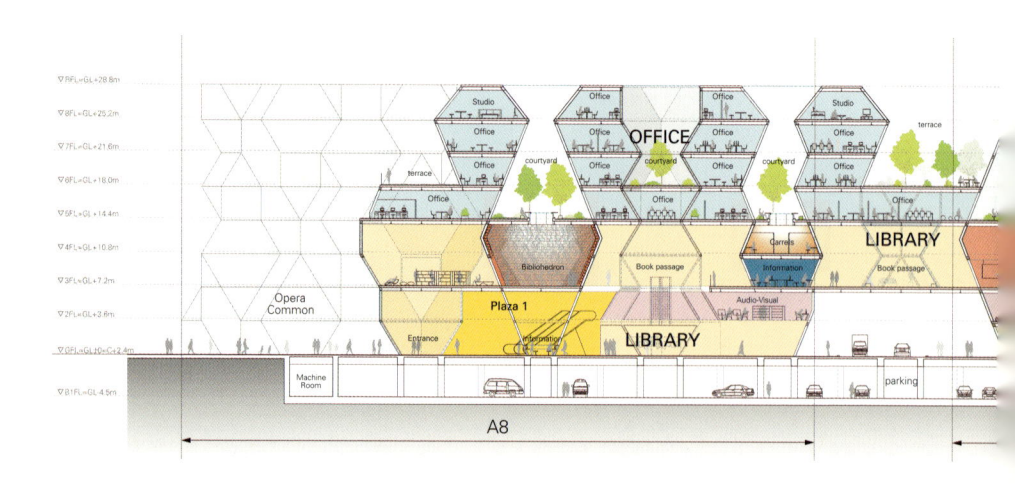

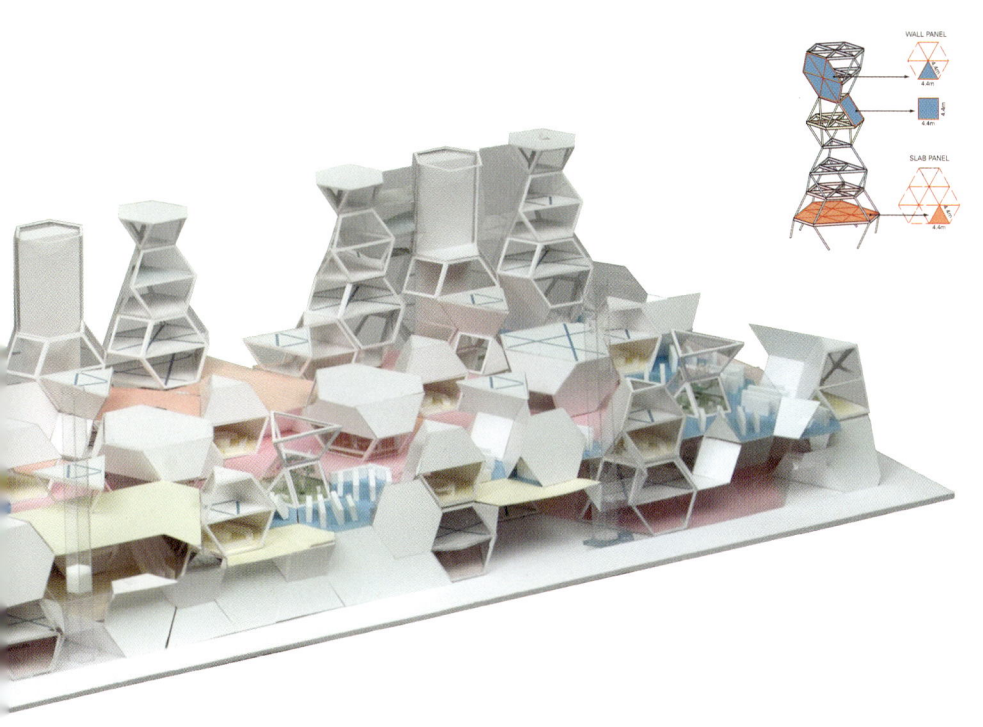

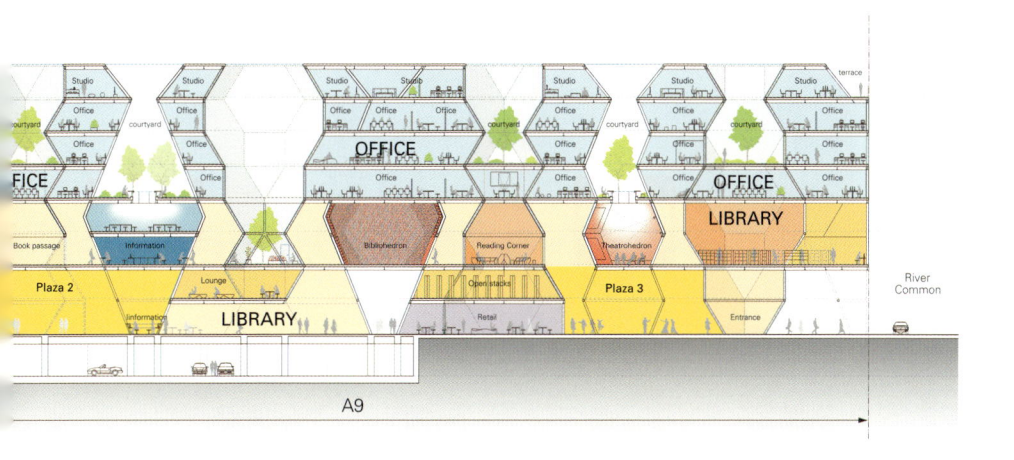

Greenhouse

Theater

Bibliohedron

Playroom

Branch library

Greenhouse

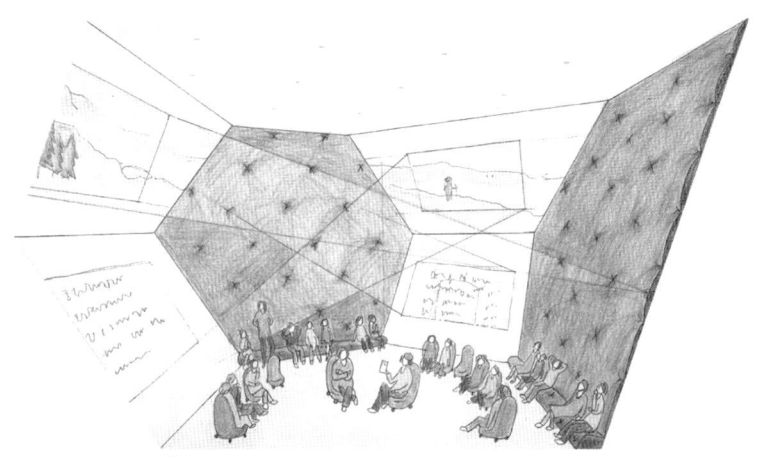

Theater

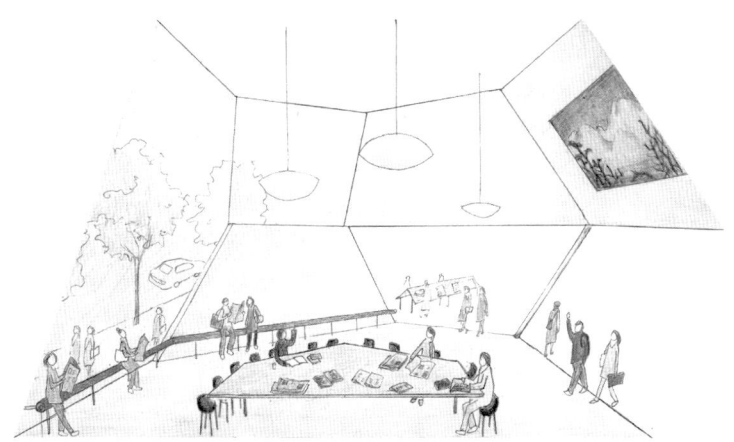

News room

Workspace

■ITO的理性

伊東 今までのインタヴューを鑑みると……。由夫さんの目には，ぼくの建築がクラシックに見えているのかな。

GA 例えば，「台湾大学社会科学部棟・図書館」(2006年〜)。各架構のエレメントや支持方法は，近代建築のランゲージが色濃く生きていると思います。でも，現代的なネットワーク・システムに対するアイディアによって，再構成されるのではないでしょうか。

ただし，新しい原理をネットワーク・システムに採用するのであれば……。XYZ軸に依らないギミックを導入することも可能だったと思う。もちろん，クライアントとの調停も含めて，「社会科学部棟・図書館」で踏み込むべき問題かどうかは，判断しかねますが。

伊東 なるほど。

GA ある種の規範レベルで，新しいアイディアを投影するやり方は，表現としては判り易いですよね。そんな状態へ導くようなコントロールを，伊東さんは敢えてなされているのではないかと思えます。

例えば，「サーペンタイン・ギャラリー・パヴィリオン2002」(2002年)のように，構造のアイディア・ディベロップメントが停まらなくなったセシル・バルモンドの思考的ドライブに対して，「建築的常識はコレですよ」とサジェスチョンすることで物事が収束していく。そんな「建築家の理性」を，伊東さんはお持ちなのではないですか？

伊東 「ややコンサバになってきている」とお考えですか？

GA そうじゃないですよ。逆に，「伊東さん的な理性」を評価しているんです（笑）。

伊東 それは，理性なのかな……。

GA 最初のインタヴューで，平田晃久さんのような若手建

■ITO的理性

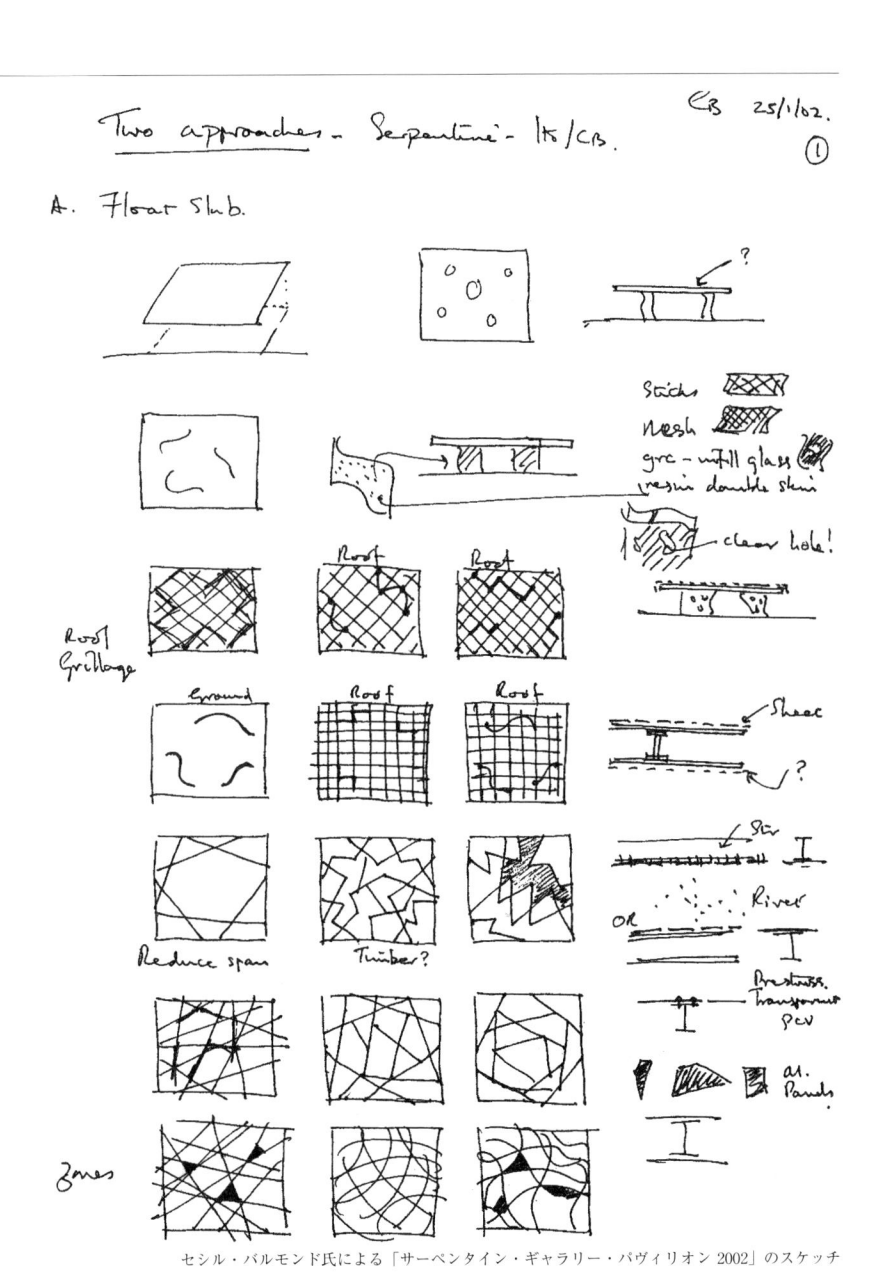

セシル・バルモンド氏による「サーペンタイン・ギャラリー・パヴィリオン 2002」のスケッチ

サーペンタイン・ギャラリー・パヴィリオン2002（2002年）

築家の趣向に対する話が出ていました。そこで語られていた，「原理とスケールのバランス」についてのお考えは，とても素晴らしいと思っていますよ（爆笑）。
伊東　でも，そんなに厳密な調停をしているわけでもないんですよ（笑）。
GA　新たな原理を導入しながらも，ある常識的なレベルまで昇華できるプロフェッショナリズム。そのことの大切さを，今回のような機会に是非，読者へお伝えしたいですね。
伊東　住宅の設計依頼がまったく来ないのも，その問題に関係しているのかな？
GA　今まで発表してこられた住宅は，あくまでも特殊解なので……。現代のクライアント・ニーズに合わないのかもしれません。
　さらに，現在の伊東事務所は大きな仕事ばかりを発表されているから，「住宅の設計なんて受けてもらえない」と思い込まれているのでしょう。でも，本当に住宅の依頼がないのですか？
伊東　まったく断っていませんよ。住宅の設計は面白いし，短期間で竣工するので直ぐに結果が見えるでしょ。今のほ

■ITO的理性

くだったら、それほど変なことをしないんだけどな（笑）。
GA 手堅い住宅をつくられるでしょうね。
伊東 少なくとも、妹島和世さんよりは、住みやすくて安心できる住宅をつくれる自信があるんだけれど……。そんな時に限って、まったく依頼が来ませんね（爆笑）。
GA 「梅林の家」(2003年, 設計：妹島和世) の子供たちも、かなり大きくなったと思います。竣工当時は、姉弟でコミュニケーション取れることに喜びを感じていたようでしたけれど。
伊東 そろそろ、鬱陶しく感じる年頃かもしれませんよ（笑）。
GA 昔は多くの住宅を設計されていた山本理顕さんでさえ、今や進行中のプロジェクトはないようです。
伊東 ぼくより、理顕さんの方が危ないからね。そういえば、「ドラゴン・リリーさんの家」(2008年, 設計：山本理顕) は、ご覧になりました？
GA 撮影しました。強いて感想を言うならば、「幼稚園のような家」です。幼稚園のようなプログラムを要請されていたので、それに対する「理顕さんなりの原理」が反映されているのは判るのですが……。住宅と呼ぶには、少し躊躇がありますね。
　かつて、蛸壺のようなスキームで展開していた「住居論」が、完全にリバースしている。
伊東 なるほど。
GA そのロジックは理解できるのですが……。個人的な尺度に照らし合わせると、住みこなすのはシンドイ。そう考えてみると、伊東さんに、住宅の仕事が来ないのは不思議ですね。
伊東 住宅に限らず、日本での仕事が無くなってきました。数年前、磯崎新さんが同じ様なことを発言されていた時には、他人事のように聞いていたけれど……。自分の問題に

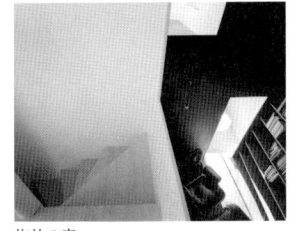

梅林の家

ドラゴン・リリーさんの家

なってみると，流石にちょっとヤバイよね（笑）。

GA 現在は，台湾の仕事が多いわけですが……。中国本土からのオファーはないのですか？

伊東 お話は，かなり頂いています。ただ，今のところは台湾の仕事で手一杯です。台湾の方が単価も高いし，信頼度も高いので……。

GA 新規開拓をする必要がない？

伊東 そうですね。耳に入ってくる情報から推測すると，なかなか中国での仕事は大変そうでしょ。ぼく自身の問題で言えば，「本土の人とのコミュニケーションが難しい」と感じています。台湾でのコミュニケーションも，そんなに簡単ではなかったけれど……。本土ほど強烈で，直接的ではなかったですからね。

GA 噂によると，本土では様々な問題が起こっているようです。

伊東 中国のプロジェクトは，公共的なようでいて，実質はコマーシャルな要素が多分に含まれているじゃないですか。その二重性が，ぼくには引っ掛かります。

GA 建築に対する解釈が，「パッケージ・デザインだ！」と完全に割り切られている。インテリアを触らせてくれる人なんて，ほんの僅かだと聞いています。地元の建築家たちも，それを前提に仕事を展開しているので，日本の常識を当て嵌めて仕事をするのは難しいでしょう。

伊東 たまたま近くへ行ったので，「深圳文化中心」(2008年, 設計：磯崎新) を観てきました。少なくとも施工は，悲惨な状態だったな……。あのようにつくられてしまうと，本当に悲しい。

GA 隣地で，OMAが設計した「深圳証券取引所」(2008年〜)が，ロボットのような独特の姿を顕しつつあります。

伊東 レム・コールハースのような，割り切りができる建築家ならいいけれど……。

深圳文化中心

■ITO的理性

GA 磯崎さんも，ある意味で割り切れる建築家じゃないですか？

伊東 そうかな……。先日，約10年ぶりに「静岡コンベンション・アーツセンター（グランシップ）」(1998年，設計：磯崎新)を観る機会があったのですが，当時の磯崎建築の方が，「緻密なゴツさ」があるように思いました（笑）。

GA 「グランシップ」だって，かなり「乱暴な」建築でしょ？

伊東 ぼくも，竣工当時は「凄いモノをつくっちゃうな！」と呆然としました。でも，「深圳」を観てしまったら，「あの頃の方が，磯崎さんらしかったな」と思えてしまいます（笑）。

GA 「グランシップ」がイイと思えてしまうんだ……（笑）。個人的には，「なら100年会館」(1999年，設計：磯崎新)の「成れの果て」に感じられて，当時ちょっとショックだったのを覚えています。

伊東 オープン直前の「グランシップ」に，磯崎さんご本人に案内して戴いて，何人かの建築家と一緒に拝見したのです。石山修武さんや理顕さん，石井和紘さんもいたかな……。

大ホールに座って，磯崎アトリエの藤江秀一さんに「こんなに大きな気積が必要なの？」とヒソヒソ尋ねたら，「これほどの大きさはいらない筈です」なんて小声で答えていたのを，磯崎さんが聞いたらしくて……（笑）。

GA 磯崎さんは，何て仰っていました？

伊東 その後，別のスペースへ移動した際に，「これは，カテドラルなんだよ」と教えてくれました（笑）。

GA 確か，「サグラダファミリア大聖堂」と，関係付けたスケールになっている筈です。

伊東 そうなんだ。でも，新幹線からも良く見える静岡の建築だから，「サグラダファミリア」とは関係が薄そうだけ

ど（笑）。

GA　少なくとも，伊東さんには無い発想ですよね。今の伊東さんであれば，アルゴリズムなどを駆使するのかな……。

伊東　どうでしょうか。

GA　以前，「オスロ市ダイクマン中央図書館」(2009年)や「台北POPミュージックセンター」(2010年)のコンペ案についてお話を伺った時には，「アルゴリズムは，そろそろいいかな」とも仰っていました。

伊東　セシルによると，「アルゴリズムを使うと，恣意的なカーブを描くよりは新鮮な結果が得られる可能性がある」と言っていました。恣意的で自由なカーブは，新しい結果を生み出しているようでいて，その根本は既成概念や既視感に捕らわれている。それは，ぼくも一理あると思っています。

　でも，「社会科学部棟・図書館」などをやってみると，「結構，不自由だな」という気もしていて……。

GA　具体的には？

伊東　「直交グリッドによる拘束」に不自由さを感じて，「エマージング・グリッド」や「ジェネレイティブ・オーダー」なんて言い出したわけです。特に，後者を具体化する方法の一つとして，アルゴリズムというまったく別のルールを援用してみた。

　例えば，「社会科学部棟・図書館」であれば，二重スパイラルを前提にした，放射状の座標軸をベースにしています。それはそれで，複数の新たな中心を生み出すことになるので，直交グリッドとは違った面白さがあるのですが……。新たに設定された二重スパイラルによって，直交グリッドと同じように拘束されてしまう悩みが再浮上してきたのです。

　アメリカの建築教育では，アルゴリズムを前提にしたデザインを推し進めているようです。だけど，それが行き過

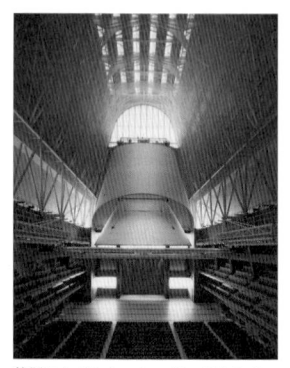

静岡コンベンション・アーツセンター

■ITO的理性

ぎると，単なる「パターンの遊び」に陥る危険性も孕んでいる。最近になって，「これは，ちょっと気を付けていた方が良さそうだ」と感じ始めたのは確かです。

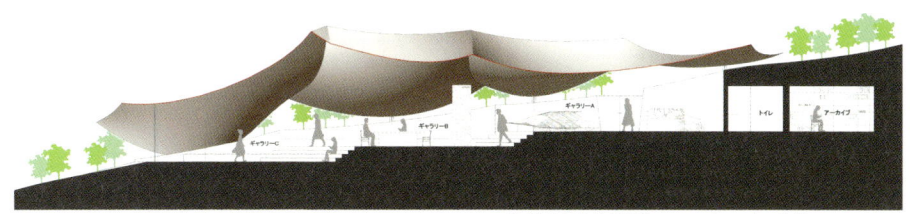

「今治市伊東豊雄建築ミュージアム」の初期スタディ△▽

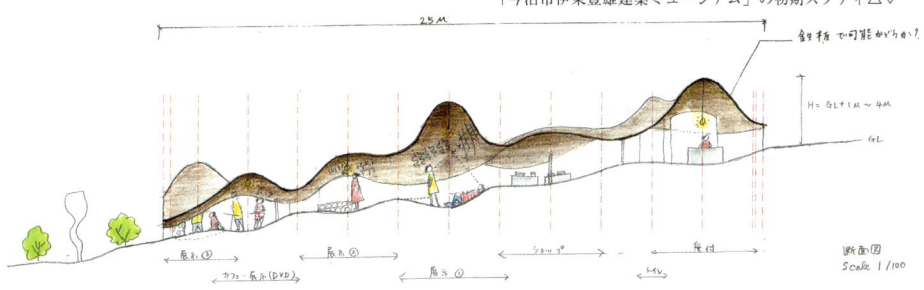

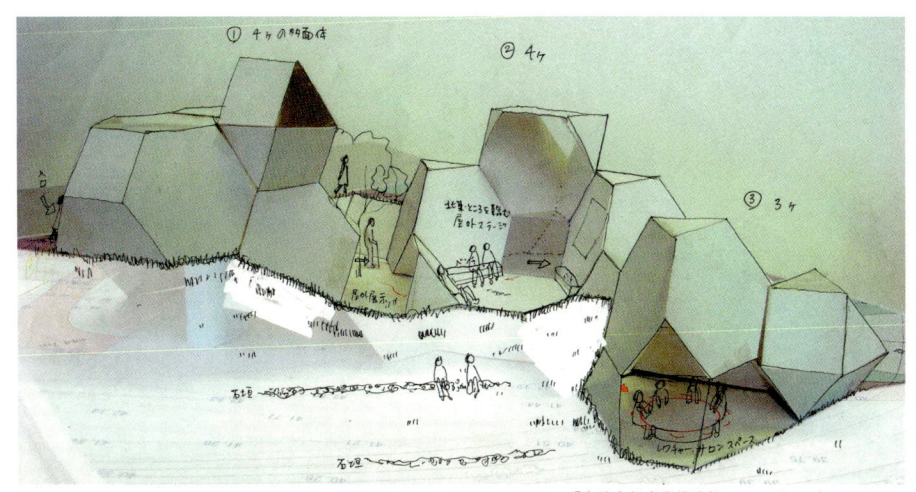

「今治市伊東豊雄建築ミュージアム」のスタディ

GA 「自由を獲得するためのルール」という，ある種の矛盾を孕んだ状態になる？

伊東 「福岡アイランドシティ中央公園中核施設　ぐりんぐりん」(2005年) のように恣意的につくってしまうと，「まったく基準がない危険性」を孕んでしまいます。一方で，アルゴリズムを援用し出すと，新たなルールができるにも拘わらず，「合理性」という問題がなかなか上手く定義できない。

　例えば，「サーペンタイン」では，正方形を回転させていったわけですが……。セシルによると「正方形を十字に割るより，回転の軌跡で割った方がスパンが短くなるので有利だ」と説明していました。でも，実はそうなっていない気がしてしょうがない。

　構造的には不利になっているし，明らかに鉄骨量も多くなっている。そんな状態なのに，「どうやってクライアントを説得できるのか？」という問題が浮上してくるわけです。

GA なるほど。

伊東 確かに，空間自体は新鮮な顕れ方をするけれど，あまりにアルゴリズムへのめり込み過ぎると，墓穴を掘る気がします。

GA 「今治市 伊東豊雄建築ミュージアム (仮称)」(2006年〜) における「密充填可能な切頂多面体の集積」というルールと，「アルゴリズム」によって設定されるルール。それらの拘束加減は，伊東さんのバランスシートにおいて，どの位のレベル差がありそうですか？

伊東 「伊東ミュージアム」については，恣意的なカーブから切頂多面体の集積に変わっていったことで，ある程度の落ち着きが得られたと思います。でも，まだ実体験に乏しいので，明確な比較ができない状態です。

GA アルゴリズムによる建築よりは，合理性が得られるかもしれませんが……。建築は一概に，合理性だけで測れるものでもありません。

「オスロ市ダイクマン中央図書館」の密実充填多面体モデル

■ITO的理性

伊東　施工まで含む合理性となると，現状では，直交グリッドに勝るモノはないからね（笑）。

GA　そういう意味でも，伊東さんの中にあるバランス・シートが気になります。

伊東　正直な所，「コレがベストだ！」と言い切れる状態ではありません。もう少し，具体的な状態にした上で，検証する必要があるでしょう。

GA　この問題は，複数の手札を並行して動かす時の面白さだけでなく，難しさも露呈しそうです。どうしても，各々の方法に相反する所が出てきてしまいますから……。

　「例外の塊」ともいえる自然界から，ある一つの興味を抽出し，アルゴリズムとして捉え直すことで，建築をつくる際の定規にする。でも，その定規自体は多次元的ではないですよね。ある原理やルールが設定できた時点では，あくまでも単次元の状態なのです。そうであるにも拘わらず，一度決めた原理やルールを強化する方向に傾く場合が多いから，実空間に対する違和感も強くなる。

伊東　仰る通りです。

GA　本来は，一度設定された原理やルールに対して，幾つかの別ルールをレイヤードした上で，スイッチングしていく必要があるのだと思う。その結果，明確な原理は見えづらくなる可能性もあるけれど，「拘束されながらの自由」を感じられると思うのです。

伊東　例えば，「台中メトロポリタン　オペラハウス」(2005年〜) で援用しているアルゴリズムは，かなり初期の段階から3次元的に考えていましたけれど……。

GA　ぼくは，ルールをモデル化した時の空間の次元を問題視しているのではなくて，あくまでも「思考の重層性」についての次元を指摘しているつもりです。

　例えば，最近のSANAAは，比較的規模が大きな建築を一つのルールでつくろうとしています。それを実態化する

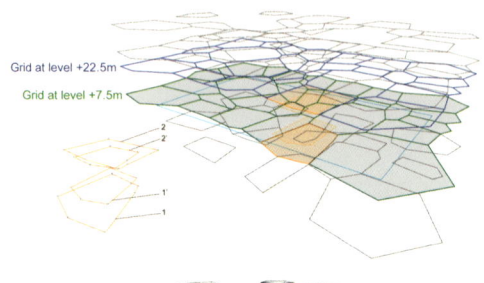

Grid at level +22.5m
Grid at level +7.5m

Emerging Grid

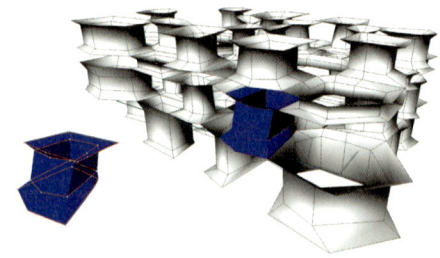

Crude Mesh

「台中メトロポリタン オペラハウス」
の設計作業における共有ツール
エマージング・グリッド
↓
クルード・メッシュ

際の無理さ加減が，ネガティブな意味での「強引さ」に繋がってしまう。もう少し複合した，相反するルールが加味されないと，現実味が薄れてしまう。
伊東 それは，重要な指摘です。
GA もちろん，ルールを輻輳させればさせるほど，その建築に込められたステイトメントが判りづらくなってしまうかもしれませんが……。
　逆に，コンピュータ的な思考をマルチに展開できる可能性もある筈なのに，「人間の鋭い感性」がそれを押し留めてしまう。
伊東 確かに。プラトン以来の美学は，ぼくたち現代人でも身体の奥深くに浸透しています。それを引き剥がすには，まだまだ時間が掛かりそうです。ご指摘戴いたようなことを巡って，今，「抽象」という問題を考えることは面白いと思っているのです。
　例えば，ほとんどの自動車に搭載されているナビゲーシ

■ITO的理性

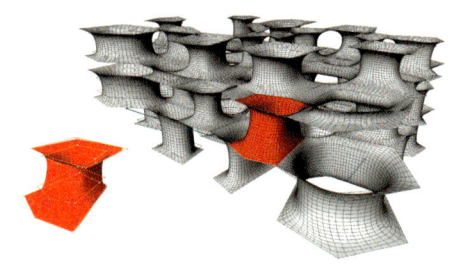

Smoothed Surface

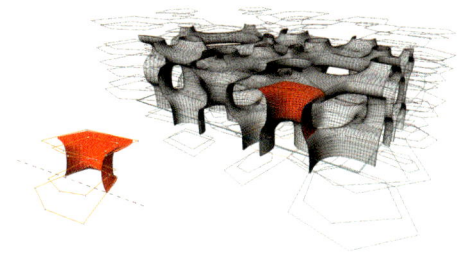

Finished Surfaces

「台中メトロポリタン オペラハウス」
の設計作業における共有ツール
スムースド・サーフェス
↓
フィニッシュド・サーフェス

ョン・システム。最近のナビは，いきなり3次元で動画表現されるので，抽象化されていないとも言えます。一度，それを体験してしまうと，地図という概念は，厭が応にも変えられてしまう。

　以前は，ペーパーに印刷された地図を観ながら，道を歩いていたわけです。地図とは，3次元空間を2次元に置換した，もの凄く抽象化された表現です。ぼくの美学からすれば，「地図」を賛美したい気持ちも強い。少なくとも，「ナビを構成するインターフェイス・デザインなんて，まだまだ幼稚だ！」と言いたいですね（笑）。

GA　「インターネットが普及した現代でも，本屋の存在理由がある」と思えることと，同じ価値観ですね。

伊東　こないだも，すべての所員を集めて，同じ様な話題をしつこく話しました。「当たり前のようにプランを描き，その善し悪しを評価し合っているけれど……。それが実際に立ち上がり，どこを歩き，どこに座ったらいいのかとい

う想像力が，まったく無いではないか」と。

あくまでも，抽象化された平面や立面のまま，その善し悪しを語っているだけで……。「図面を描くと同時に，絶え間なく抽象と具象を往復運動するようなイマジネーションがないと駄目だ！」と強く言いたい。どうしても彼らは，抽象状態だけで考えたいのです。できるだけ具象化されずに，抽象さをよりピュアにする方向で推し進めてしまう。

GA その方向性を，すべて否定はしませんが……。あくまでも，ある一定の用途や規模で成立する考え方だと思います。それが当て填らない条件にも，無自覚に適用してしまうのは，頂けません。

伊東 さらに最近は，木の話も良くします。木は，自らバランスを保ちながら，複雑でフラクタルな形態を表出しています。もちろん，隣の樹木との関係で，自らの外形を規定しているように見える。「そんな建築はないのか？」と考えれば考えるほど，「現代建築の理想像」のように一見，思えてしまいます。

ところが，樹木の専門家にお話を伺うと，「隣の木のことなんて，まったく考えていませんよ」とアッサリ言われてしまったのです（笑）。隣の木を殺してでも，「如何にして，自分だけが生き残れるか？」しか考えていないと。

現代都市，特に東京などを改めて観ると，まさにそうなっていますよね。だからこそ，フラクタルで，全体を制御しているような秩序も見えづらい。それこそが，東京の魅力だとも言えます。

でも，一つの建築を考える際に，なかなかそうは考えられないものです。競争原理なんて働かないので，どうしても「ある種の調和」へ思考が及んでしまう。「すべてに陽が当たるように」なんて，なんの躊躇もなく考えてしまうでしょ。少なくとも，隣地の日照を妨げてまで，自らを主張するようなことはしない（笑）。

■ITO的理性

　それこそ，建築の難しいところで……。どうしても，調和を前提にした「一つの秩序」へ収束してしまいガチなのです。

GA　調和を前提にしない原理でも，建築が成立しそうですか？

伊東　なかなか，難しいでしょうね。だけど，「フラクタルな建築」と叫んでいても，所詮，表現のレベルに留まっているでしょ。まさに，この問題が背景にある気がします。

GA　そもそも，フラクタルなど自然の原理を抽出しても，それに見合うスケールの建築なんて，なかなか無いんじゃないでしょうか。

　最近では，DNAや細胞の成り立ちなどをトレースするケースもあるようですが……。あくまでも細胞や分子のスケールの話であって，人の身体的，ましてや都市スケールではありません。モデル化した上で，手掛かりとして利用するという前提なしに，全面的にその原理を受け入れてしまうのは，危険すぎると思います。

伊東　この辺の問題を考え始めると，「現代建築とは何だ！」という大命題へ深入りしそうです（笑）。

GA　「新しい原理」を説明することは，それなりに価値があることだとは思います。でも，それを建築的にどう使い，どう発展させているかの方が，はるかに重要なのではないでしょうか。

　一方で，「突飛なアイディアさえあれば，何でもあり」という建築が，まかり通っている現状もあります。ある意味で伊東さんは，その急先鋒としてスポットライトを当てられている側面もある。でも実際は，「建築の歴史軸上にもあり，さらに社会の中にもある」という総合的な判断を下しながら，「良質な建築」として結晶させていることを，読者の方々に判ってもらいたいのです。

2009 高雄ワールドゲームズ メインスタジアム　2006-09

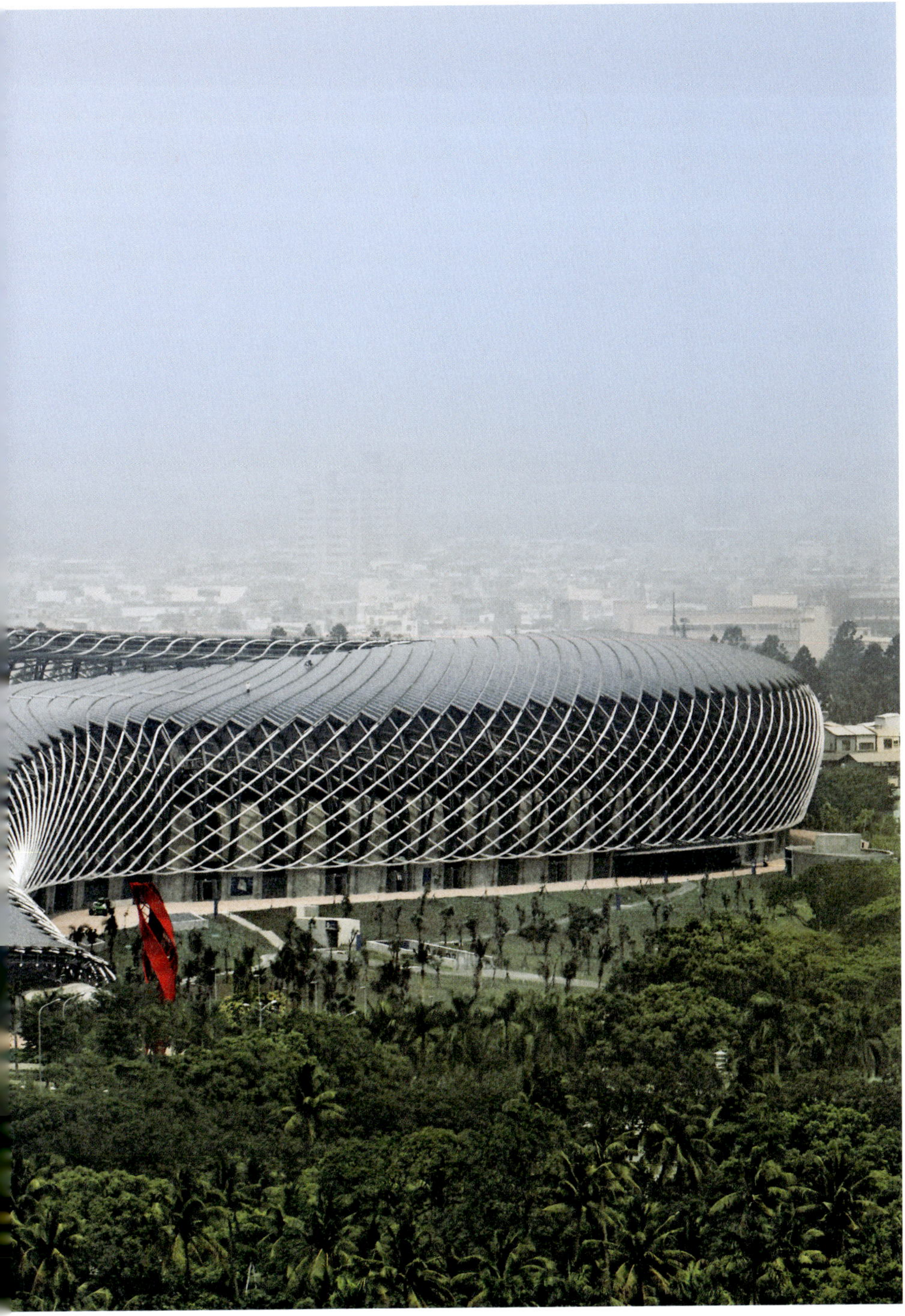

■「2009 高雄ワールドゲームズ メインスタジアム」のこと

GA 最近は，台湾の仕事が多いですね。「2009 高雄ワールドゲームズ メインスタジアム」(2009年) が竣工したり，「台中メトロポリタンオペラハウス」(2005年〜) が着工したり……。

「アジアでの仕事の可能性」について先日，お話されていましたが，特に台湾は伊東さんの肌に合っているのですか？

伊東 それは，あまり関係ないです（笑）。

日本で言えば槇文彦さんや磯崎新さんクラスに相当する，陳邁さんという台湾の建築家がいます。彼が2004年に主催したレクチャーに呼ばれ，ぼくのプロジェクトが初めて，台湾でプレゼンテーションされました。有り難いことに，沢山の台湾人建築家が来場して下さったのを覚えています。

それから１年後，「高雄」や「台中」のコンペティションが立て続けに行われ，幸いどちらも勝利することができました。この時点で，台湾内での評価が固まったようで，急激に色々な仕事の話が来るようになりました。

GA 小さな国ですから，情報が行き渡るのも早いのでしょう。

伊東 面白いのは，ほとんどが市の仕事だということ。台北，台中，台南，高雄など主要都市間でライバル意識が強いだけでなく，二大政党間の鬩ぎ合いもある。その結果，「優れた公共建築によって市をアピールすること」に，膨大なエネルギーを掛ける風土が定着しています。

GA ある意味でやり易い？

伊東 そんな雰囲気に，上手く載っているとも言えます（笑）。

GA 一般的には奇抜に見える建築も簡単に受け入れられ，

■「2009 高雄ワールドゲームズ メインスタジアム」のこと

市民たちにも喜ばれてしまうわけですね。

伊東 今までも，国際コンペを積極的に実施し，日本より遙かに多くの海外人建築家を受け入れているのですが……。ほとんどが，初期の段階でプロジェクトが躓き，実現しない事例が積み重ねられてきました。恐らく，契約の問題が大きかったのでしょう。

　幸い，ぼくたちが最初に関わった「高雄」は，ターン・キー (=turn key) というシステムを採っていました。つまり，コンペ段階から設計と施工チームが一体になってプロジェクトを推し進める。台湾の設計事務所と施工会社，日本の竹中工務店とぼくたちの4社でチームを組んでいたので，幸運にも台湾独特の事情をクリアできたのです。しかも，台湾で最も優れた施工技術を持ち，日本に対してもシンパシーを抱いている互助営造と組めたので，とても上手くチームが機能しました。それらが重なって，台湾の土壌に上手くランディングできた気がします。

GA　「高雄」の撮影に伺った時，あのスタンドを覆う独特のスパイラルは，シンプルな原理を越えた「強いシンボル性」を発散しているように感じました。台湾の高雄市ならばいいけれど，東京でも成立するのだろうか？　同じアジアでも，台湾の特殊性を感じたのです。

伊東 特に，「中国に対するアピール」を促すシンボルを求める雰囲気が，現代の日本より高いと思います。「高雄」の場合，北京オリンピックへの対抗意識もあって……。実際には比較にならないイベントですが，「ワールドゲームズ」を2009年に開催するという，大きな目標が決まっていました。そのメイン会場となる「高雄」は，必ず会期までに完成させることが至上命題だったのです。

GA　紙上や模型で発想された原理に対して，実際に現場で1/1に建ち上がったスパイラルは，「別モノ」になっていたのではないですか？

北側スタンドよりフィールドを見下ろす

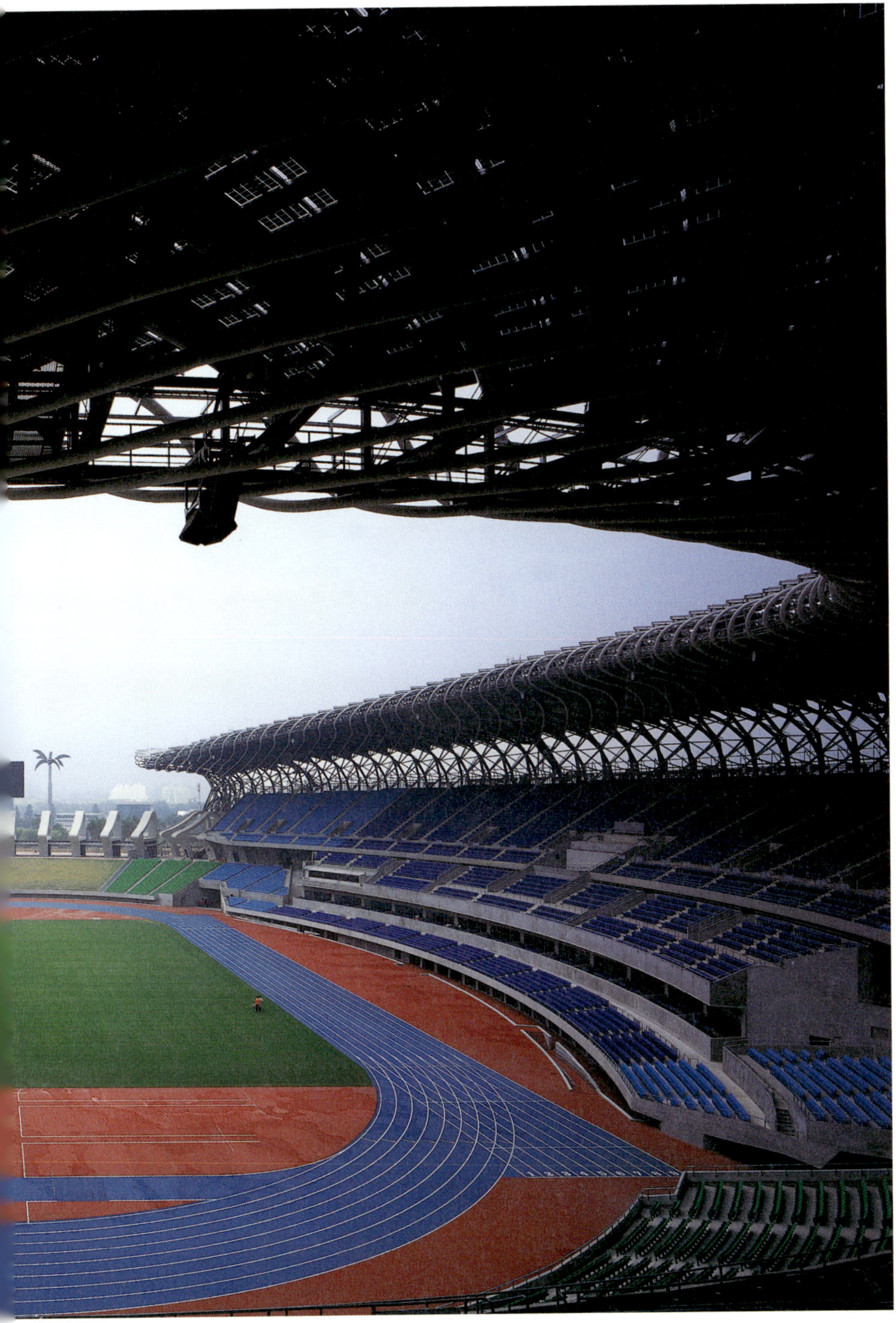

配置兼 1 階平面　S=1:4000

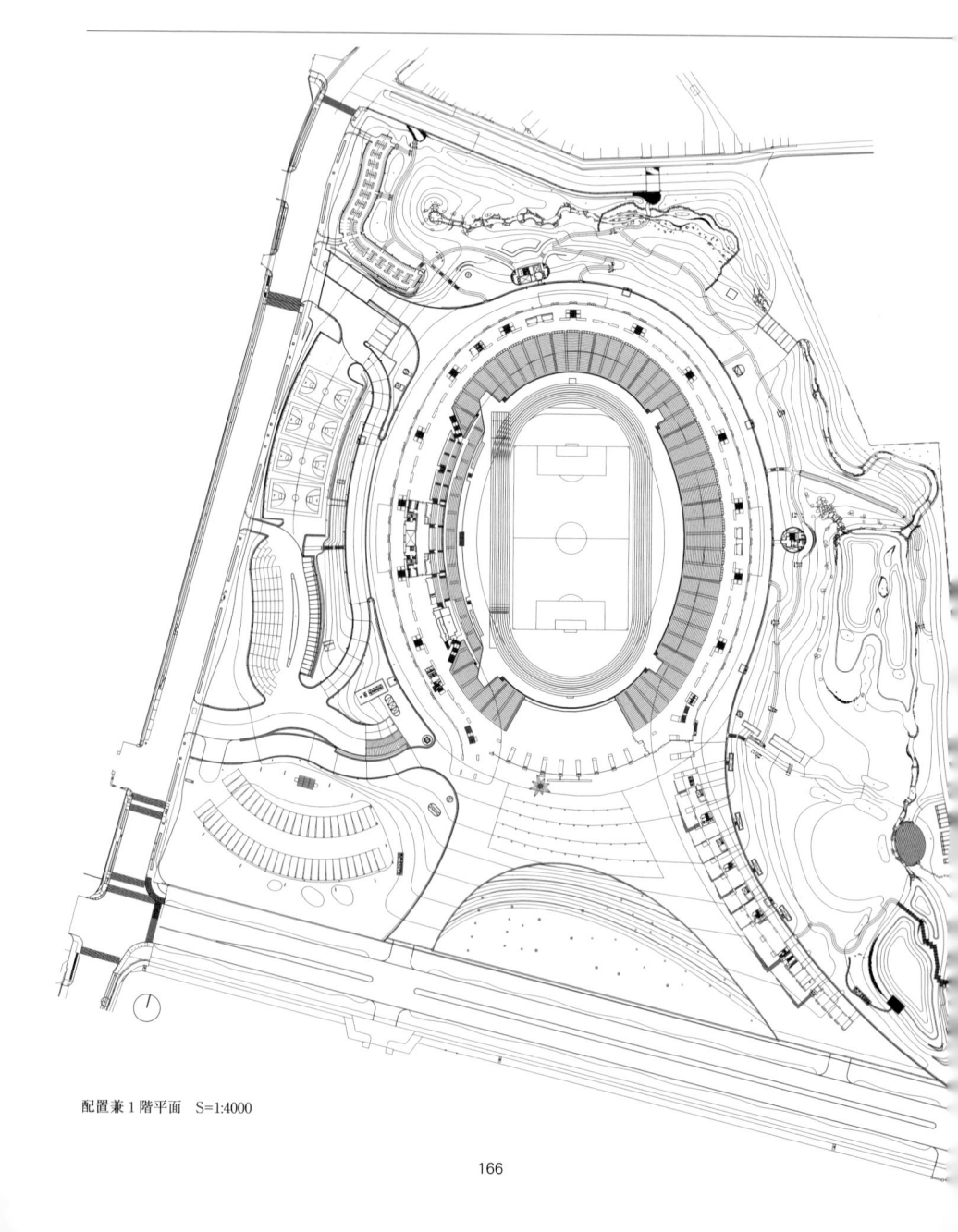

■「2009 高雄ワールドゲームズ メインスタジアム」のこと

伊東　ぼくたちとしては，スタディ段階から，かなり安定した構造と捉えていました。キャンティレバーのスタンドに対して，その横力をスパイラルでサブ的に結んでいく。むしろ，「もう少し，面白いストラクチャーにしたい！」と思っていたくらいです。
　一方で，構造をお願いした竹中工務店は，限られた期間，限られたコスト，海外での施工などを鑑みて，安全寄りのスタンスをとっていたのです。「どうして，スパイラルにしなければならないんだ！」という意識が強かったと思います。

GA　台湾独特の要請も含めて，そのギャップは予め読んでいたのですか？

伊東　「高雄」程度のことなら，東京でも十分，成立可能でしょう。ストラクチャーの問題よりも，むしろ「周囲に対して開放する」表現は，難しかったかもしれません。

GA　コスト・コントロールについては？

伊東　「高雄」の場合，コンペ段階から予算が定められていたので，特に施工サイドは大変だったと思います。実際，まったく増額されていません。
　純粋な設計コンペだった「台中」とは，事情がまったく異なります。

GA　「高雄」のような調停があった場合，最終案に対する満足度は違ってきますか？

伊東　どちら側の？

GA　もちろん，伊東さんサイドです。建築政治学的な話も含めて，ご自分の中での納得の仕方に興味があります。ある種のプロフェッショナリズムを発揮しながら，折り合いを付けておられる？

伊東　折り合いをつけるというより……。

GA　先日，「トレース・ポルタ・フィラ」(2010年)について，セカンド・ライン的ではないかと発言しましたが……。伊

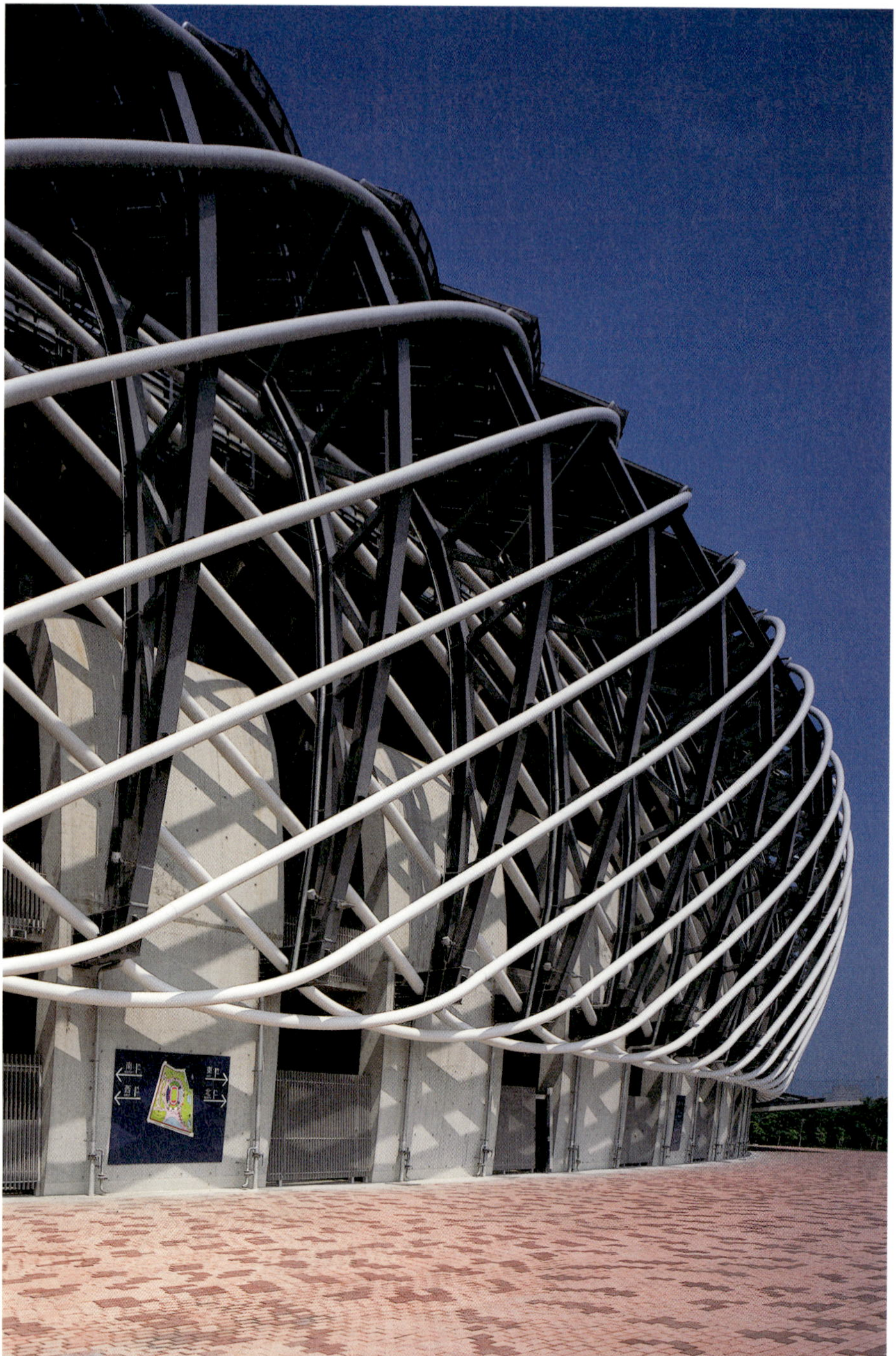

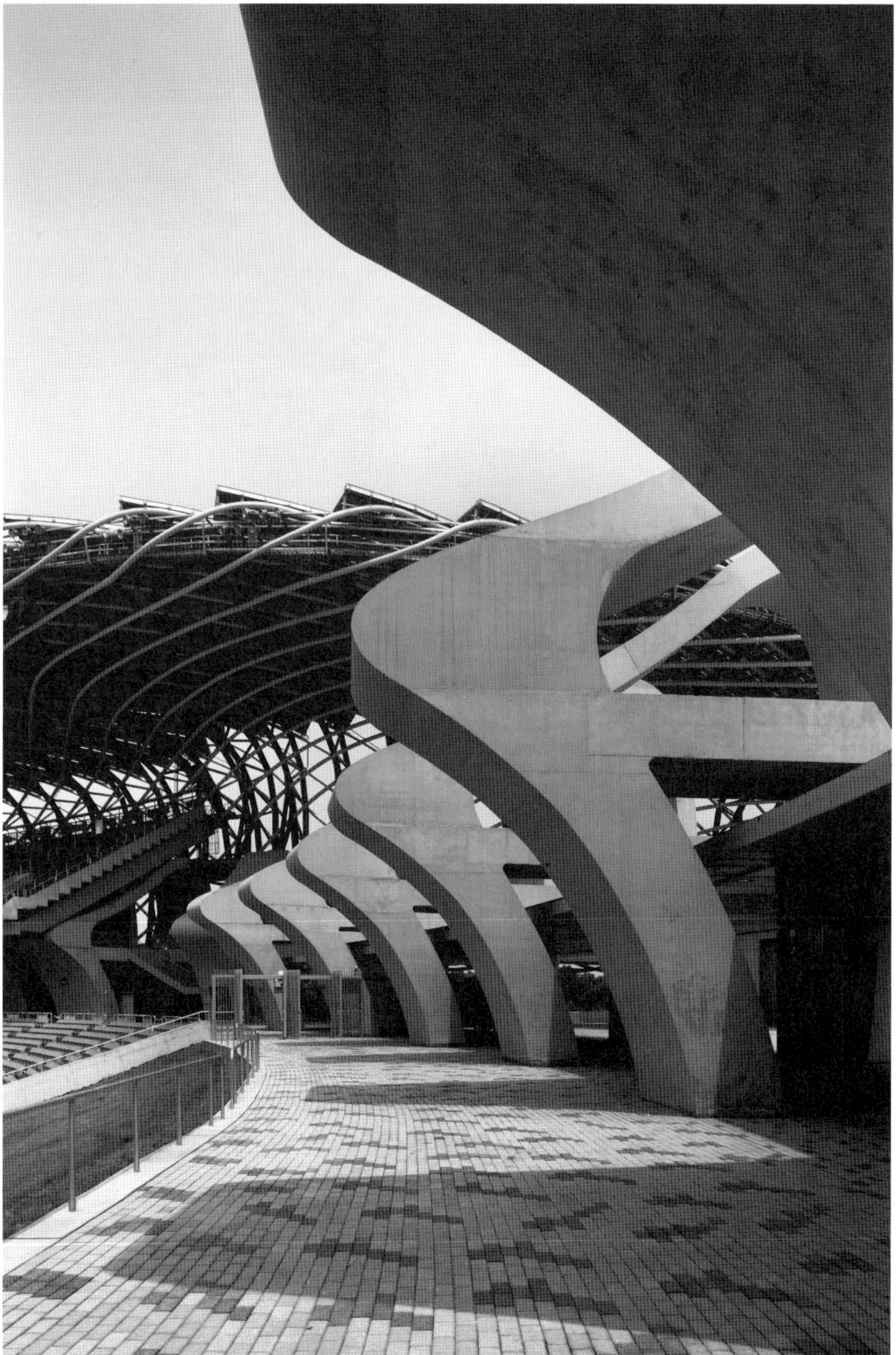

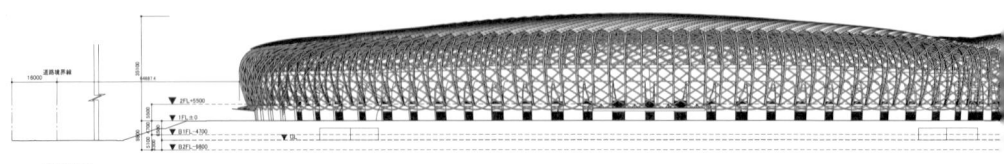

西立面

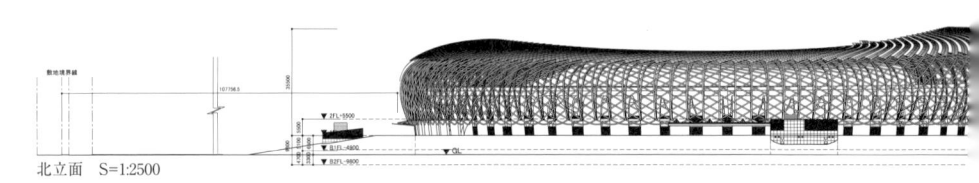

北立面　S=1:2500

東さんの作品系譜を総覧した上で、ご自分の中で各々にランク付けをされているのではないですか？

伊東　大枠では、そのような判断をしていると思います。ただ、数年間に及ぶクライアントとのやり取りを通じた設計プロセスにおいては、「この土地なら、ここまでやっても大丈夫だ」という判断の方が、強く働きますね。

GA　人間関係やコミュニティとの関係において？

伊東　「クライアントとの関係」という以上に、「与えられた自然環境に対してのあり方」です。

　例えば、同じ台湾で施工が始まったばかりの「台湾大学社会科学部棟」(2006年〜)。あくまでも大学施設なので、オフィスビルのような最新の冷房機器を導入するだけの余裕はありません。すると、「どこまでが、半屋外的な環境として使えるのか？」を考えながら、スタディを進めるわけです。当然、半屋外的に使えるスペースは、できるだけ雨に濡れないような設えにしたいし、適切な通風も検討する。その辺のテクニックは、かなり成熟してきたと思います。ですから、ぼくの中では、必ずしも「表現の問題」だけが第一義ではありません。

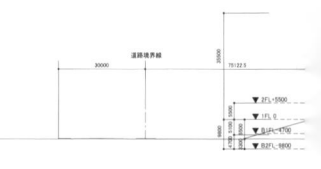

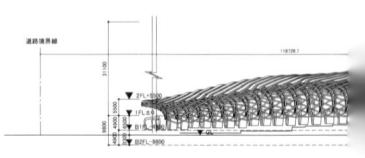

■「2009 高雄ワールドゲームズ メインスタジアム」のこと

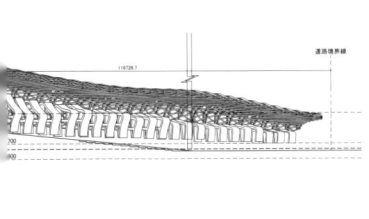

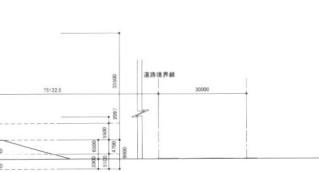

　自然環境との関わりも含めて，あるレベルをキープできる建築をつくることに関しては，10年前にくらべれば安心できる状態になってきました。今までの「マズい経験」から，多くのことを学んでいるということかな（笑）。

GA　そんなにマズいことはしていないでしょ（笑）。

伊東　「表現の問題」に手が出せなかったからと言って，そんなにスポイルされているとは思わない人間なので……。むしろ，与件としてのプログラムを把握した段階で，「コレは，かなりのコトができるな！」とか「ココまでしかできない」という，大枠が決まっていると思います。

　「社会科学部棟」であれば，「図書館に関してはかなりのことができるけれど，教室に関しては箱を並べて積層していくしかない」という判断が，ある段階から為されていました。例え，最初期案のように，三つの曲率で掻き取られたような，斜めのファサードを持つ一棟案で突き進んでいたとしても……。今のぼくには，それほど本質的で，目新しい建築的解答を出せなかっただろうことは，ある程度，見極められるわけです。

　「トーレス・ポルタ・フィラ」に関しても，同様のレベ

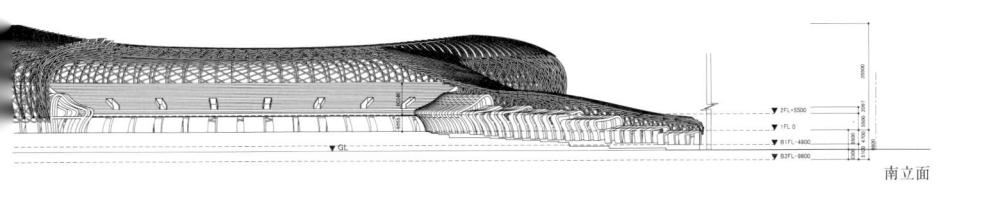

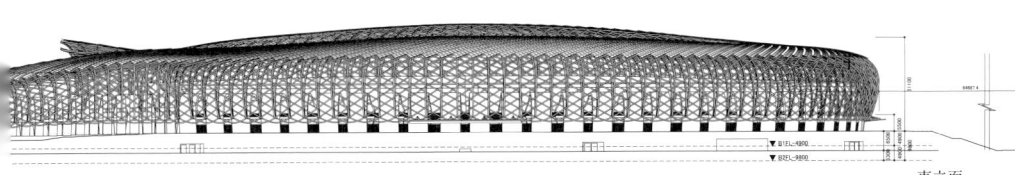

南立面

東立面

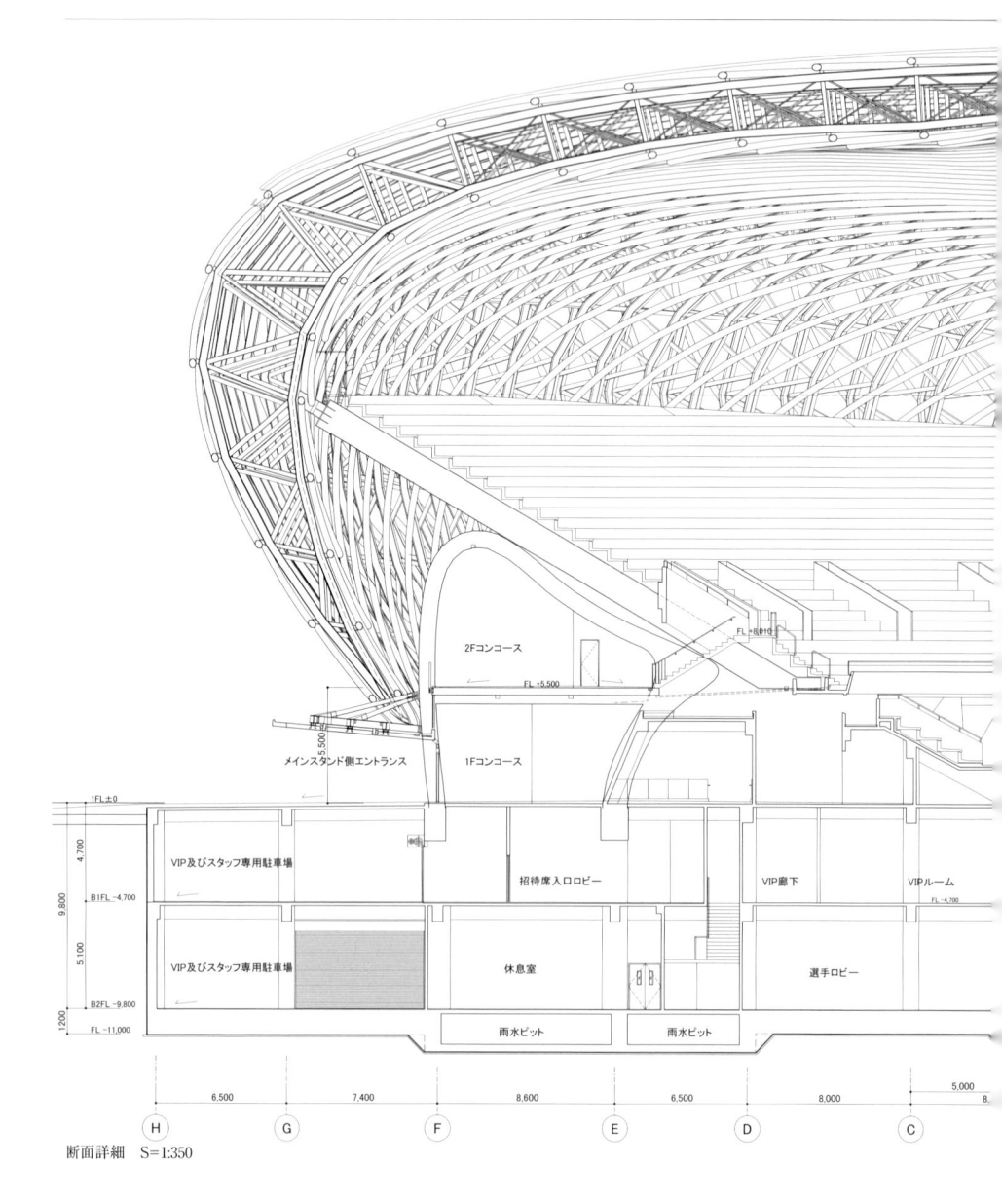

2Fコンコース
FL +5,500
FL +8,010
メインスタンド側エントランス
1Fコンコース
1FL ±0
4,700
B1FL -4,700
9,800
5,100
B2FL -9,800
1,200
FL -11,000

VIP及びスタッフ専用駐車場
招待席入口ロビー
VIP廊下
VIPルーム
FL -4,700

VIP及びスタッフ専用駐車場
休息室
選手ロビー

雨水ピット
雨水ピット

6,500 | 7,400 | 8,600 | 6,500 | 8,000 | 5,000

H G F E D C

断面詳細　S=1:350

■「2009 高雄ワールドゲームズ メインスタジアム」のこと

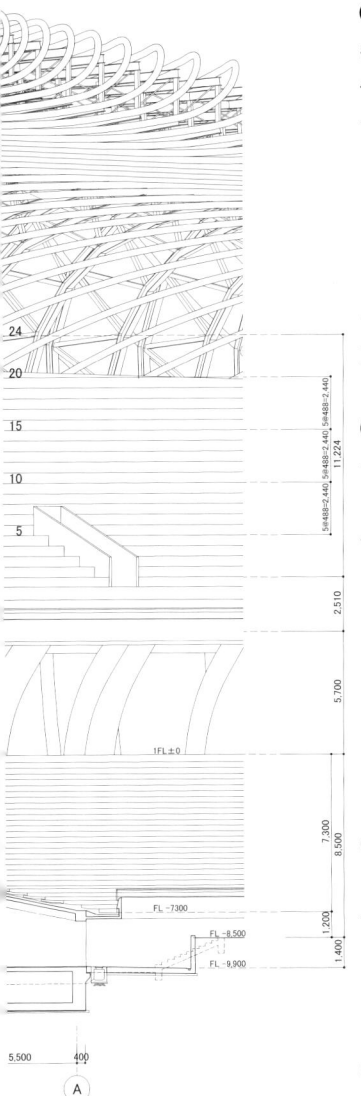

ルでの割り切りがあったと思います。

GA お話を伺っている内に，パリの「コニャック・ジェイ病院」(2007年) が思い浮かんできました。

伊東 確かに，施設全体の構成方法しか，本質的な提案をする余地がありませんでした。「ほとんど同じ単位の病室を，どうやって100個以上も並べるのか？」を，最大の問題にせざるを得なかった。

一方で，僅かでも見出せた問題を解くことは，それなりに面白いコトでもあるのです。特に，「コニャック・ジェイ」の場合はかなり複雑なプログラムでしたから……。それに対して解答を導き出すことは，「派手な表現をする」こととは別次元の面白さがあります。

GA 人づてに「10年に一度，良い作品ができればいいと，伊東さんが仰っていた」と聞いたことがあります。全部ホームランを打つのは，絶対無理だと (笑)。

伊東 10年に一度ではなくて……(笑)，「5年に一度はホームランに近いモノを打たないと，建築家として落ちこぼれてしまう！」と，若い頃は意識していました。

そんなに，すべての打席で新しい試みはできないですからね。どうしても，新しいコトを達成した後は，それのバリエーションで解答を出す傾向が強くなってしまいます。そして，貯金が無くなると，再び大博打を打つ (笑)。

でも最近は，そんなことを考えなくなりました。

GA むしろ，複数の相異なるアイディアが，同時に併走している感じがします。

伊東 そうですね。「このパターンで考え始めてみようか」とスタディを進めていると，思わぬ所へ展開する。或いは，別のアイディアと組み合わされたりするなど，かなりネットワーク的な状態になっています。

GA 伊東さんは，何人かの構造家とコラボレーションされています。現在の「ネットワーク的な状態」には，彼らも

大きく影響しているのではないですか？

伊東 仰る通りです。

GA 先日，その内の一人，セシル・バルモンドの展覧会を観てきました（「エレメント 構造デザイナー セシル・バルモンドの世界」，東京オペラシティ・アートギャラリー，2010年）。会場を見終わった後，彼の仕事には3通りあると感じました。一つは，建築家が構造家としてのバルモンドを使えているケース。もう一つは，同じ共同作業でも，バルモンドが勝ってしまっているケース。そして，彼だけが関わっているプロジェクト。最後のケースは，とても建築とは呼べないモノだと思いました。

伊東 ぼくも同感です。

GA 伊東さんは，バルモンドだけでなく，佐々木睦朗さんや新谷眞人さんとの協働でも，比較的うまく彼らをコントロールされていますよね。

伊東 「サーペンタイン・ギャラリー・パヴィリオン2002」（2002年）を例にすると……。どちらかと言えば，当初はセシルがリーダーシップを発揮していたのです。ぼくたちの方から，「ランダムにクロスするライン」というイメージを提示すると，彼から「アルゴリズムによって拡縮しながら回転する，正方形の軌跡」という解答が返ってきました。

でも，そこから先は，佐々木さんほど洗練されないのです。「サーペンタイン」を観た隈研吾さんに，「あんなに太い梁成でいいの？」と言われてしまったくらいですから（笑）。

GA 「サーペンタイン」に限らず，バルモンドが関わる建築は，架構が太いですよね。

伊東 セシル個人の感覚というよりも……。彼が所属しているArupが実施設計に関わると，大事務所特有の安全率が掛かってしまう傾向があります。

同じくArupに構造をお願いしている「台中」の場合は，

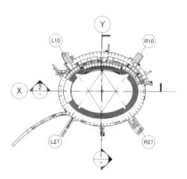

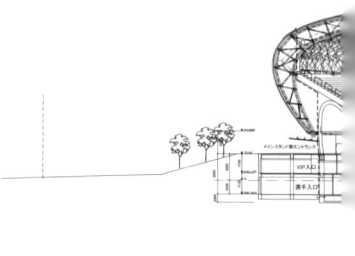

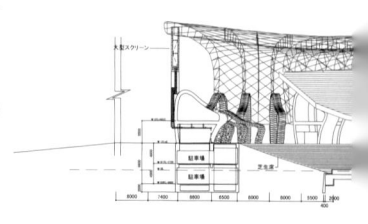

■「2009 高雄ワールドゲームズ メインスタジアム」のこと

ちょっと違っていて……。既に「ゲント市文化フォーラム」(2004年)のコンペにおいて架構システムを提案した上で，セシルに依頼しているので，ぼくたちの方がかなり先行していたわけです。もちろん，台湾で施工可能にするためのアイディアを出してくれましたが……。そこから先に，セシル独特の数学的イメージが拡張されていくことはありませんでした。

　何れにしろ，上手い関係を保ちながら協働作業を行わないと，セシルとの仕事は難しいと思います。彼のチームだけで建築をゼロからドライブさせてしまうと，建築家の立ち入る隙がまったく無くなってしまうでしょう。

GA　やっぱり，そうなんですね。

伊東　色々な意味で，現代の建築界にとってセシルのポジションは面白いですね。数学者としての彼には非常に刺激を受けると同時に，エンジニアになった途端，とても手堅

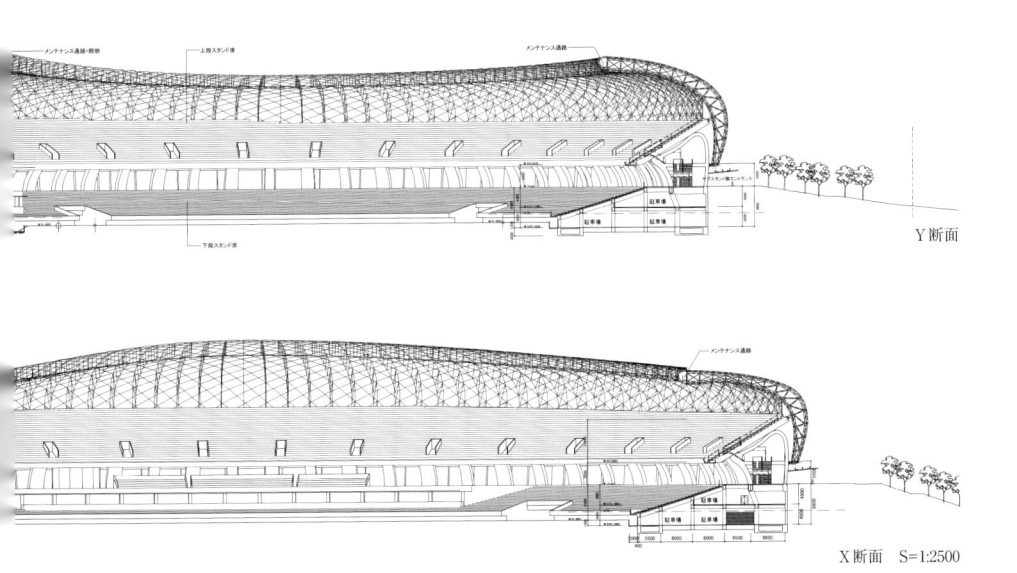

Y 断面

X 断面　S=1:2500

くなる。
　だから，彼と一緒にコンペのスタディをスタートすると，とてもワクワクさせられます。ちょっとしたイメージ・スケッチをぼくたちが描いただけで，それを見た彼は，一気に構造的なイメージを膨らませてくれる。「こんな複雑なことが，構造的に成立するんだ！」と思えるような凄い状態にまで，短時間で展開してくれますから。
GA　ご本人にお会いしたことはないのですが，ある意味で，宗教家みたいな存在なのだと想像します。「生き神様」のような超人性と，「難解で高度な論理」が融合したようなイメージがある。
　バックミンスター・フラーに感じられる，宗教のような求心力が，今日的にアップデイトされているという感じです。
伊東　巨大な組織に所属している分，セシルはフラーよりも相手に合わせるフレキシビリティがあると思います。それでも仰るように，宗教的，或いは独特の自然哲学を前提にした，思想家でもあります。
GA　建築家は，なぜ宗教家になれないのでしょうか？ 様々な調停を通して，世間にまみれ溺れていく仕事が多いからですか？
伊東　ぼくたちには，現前としたクライアントがいますからね。構造家は，直接クライアントと交渉することなんて，ほとんど無いでしょ。
GA　構造家によって発想されたアルゴリズムもそうですが……。最近は，構造家に建築家が引っ張られてしまうケースが多いように見受けられます。
伊東　現代建築は，もの凄く複雑なプログラムを求められているし，それが成立する社会も複雑になっている。何れにしろ，複雑で多面的な状況の中で建築を実現するには，かなりプロデューサー的な存在に建築家がなっているよう

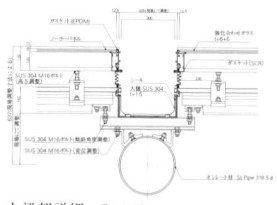

大梁部詳細　S=1:40

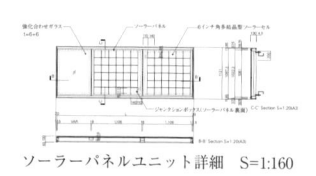

ソーラーパネルユニット詳細　S=1:160

■「2009 高雄ワールドゲームズ メインスタジアム」のこと

な気がします。既に,「強い表現上のアイディアをポンと出すだけ」というようなタイプの建築は,魅力がなくなっている。

建築を成立させていく過程で,クライアントや社会との関係,施工レベルなど,様々な状況に直面します。「各々の局面で,どこまでぼくたちの領域を獲得できているか?」というグラデーションの中に,現代建築が立ち顕れている気がするのです。

とても複雑な関係の組み合わせの中で,「今回はコレだ!」と見極める。各々の判断に対して,ぼくの中では結構,割り切りができているつもりなのです。常に,打率3割は維持する。それが,4割打者になるのか,2割5分まで落ちてしまうのか……。

GA でも,打率は確実に上がっていますよね?

伊東 バッティング・テクニックは,年々ついてくるからね。

GA 打席数も増えているでしょうし。

伊東 経験の積み重ねによって,「こういう球がきたら,こう対応すればいい」と,自然に体が動くようになるのでしょう(笑)。

昨年末,隈さんの展覧会「Kengo Kuma Studies in Organic」(ギャラリー間,2009年)のオープニング・パーティに呼ばれて挨拶をさせられたんです。そこで,隈さんの建築を評して「打率のいい,イチローみたいな建築家だ」とスピーチしました。ぼくは,松井秀喜のように「ホームランを打ちたい」という意識の方が強い(笑)。

GA イチローも,偶にはホームランも打つでしょ。

伊東 でも,大体は三遊間や二遊間を抜くヒットじゃないですか。「隈さんも,内野安打の方が多いんじゃない!」とまでは,言わなかったけれどね(爆笑)。

ソーラーパネルユニット

台湾大学社会科学部棟　2006-

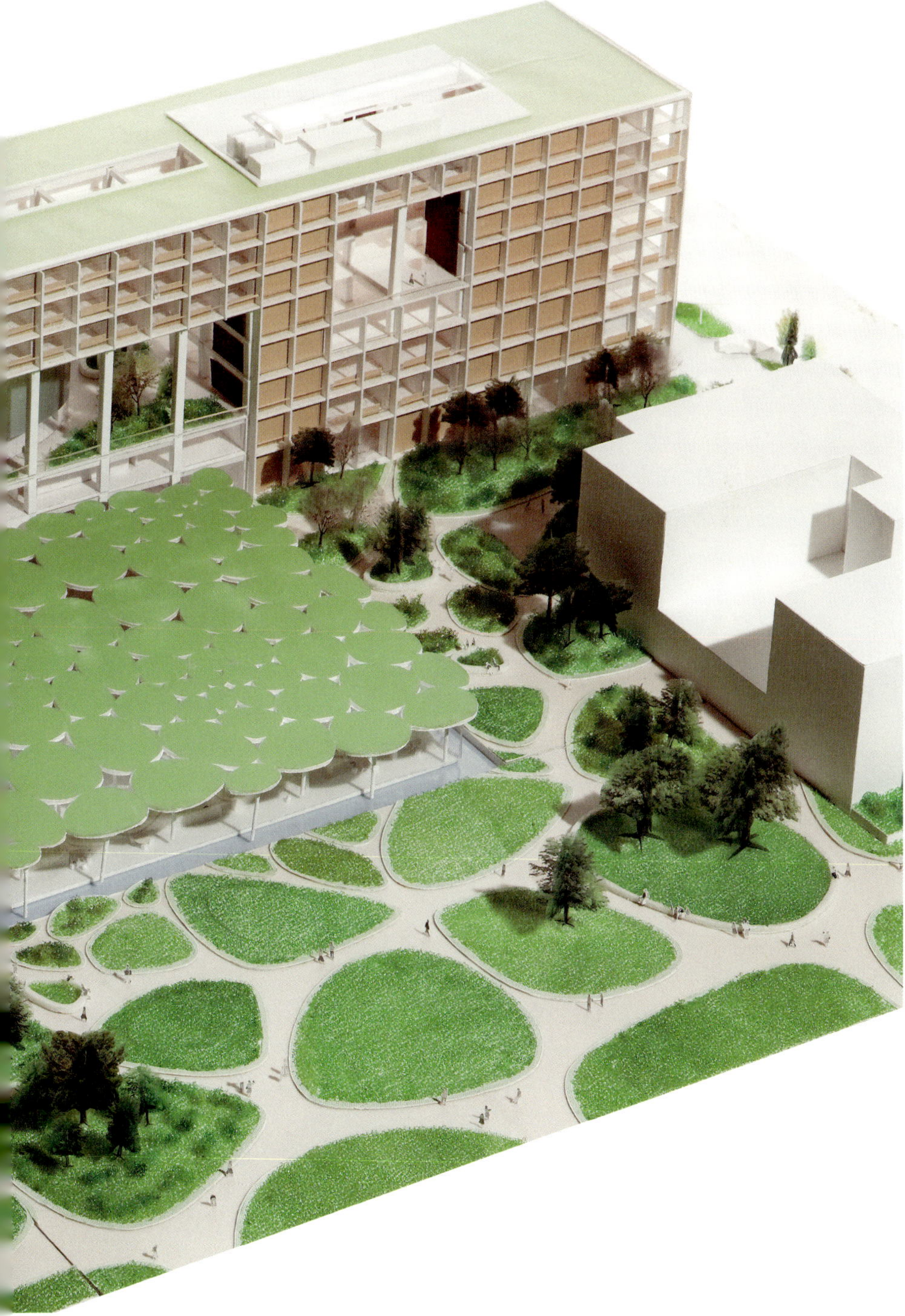

■「台湾大学社会科学部棟」のこと

GA　先週のインタヴュー直前に,「台湾大学社会科学部棟」（2006年～）の打ち合わせをされていましたよね．入室した際に，まだ机上に残っていた，図書館部分の模型を拝見しました．

伊東　そうでしたね．丁度，図書館内の家具をお願いしている藤江和子さんと打ち合わせしていました．あの模型は，彼女の事務所でつくり込んだものです．

GA　まずは，プロジェクトの経緯をお聞かせください．

伊東　「社会科学部棟」は，約3年半前から始まったプロジェクトです．台湾で親しくしている建築家が台湾大学の先生を連れて，ある日突然，ぼくの事務所を訪ねてきたのです．その場で，「キャンパス内に計画されている，新校舎の設計をお願いしたい」という依頼を受けました．

　どうも同じ日に，隈研吾さんの事務所へも行っていたみたいで……（笑）．

GA　ある意味で，ご近所ですからね．

伊東　後日談によると，隈さんの方が熱心だったようです（笑）．ぼくたちは半信半疑で，「もう少し，詳しい話を聞かないと，簡単にYesとは言えない」と答えた記憶があります．

GA　それでも，伊東さんに白羽の矢が当たったのですね．

伊東　恐らく，僅差だったのだと思います（笑）．

GA　具体的なプログラムは？

伊東　社会科学という新しい学部が設立されるので，そのための教室棟や図書館，国際会議場を求められていました．台湾大では，この社会科学部に大きな期待を寄せているようで……．ある意味で，台湾大の「新しいシンボル」的な位置づけも感じられました．

　元々，日本統治時代に，日本人建築家によってキャンパスのマスタープランがつくられた経緯があります．最も古

■「台湾大学社会科学部棟」のこと

いエリアは,正門から入るとシンメトリーに校舎が配置され,東京大学本郷キャンパスのような雰囲気を醸し出しています。台湾では名門大学として知られていて,唯一の国立でもあります。当然,教職員の方々も独特の誇りを持っていらっしゃる。

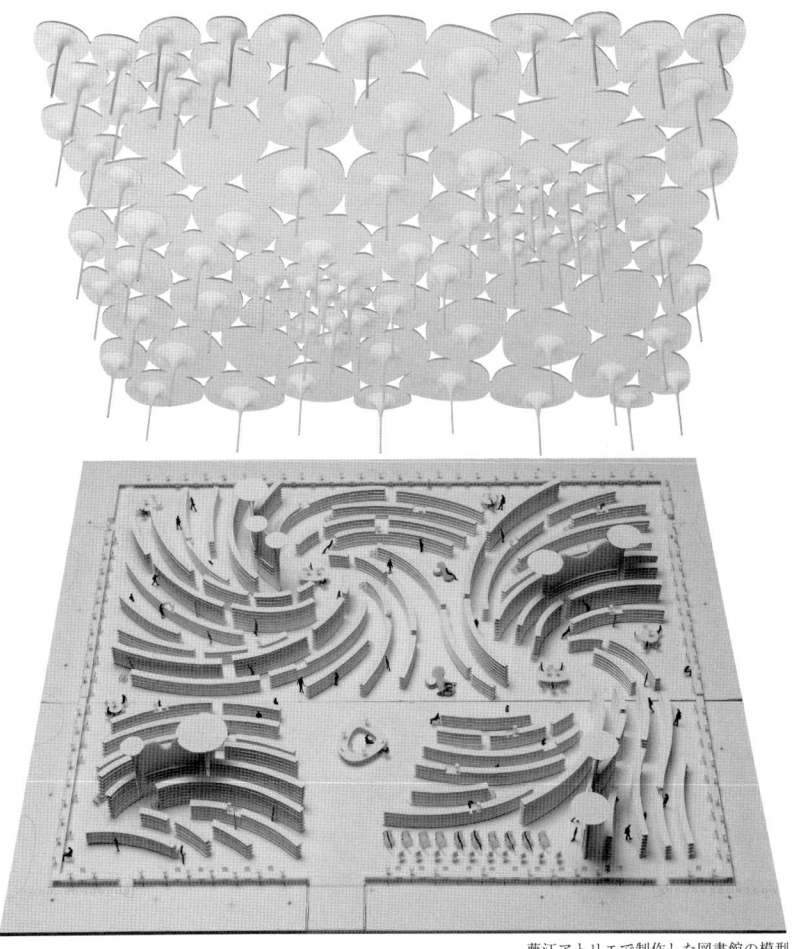

藤江アトリエで制作した図書館の模型

図書館の開架閲覧室

■「台湾大学社会科学部棟」のこと

GA それは知りませんでした。

伊東 正門から最も遠い反対側のゾーン。今まで，裏門的な扱いをされていたエリアに，もう一つの正門をつくる。その脇に，「社会科学部棟」が計画されています。

キャンパス全体のマスタープラン的な読み取りのスタディから始まり，ようやく着工した所です。

GA もちろん，教室や図書館の規模は，大学側から要請された数字があったわけですよね？

伊東 はい。様々なサイズの教室を求められていただけでなく，複数の研究室も必要です。それに約150席の国際会議場と，開架約22万冊，閉架約12万冊の図書館を求められました。

GA 要求されているプログラムに対して，新たな構成の提案はしなかったのですか？

伊東 プログラムに対する再提案の余地は，ほとんど無かったですね。大学の校舎は，大体そうだと思うのですが……。様々なサイズがあるにしても，小学校における「オープンスクール」のような教室は，成立しません。

あくまでも，閉じられた教室が羅列される。何十室と要求されている研究室も，「ある程度，平等にしなければならない」という原理が働きます。それらを全てオープンにすることは，あり得ないでしょう。

そういう意味で，大学という存在自体が，かなり慣習的になっていると言えます。特に台湾大は，その傾向が強いので，ある意味で「台中」より大変でした。

GA と言うのは？

伊東 ぼくたちのプレゼンテーションに対して，各学部の先生方が結集した「キャンパス計画委員会」で絶え間なく議論を行い，承認を採らないと前に進めないシステムになっています。

日本の大学でも，同じような状態かもしれませんが……。

1階平面　S=1:1800

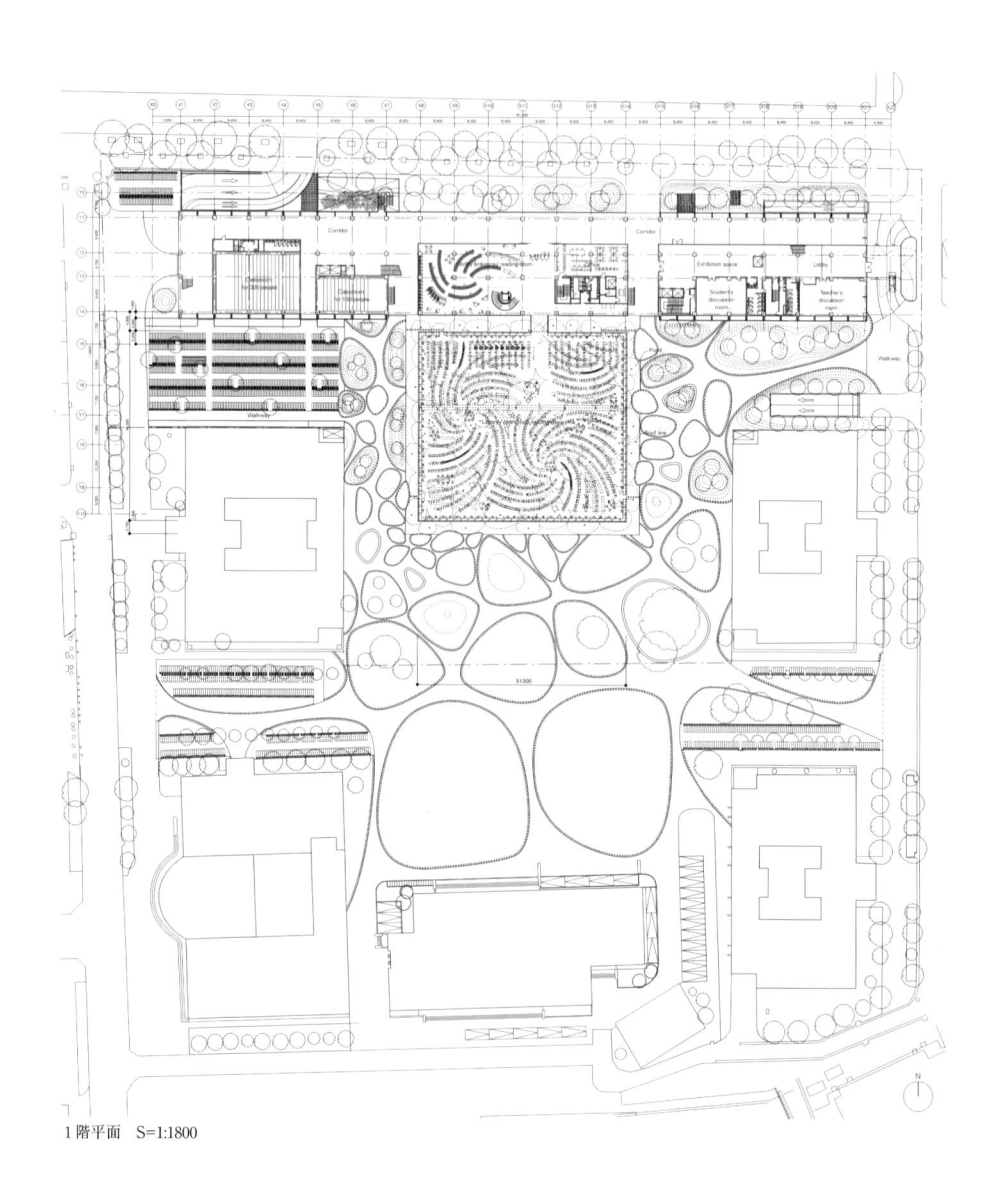

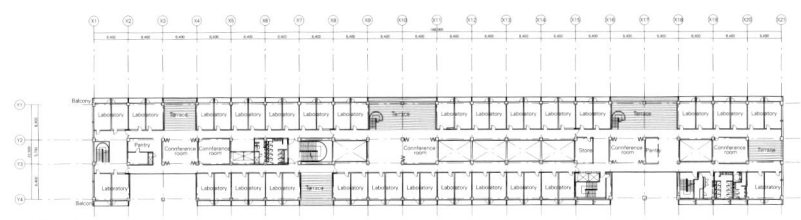

7 階平面

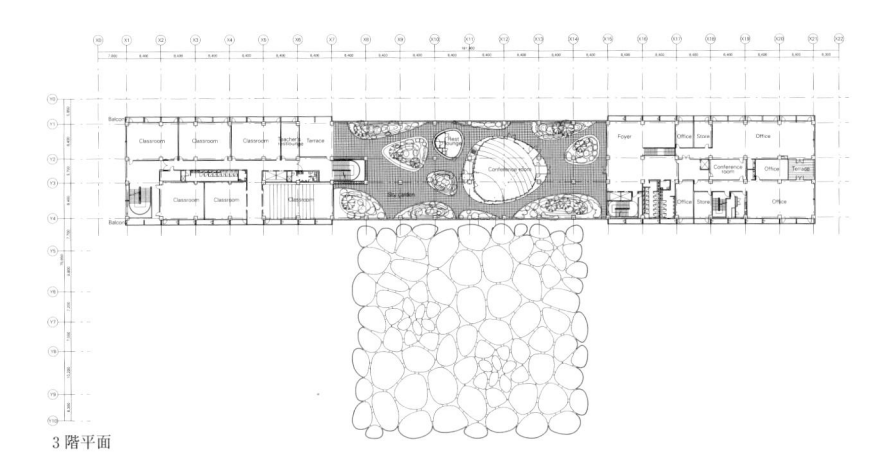

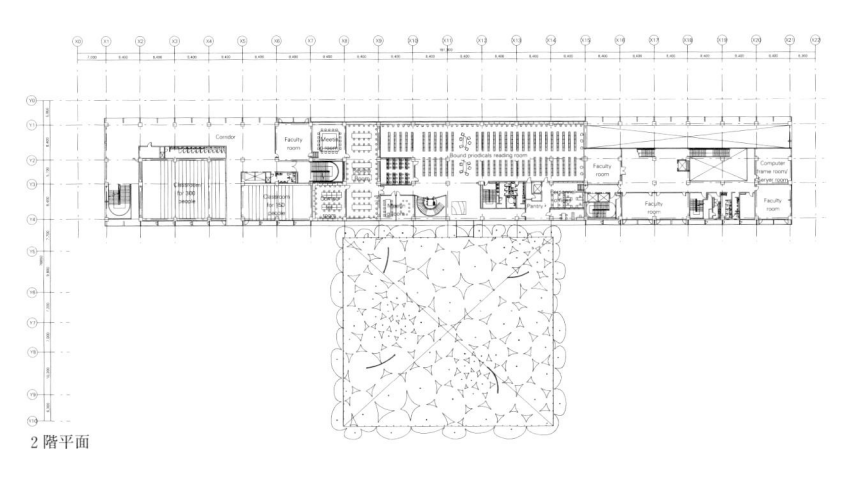

3 階平面

2 階平面

各々のプロフェッサーの主張が，ぼくたちからすると理不尽に思える場面が，多々ありました。

GA 反対勢力が存在するのですか？

伊東 計画自体を反対しているわけではないのですが……。「何か一言，言いたい」という人が多くて，協調性もない。しかも，言い放しで，そのまま退席してしまう先生もいるので，何も物事が決まらないのです。ただ，批判をするだけ。

もちろん，ぼくたちも大きな問題に対して，真摯に対応したつもりなのですが……。「これ以上，同じ状態が続くのであれば，手を引こうか」という時期もありました。

GA この3年間で，かなり案が変わったと伺っています。

伊東 こちら側で考えながら，大胆に変更した時もありました。最初は，図書館も一体化したワン・ヴォリュームで考えていたのです。政治学科，経済学科，高等研究施設という三つのカテゴリー。それらも加味しながら，「どんな分節方法を一体的な建物に施せるか？」をスタディしていました。最近になって，「最初の案は良かった」という先生が多かったのは，ちょっと意外でした（笑）。

GA どうして，案を変えてしまったのですか？

伊東 下層へいくほどヴォリュームが迫り出していき，かなりの部分が半屋外的な扱いをしていたので……。現地を視察すると，「雨の多い台湾の気候では，利用者が大変だろう！」と思えたので，ぼくたちの方から案を引っ込めまし

■「台湾大学社会科学部棟」のこと

た。
　その後，高層棟と低層棟に分離する案に変わっていきました。しかも，高層棟は完全に三つに分離している。

GA　図書館の扱いは？

伊東　スタディを進めていく内に，コートヤードの中へ飛び出してきたのです。それと同時期に，高等研究施設が必要なくなったので，「社会科学部棟」のシンボルとしての図書館の位置づけが，より強まった経緯があります。

　もちろん，「キャンパス計画委員会」からのリクエストを聞きながら，案が変化していた部分もあるので……。「どちらの意見が主体的だったか？」とも規定できないようなプロセスを経ながら，大枠では「我々のやりたいコト」を変

図書館を中庭より見る

更させられることはありませんでした。だけど，「モノが決まらないこと」に対する苛立ちは，未だにありますね。

GA　「施設全体に対するコントロール」から，「図書館で勝負！」へと移行された？

伊東　そうですね……。

GA　大学からの要請を読み解くと，図書館や会議場には手を付ける余地があったと？

伊東　例えば，四角い教室ではなく，五角形にしてみる。それを推し進めることもできたでしょうが，もっと物事が決まらなかったと思います（笑）。

　プロジェクト全体の状況を鑑みながら，ぼくたちの方である程度，自主的にコントロールしていった部分は，確か

にありました。

GA 「キャンパス計画委員会」では，どんな指摘を受けたのですか？

伊東 「フラット・ルーフは，デザインとして退屈だ！」とか，「白い色は駄目」とか……。ともかく，色々なことを言ってくるのです。

GA 一方で「現代建築を受け入れよう」という姿勢がありながら，他方では中華圏独特の「頑ななナショナリズム」も存在していると思います。未だに，「ムーンゲートに瓦屋根」という文化を残したい人たちもいる。台湾で言えば，李祖原さんなどは，そんな伝統を踏襲しながら，巨大な中国版現代建築をつくり続けている建築家です。

何れにしろ，日本とは違う強いナショナリズムを感じます。

伊東 ぼくも，そう思います。

GA 「社会科学部棟・図書館」で使われている，二重螺旋のアルゴリズム。それによって描かれるパターンは，図案としても中華圏の人たちにもシンパシーを与えたのではないですか？

伊東 今回のような図書館を提案すると，感激してくれる先生が居ないわけではないですが……。大方は，実際の空間をイメージできていないように思います。

GA そうすると，機能面だけでジャッジされる？

伊東 「高温多湿の台湾で，四方ガラス張りの建築は成立しない！」という意見を，かなり戴きました（笑）。最も厳しかったのは，図書館が中庭にはみ出してくることへの強い反発です。

ぼくたちとしては，必ずしも読書や自習のためだけのスペースにするつもりはありませんでした。先生と学生が出会う機会を増やし，コミュニケーションを図れる空間にすれば，社会科学部だけでなくキャンパス全体のシンボルに

■「台湾大学社会科学部棟」のこと

なる。だからこそ，中庭にある既存樹木の木陰で本を読んでいるイメージをオーバーラップさせたような，図書館を提案しているのだと。

　そのような説明を丁寧にしても，只々「中庭にはみ出してくることが，けしからん！」の一点張りになってしまう先生もいらっしゃいました。「このラインまで引っ込めろ！」という意見に対して，何度もプレゼンをやり直した時期もあったくらいです。「既存校舎に近すぎる」という意見も含めて，なかなか「大きな視点で見てもらえない」という辛さが続きました。

GA　この辺で，「社会科学部棟・図書館」の独特な仕組みについて，ご説明いただけませんか？

伊東　コートヤードに張り出してきた段階から，平屋で対応できる利点が出てきました。例え2階を必要とされても，ほんの一部で済む。そこで，「木陰で読書しているような，開架閲覧室」というイメージを，当初から抱くことができました。

　次のステップでは，「どのような構造体で実現できるのか？」という問題に対して，幾つかスタディしたわけですが……。やはり，「多摩美術大学図書館（八王子キャンパス）」(2007年)のような「複数の緩やかなカーブが交差するパターン」がイメージされました。それと，「木立のイメージ」をオーバーラップさせながらスタディしている中で，実施案のようなルールを見出すことができました。

GA　所謂，アルゴリズムを適用されているわけですよね？

伊東　そうです。現在はアメリカに帰国してしまった，アンドレ・ギモンドくんが提案してくれました。彼は，アルゴリズムを扱うのが非常に得意で，二重スパイラルを前提にした，花のようなパターンを導き出してくれました。それに，ボロノイ分割を掛けることで，実施案のような架構が成立しています。まさに，「木立の間」というイメージに

ピッタリの架構だったので，彼のアイディアで進めることに決めました。

「木漏れ日が差す」というイメージだけでなく，「密に並んだ蓮の葉の間から，自然光が落ちてくる」とも言い換えることができる。そんな空間は，とても魅力的なのですが……。図書館の機能上，幾つも開いている隙間の内，一つでも雨漏りしたら大問題になってしまいます。当然，構造的な問題だけでなく，雨仕舞いについては相当，詰めた検討を行いました。

GA　主に，施工の問題ですか？

伊東　施工だけでなく，ディテールや熱の問題をクリアする必要がある。

GA　遮光については？

伊東　二重のガラスでフィルタリングする予定なので，基本的に直接光は差してきません。

GA　先述の藤江さんによる書架は，開架閲覧室で設定されていた二重スパイラルの三つの焦点に向かって，渦を巻いているような状態になるようです。

模型を俯瞰することで明解に読み取れた書架配置のコンセプトは，1分の1でも同様に感じられるものでしょうか？　もしくは，感じられなくても，原理として潜在していればいいものですか？

伊東　もちろん，設計プロセスにおいては，どこかで抽象的な思考をしています。「抽象的な論理の中で，システムが明解に成立している状態」を，常に目指しているわけです。「社会科学部棟・図書館」も，例外ではありません。二重スパイラルによるアルゴリズムは，綺麗に成立している。

でも，それが構造体に置き換わった途端，屋根架構を構成する単位の大きさや，柱の密度が気になってくる。柱の密度が高い焦点に近いエリアは，小さな屋根が組み合わされ，周辺に行くに従って，大きな屋根に変わっていく。そ

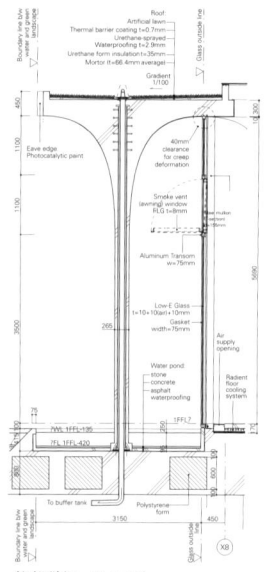

柱部詳細　S=1:140

■「台湾大学社会科学部棟」のこと

の結果，ほとんどスパイラルを意識されない状態で，構造体が立ち上がってくる筈です。

「それでもイイかな」という位に，ぼくたちは考えていたのですが……。藤江さんの書架によって，もう一度，かなりの部分まで二重スパイラルを可視化してくれました。プランで見るような明解なパターンが認識されないにしても，「ある焦点から，放射状に広がっている」という感覚までは，得られると思うのです。

担当者によると，今回のコンセプトは「森羅万象だ！」と藤江さんは言っていたようです（笑）。何れにしろ，ぼくたちの意図が第三者に伝わっていくことは面白いですね。

GA 藤江さんは，「建築が解る家具デザイナー」という点では，世界的にもかなり希有な存在だと思います。

伊東 「多摩美」から，本格的に仕事をご一緒させてもらっていますが……。同時にお願いしている「台中メトロポリタンオペラハウス」(2005年〜) の家具も含めて，特に最近の藤江さんには凄味を感じますね。できることなら，建築も考えて欲しいくらいですよ（爆笑）。

GA ある意味で，インテリアも建築の範疇ですからね。

伊東 ウチのスタッフたちも，叱咤激励されているようです。そういう意味で，藤江さんや構造家の佐々木睦朗さんは，素晴らしい協同設計者ですね。

GA 「社会科学部棟・図書館」は，アルゴリズムを前提にした空間ではありますが……。基本的な構成要素である，チューリップ・コラムだけを見ていると，近代建築でよく見掛けたエレメントにも感じます。

伊東 確かに。F・L・ライトの「ジョンソンワックス社事務所棟」(1939年) なんて典型的です。

GA 「多摩美」のアーチ列もそうですが……。ある種の解り易い建築ランゲージのレトロ感を，意図的に現代へ翻訳しているようにも思えました。

山本理顕さんも,「工学院大学八王子キャンパス・スチューデント・センター」(2005年)のコンペ案以降,同じ様なストラクチャーを繰り返し採用しています。

伊東 昨年,発表されていた「ナミックステクノコア」(2008年)にも,同様のエレメントが使われていました。

GA 小社のgalleryで,「工学院」のプロジェクトを展示していたのですが……。偶々,長大作さんがいらっしゃって,マジマジと「工学院」の模型を見ながら「コレは,昔あったよ」と仰っていました。

彼は,坂倉事務所時代に,同様のシステムを用いていたようです。ご本人にそう言われてしまうと,リバイバルにしか見えなくなってしまう(笑)。

伊東 確かに,かつて展開されていた「無梁版」の大半は,あのようなキャピタルでした。

ぼくたちも,「長岡リリックホール」(1996年)の時に初めて,木村俊彦さんの勧めで同様のキャピタルを用いています。天井が金網で覆われているので,あまり露出していないと思いますが……。各務原の「瞑想の森 市営斎場」(2006年)も,ある意味では同様の架構システムです。

だけど,架構システム自体が醸し出す古さは,「多摩美」のアーチ列も含めて,それほど意識していないですね。

GA 基本ラインでは建築のランゲージを尊重されている。しかも,プロジェクトによっては,より積極的に使おうという姿勢すら見受けられます。

伊東 「梁を使いたくない」という意識は,いつも共通しています。そこから先は,キャピタル・レスのフラットスラブで対処できるのであれば,それに越したことはない。

GA 「社会科学部棟・図書館」のキャピタルは,そのような構造原理とは別に,「樹木のように,エレメントをシームレスに繋ぐ」というイメージも働いていた?

伊東 それは無いです。特に,台湾での工事を考えると,

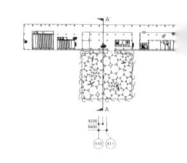

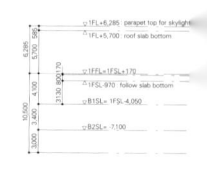

■「台湾大学社会科学部棟」のこと

フラットで実現できるのであれば，施工が圧倒的に容易になりますから。
　今回は，4種類の鋼板型枠を繰り返し使うことで，架構全体のコンクリート打設が可能になるシステムを提案しています。幸い，「2009 高雄ワールドゲームズ メインスタジアム」(2009年)の工事を請け負ってくれた互助営造が施工することになりました。「台中」だけは，頑なに断られてしまったけれど（笑）。

GA　モックアップまで制作されていたと伺いました。

伊東　三つもつくってくれていたんです。

GA　モックアップをつくったからこそ，難しさが判ったのかもしれないですね（笑）。

伊東　だから，「台中」の現場はとても心配しています。

GA　「社会科学部棟・図書館」もRC造ですよね。CGを拝見すると，白く塗装されるのですか？

伊東　「各務原」のように，リシン吹き付け仕上げになります。芯材としてスティール・パイプの周りにコンクリートを打設することで，柱をできるだけ細くする予定です。

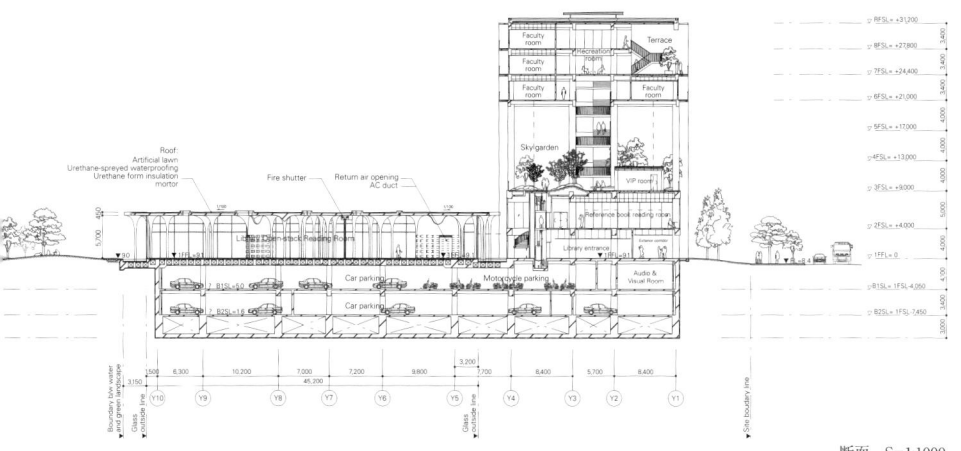

断面　S=1:1000

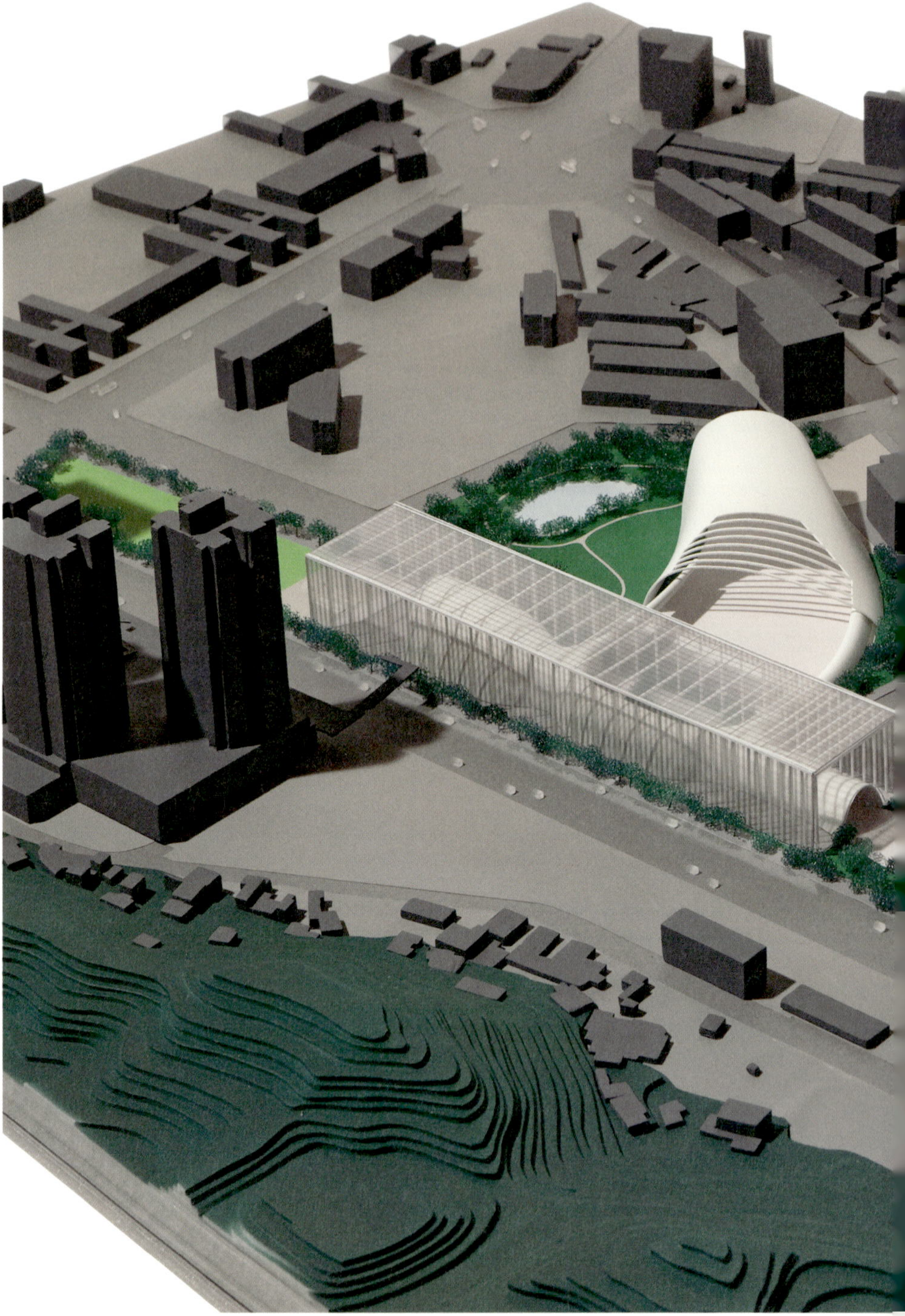

台北POPミュージックセンター コンペティション応募案　2010

風のシミュレーション

■「台北POPミュージックセンター」のこと

GA 「台北POPミュージックセンター」は，今年初めに結果が発表された，コンペティションの応募案です。台湾のコンペには，かなり積極的に参加されていますね。

伊東 「台北」も勝つつもりだったのですが……（笑）。今回は，裏目に出たようです。

GA と言うのは？

伊東 後で人づてに聞いた話では，海外から招聘された審査員たちの方が，ぼくたちの案をサポートしてくれたそうです。期待していた地元の審査員たちは，「もう，伊東はイインじゃないか」と考えたのではないでしょうか。

GA 他の人にチャンスを与えたい？

伊東 モーフォシスのトム・メインも，ぼくたちと同じように次点でした。そんな結果から判断すると，「もっと若い

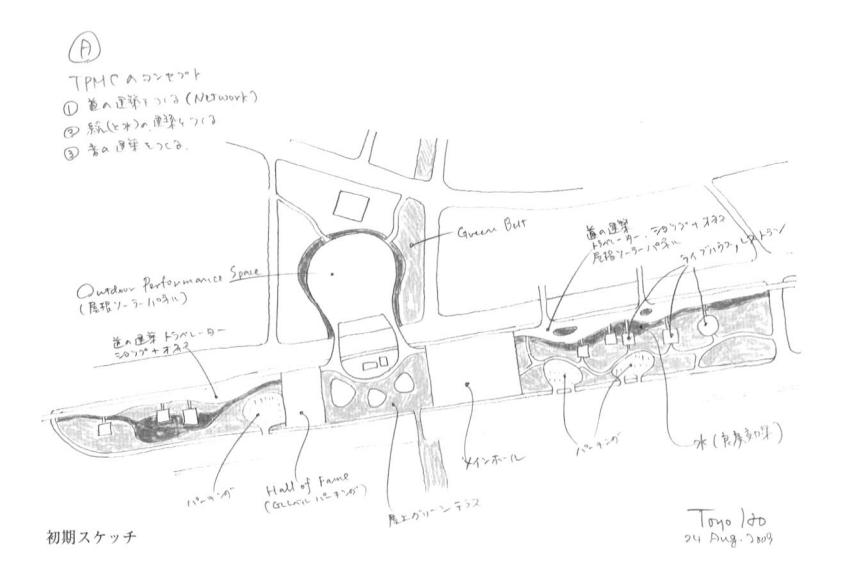

初期スケッチ

■「台北POPミュージックセンター」のこと

人に頼みたい」という傾向が,読み取れなくもありません。
GA 具体的なプログラムは？
伊東 立席を前提とした,15,000人収容の野外ホール。3,000席規模で,立席時に倍の人数が収容可能な屋内ホール。そして,HOF (Hall of Fame) と呼んでいるPOPミュージックの殿堂。大きく三つのプログラムの他に,ライブハウスやレコーディング・スタジオ,ショップなども求められていました。

ともかく,敷地の読み取りが難しいプロジェクトだった印象があります。幹線道路を挟んで二つに分かれているだけでなく,大きな敷地は二つの駅に跨るよう東西に細長い。面積的には広いけれど,幅が狭いので,配置の選択肢が限られてくるわけです。

GA 配置計画では,大きな差が生まれない？
伊東 どう配置してみても,シックリこない(笑)。細長い敷地の東端に,将来,新幹線が停車予定の大きな駅があるので,施設利用者の大半は東からアプローチしてくることが予想されます。そんな偏りがありながらも,三つのメイン機能が結合されたシンボリックなヴォリュームを,二つの敷地を結ぶ中心付近で生み出す必要がありました。

ある程度,リニアなヴォリュームにならざるを得ない中で,どんなアプローチを採るのか？ さらに,道路を挟んだ北側のサイトに,何を配置するかが勝負所でした。

GA 敷地は,台北の湾岸部にある再開発地域だと伺いました。
伊東 市街地から東に車を走らせると,約30分で辿り着く新興開発エリアです。対角線上に位置する南北の隣地では,当然のように二つの大規模な開発が進行しています。双方に,多くの住戸を設定したハウジングが計画されているので,それらに対する遮音も考慮する必要がある。

GA 工場地帯のど真ん中で,「遠慮なく大音量を出せる屋

外ホール」という設定ではなかったんですね。

伊東 POPミュージック自体，台湾にとって重要な産業になっていることもポイントです。一昔前のPOPシンガーたちは，こぞってアメリカ西海岸でレコーディングしていましたよね。でも，今では日本だけでなく，アジアのPOPシンガーたちのほとんどが，台湾でCDを制作しているようです。

GA スタジオ代が安いのですか？

伊東 コストだけでなく，レコーディング技術も高い。今や国家的産業にまで成長しているので，国の肝いりで台北市が「POPミュージックセンター」を企画したと聞いています。

　そういう意味でも，なかなか面白いプロジェクトだったので，ぼくたちもかなり力を注いだのですが……。最終選考3案には残して貰えると思っていただけに，次点という結果にガックリきました（笑）。

GA POPミュージックの持っているイメージ。例えば，1950～60年代にロックが生まれた頃，アメリカで流行っていた「エアロダイナミックス」や「アトミック・シェイプ」などの雰囲気に，「台北」のチューブはオーバーラップしているように感じました。

　少なくとも当時のロックは，「感覚の拡張」の共有から，ドラック・カルチャーとも併走していた。「サイケデリック＝流体的感覚」という状態は，音楽に限らず，美術界にも見られたと思います。「台北」でも，「フレーム（＝定型）から，どうやって流れ出ていくか」という手法のリバイバル意識はあったのですか？

伊東 実は，最初の説明会から，「低コストで，施工しやすい構造形式を選択しなさい」と，強く釘を差されていました。露骨に「台中メトロポリタン　オペラハウス」(2005年～)をターゲットにした説明を受けて，「つくり易くしなければならない」という意識が，頭から離れなくなっていたので

■「台北POPミュージックセンター」のこと

す(笑)。

その先に、どんな空間イメージを描くか? もちろん、ご指摘戴いたような「感覚の拡張」を意識しないでもなかったですが……。どちらかと言えば、POPミュージック特有の「音響テクノロジーによる拡張」に、依っていた所が大きいと思います。つまり、「建築は、何をやっても大丈夫!」という開放された状態です(笑)。

GA そこが、「台中」とは違うわけですね。

伊東 通常、コンサートホールやシアターを設計するとなると、何らかの「形式」に捕らわれてしまうものですが、

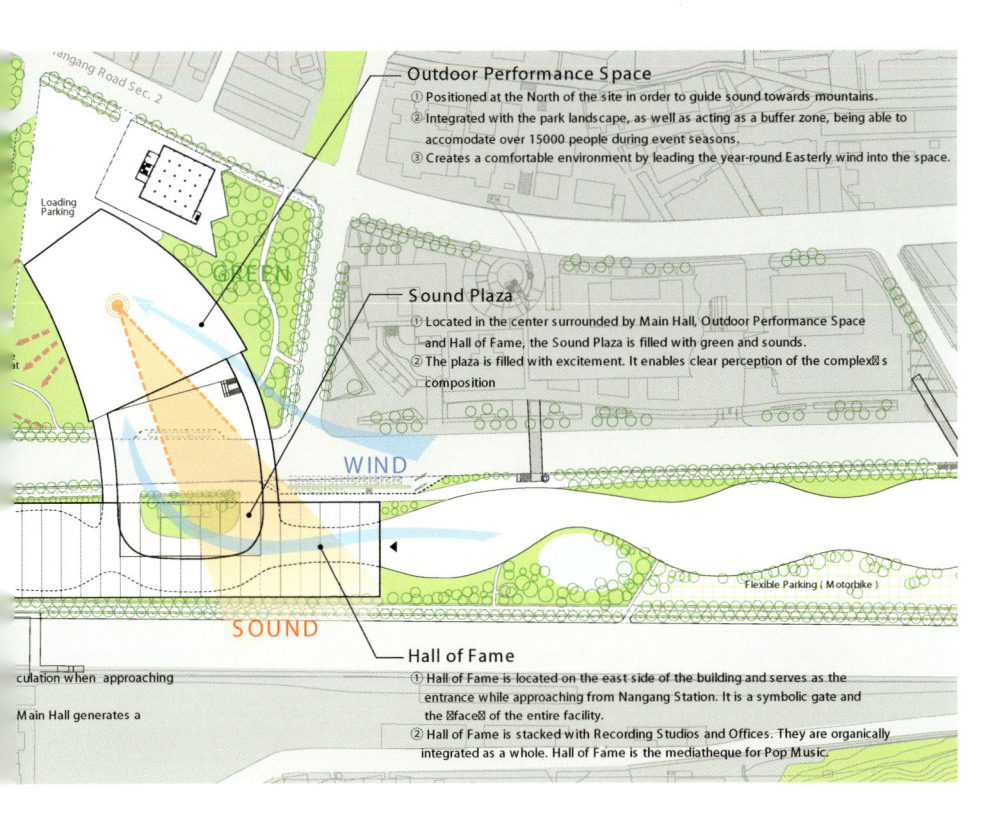

熱環境のシミュレーション

Outdoor Performance Space
① Positioned at the North of the site in order to guide sound towards mountains.
② Integrated with the park landscape, as well as acting as a buffer zone, being able to accomodate over 15000 people during event seasons.
③ Creates a comfortable environment by leading the year-round Easterly wind into the space.

Sound Plaza
① Located in the center surrounded by Main Hall, Outdoor Performance Space and Hall of Fame, the Sound Plaza is filled with green and sounds.
② The plaza is filled with excitement. It enables clear perception of the complex's composition

Hall of Fame
① Hall of Fame is located on the east side of the building and serves as the entrance while approaching from Nangang Station. It is a symbolic gate and the ⊠face⊠ of the entire facility.
② Hall of Fame is stacked with Recording Studios and Offices. They are organically integrated as a whole. Hall of Fame is the mediatheque for Pop Music.

5 階平面

3 階平面

1 階平面

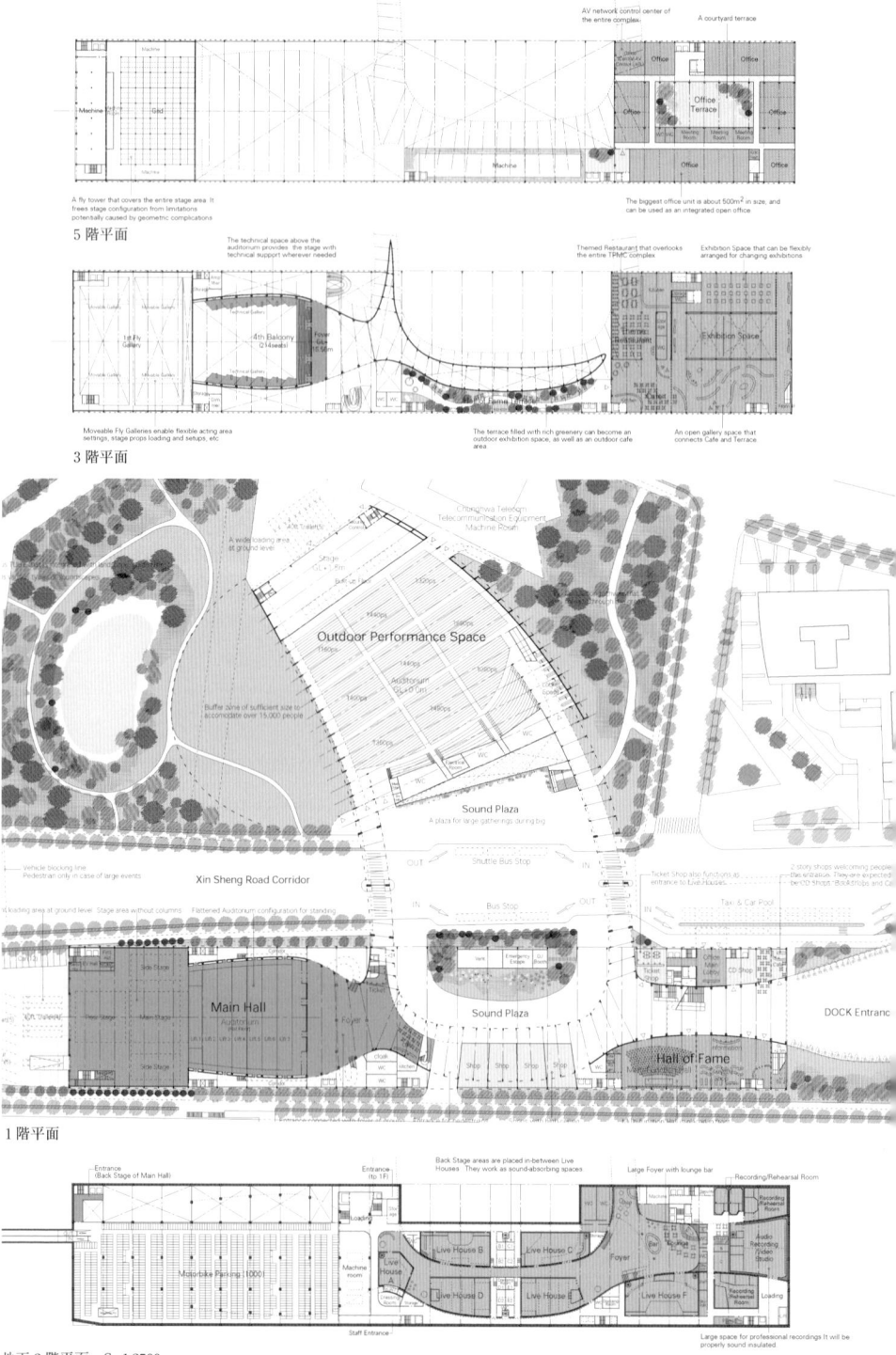

地下 2 階平面　S=1:2500

200

6 階平面

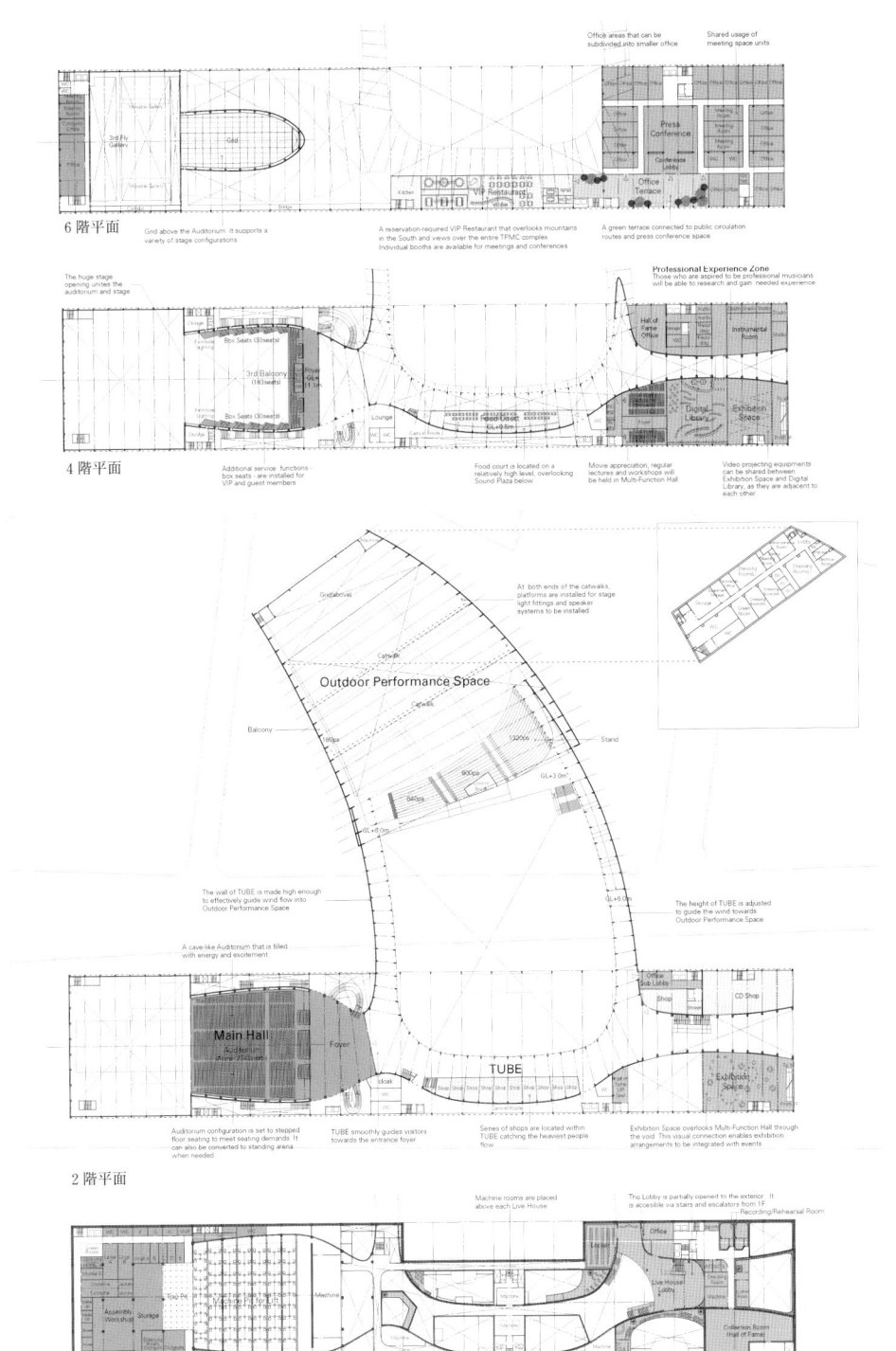

4 階平面

2 階平面

地下 1 階平面

201

TUBE and DOCK

TUBE is a fluid space which connects the entrance, Main Hall and Outdoor Performance Space.
DOCK includes Hall of Fame, Office area , Restaurants, etc.
It is a supporting device for TUBE.

Bridge
Two elevated pedestrian bridges connect the Northern and Southern sites.

Rigging System/Grid

Air Handling Unit

Gallery

Main Hall
A cave-like space inside TUBE, enlivened and embraced by lively and enthusiastic sounds.

Terrace
To the North the terrace faces the Outdoor Performance Space, to the South it faces the

Movie Projection

I: Indoor
SO: Semi Outdoor

TUBE and DOCK configuration incises the space into Indoor spaces and Semi Outdoor Spaces

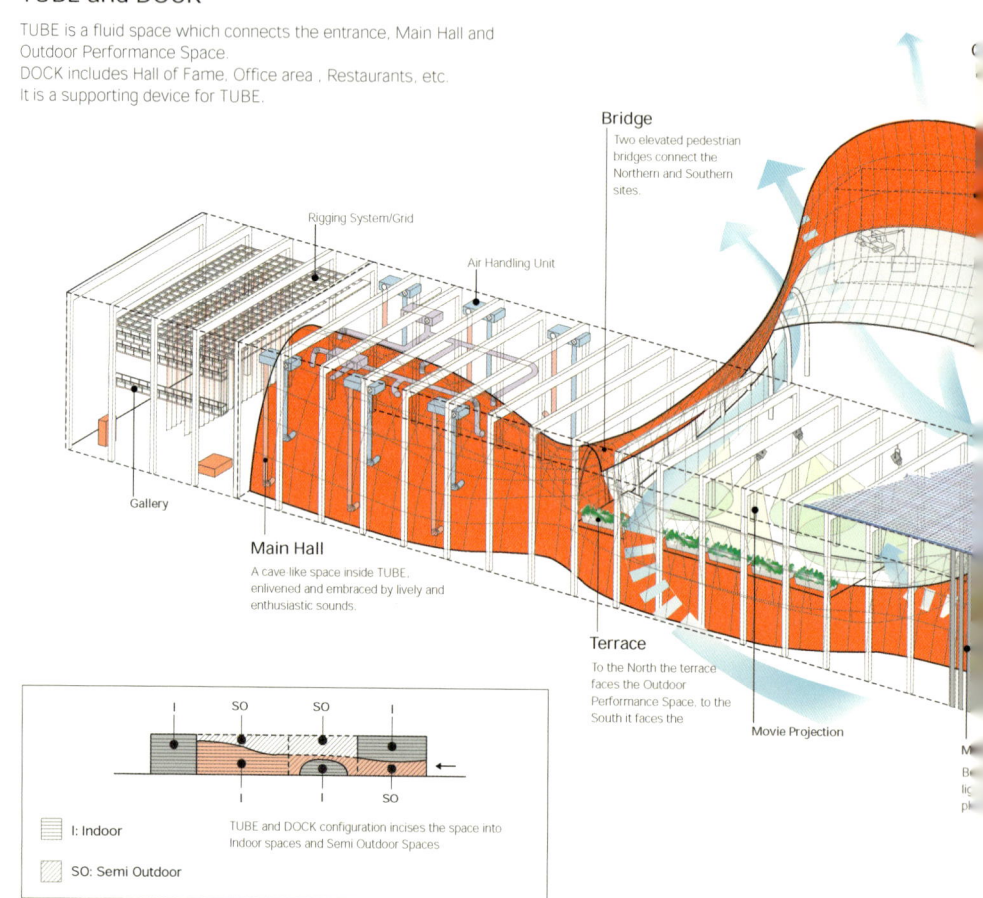

「台北」では大きな問題にならない可能性が高い。もちろん、ステージなどは「通常スペックの確保」を要請されていたけれど……。圧倒的に、「技術的な音響装置によって成立する空間」という意味合いが強かったのです。

　だからこそ、「プロジェクト全体において、如何に流動的

■「台北POPミュージックセンター」のこと

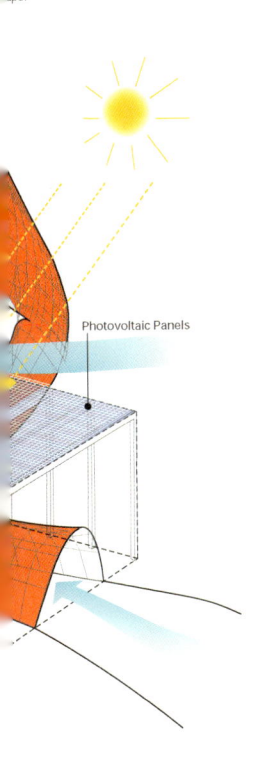

な構成をつくり得るか？」という問題に，主眼を置けました。

GA　つまり，「つくり易い流動的構成」を考える必要があった。

伊東　そうなんです。佐々木睦朗さんと打ち合わせしていく中で，「コンクリートのアーチ」を徹底的に組み合わせていく，ストラクチャー・システムを採用することになりました。

　ある意味で，「せんだいメディアテーク」（2001年）以降，「チューブという流動的な空間が，どのような形でアルゴリズム内に置かれるか？」を，ぼくたちはスタディし続けてきたわけです。例えば，「どこまでも拡張し続けるチューブ」をカットすることで，「キュービックなヴォリュームの中にチューブが縦横に走っている状態」を，幾つかのプロジェクトで提案してきた。

GA　まさに「台中」は，その典型です。

伊東　「台北」は，「台中」ほど立体的な空間をつくる必要が無かったので……。「流動性」と「それをバックアップするテクノロジー」という二つのテーマに対して，「チューブ」と「ドック」という二つのシステムを各々に宛いました。

　しかも，「チューブ」が外部化しながら，北側にある第二の敷地にはみ出していく。そんな表現を採ることで，従来のプロジェクトの延長上に「台北」を位置づけることができました。

GA　「つくり易さ」や「判り易い構成」は，「大衆性」という定規に対してもチューニングされてくるわけですか？

伊東　「大衆性」というよりも……。限られた時間に最大2万人もの「群衆」が，「台北」に押し寄せてくることを意識していました。その「大群衆」を捌くサーキュレーションの問題として，「構成の判り易さ」を重要視していたのです。

GA ヴィジュアルに出入口や目的地を把握させることで,スムーズに群衆が動ける。

伊東 尚かつ,「チューブ」自体も,音響的,或いは視覚的テクノロジーによって強化していく。

　もう一つ,特徴を挙げるとすれば,屋外に近い空間が多いこと。それらの空間に対して,できるだけ自然エネルギー(=風)を使って環境コントロールする。台湾独特の亜熱帯気候に対して,「チューブ」に風を通すことで対処することこそ,「流動性」を表現に取り入れる上で,強い意味を持ってくると考えていました。

GA 「風による環境制御」は,専門のコンサルタントと共同されたのですか?

伊東 設備を専門にしている,ゼネコンのエンジニアにシミュレーションしてもらいました。

GA その結果で「チューブ」の形状が変わったのですか?

伊東 むしろ,できるだけシミュレーション結果に沿うような「チューブ」になるよう,ぼくたちなりに努力していました(笑)。年間を通じて,東から西へ風が吹くことが解っていたので……。特に,屋外ホールへ風が吹き抜けるような状態を,何度もシミュレーションしてもらいました。

　「2009 高雄ワールドゲームズ メインスタジアム」(2009年)の時,同じエンジニアに風のシミュレーションをして戴いたのです。竣工後,「なるほどな!」と思えるほど,想定通りに風が吹いてくれたので,「〈台北〉でも使える!」と思っていました(笑)。

GA 昨今のコンペでは,「風のシミュレーション」といったエネルギー環境をプレゼンテーションすることが,勝利に繋がるのですか?

伊東 特に今回は,「風」に捕らわれ過ぎてしまったと,反省しているんです。ぼくが審査員の立場だったら,「風のシミュレーション」なんて重要視しないでしょうからね(笑)。

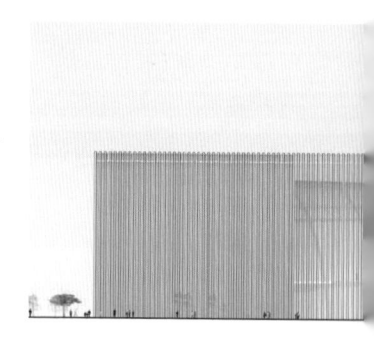

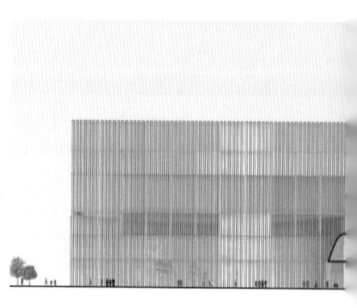

■「台北POPミュージックセンター」のこと

GA 「エネルギー・コンシャス」は，現代社会のキーワードですけれど……。最近のコンペでは，思いも依らない建築家が，「エコ」なんて言葉を口にしています。ノーマン・フォスターなら解るけれど，ザハ・ハディドとなると……。
伊東 ザハまで言い出しているんだ（笑）。
GA F・O・ゲーリーのプレゼンボードにも，「ロー・エネルギー」なんて書いていたから，「最近のコンペでは不可欠な項目なんだ！」と思っていたのです。
伊東 確かに，「エネルギー・コンシャス」への対応が，物事を決定していく重要なファクターになりつつあります。
GA 「建築業界」という巨大なマスにおいては，一般的には必要な志向でしょうが……。「特殊な空間表現をする」という限定されたカテゴリーにおいて，「エネルギー・コンシ

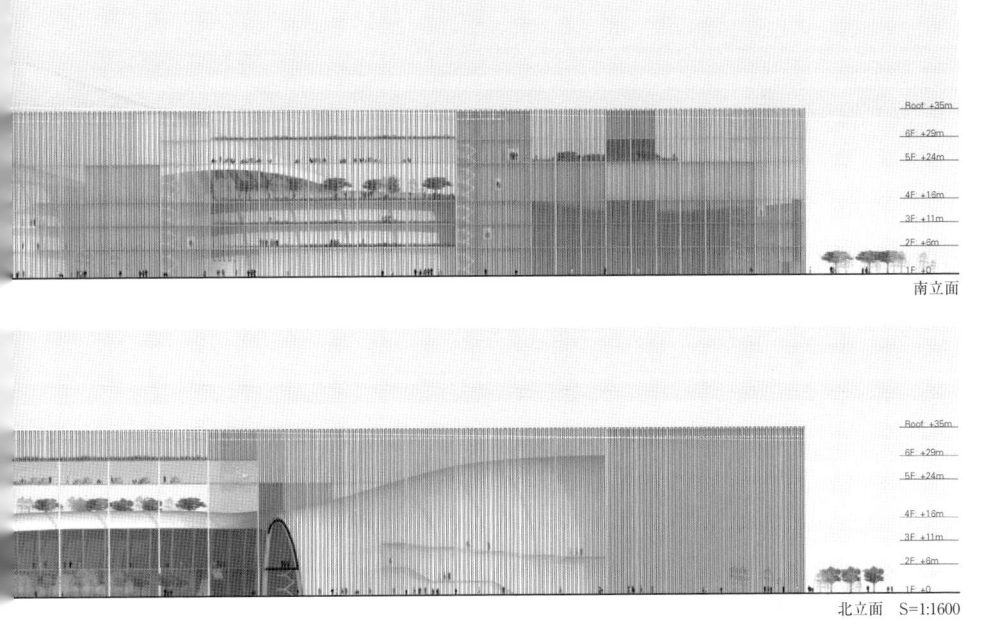

南立面

北立面　S=1:1600

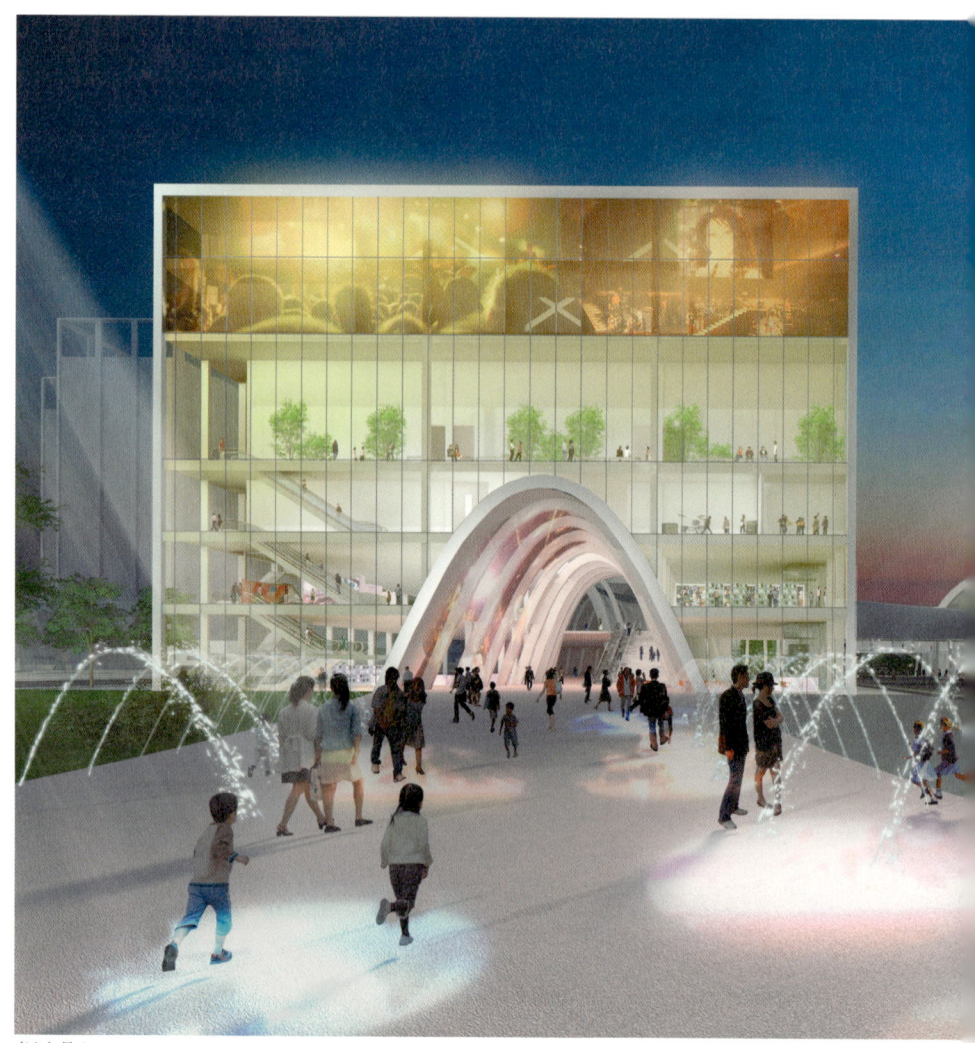

東より見る

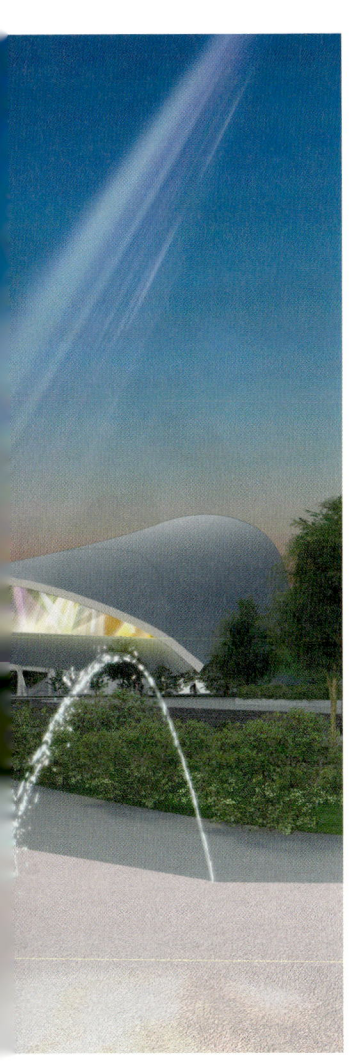

■「台北POPミュージックセンター」のこと

ャス」なことが，どれ程の重要度を持つかは，まだ未知数だと思います。

例えば，「割り箸を使うのをやめましょう！」というキャンペーンに近い矛盾に陥る可能性だってある。実際は間伐材を使っているので，お題目としての「森林保護」には殆ど役立っていなかったりする。

伊東 2000年代に入り，コンピュータを使ったデザインが盛んになってくるにつれ，ザハのような「より激しい流動的な空間」がフィーチャーされるようになりました。そんな状況において，「何を求めて流動的であったのか？」と，再び自分の中で反芻し始めている所です。

その時に浮かんできた答えの一つが，「都市内における人々のアクティビティ」。常に，すべてのモノが動いている「ダイナミックなバランス」＝「ブラウン運動的な状態」を，「建築としても実現してみたい！」という思いがあったことを再確認しました。

今のぼくは，「そんな状態を納得させる，別の理性やルールも持ち込みたい！」という段階に，入っています。その一端として，「台北」のように，「風のシミュレーション」によってデザインしていくケースも出てきている。今のところ，「エネルギー・コンシャス」への対応も，「流動性のルール」をつくっていく決め手になると考えています。

GA 最近，リコール問題で話題になったハイブリッドカーの「プリウス」。錬金術のように「良く走る自動車」ではありますが，運転していても面白味に欠けます。建築も，「エネルギー・コンシャス」に傾倒し過ぎると，「プリウス」化してしまうのではないでしょうか。

個人的には，1,000台に1台くらい「フェラーリ」が走っていて欲しいのです（笑）。「それこそ，一つの文化だ！」と，「フェラーリ」を肯定するような立場を，あるレベルの建築家が採ってもイイと思う。

伊東 確かに，シミュレーションにばかり頼り始めると，表現の魅力は無くなっていくでしょう。だからこそ，絶え間なく「フェラーリ」と「プリウス」の往復を繰り返すことは，必要なのです（笑）。

少なくとも，現状の建築界における「プリウス」的なモノは，空調システムなどの機械に頼り切った「完全なる均質空間」でしかありませんから。

GA 均質空間の方が，総合的に効率が高い？

伊東 残念ながら，未だにその方向に動いていると思います。

一つの完結体として，如何に性能を上げてエネルギー・ロスを省くか。そんな志向を突き詰めることは，面白い方向性ではないですよね。「もう少しダイナミックに，広範囲な全体を捉えないと，〈エネルギー・コンシャス〉な状態は実現できない」というのが，ぼくの持論なのです。

ただし，「台北」に関して言えば，ちょっと表現が重かった感じが否めませんね。

GA 「重い」とは？

伊東 もう少し，「軽快さ」が欲しかったというか……。

GA 構造に「アーチ」を採用したことにも，関連している？

伊東 確かに，「コンクリートのアーチ」によって，実体的に捉え過ぎていた所もありました。薄い鉄板で「チューブ」を考えていたら，大分違った印象になっていたかもしれません。

それと同時に，ぼくたちのオフィスが経験を積んできたことで，リスキーな状態を無意識の内に回避している傾向は否定できません。「コレだったら，問題ないだろう」という感じ。この感覚がチーム内で共有され過ぎてしまうと，「ちょっとヤバい！」と思い始めています。コンペで勝ち抜くためには，そういう事を考えず，とにかく大胆に攻める

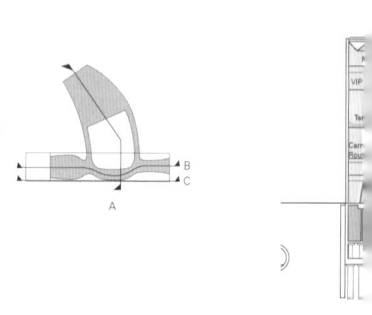

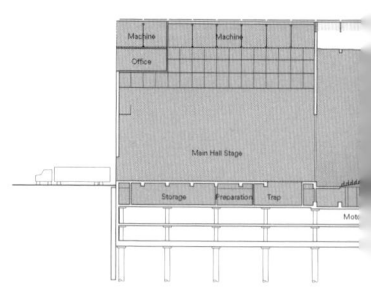

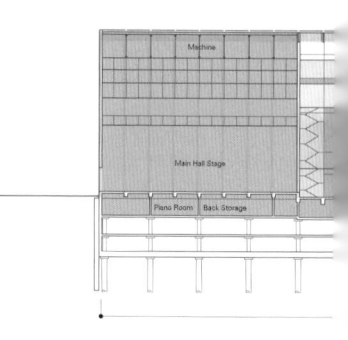

■「台北POPミュージックセンター」のこと

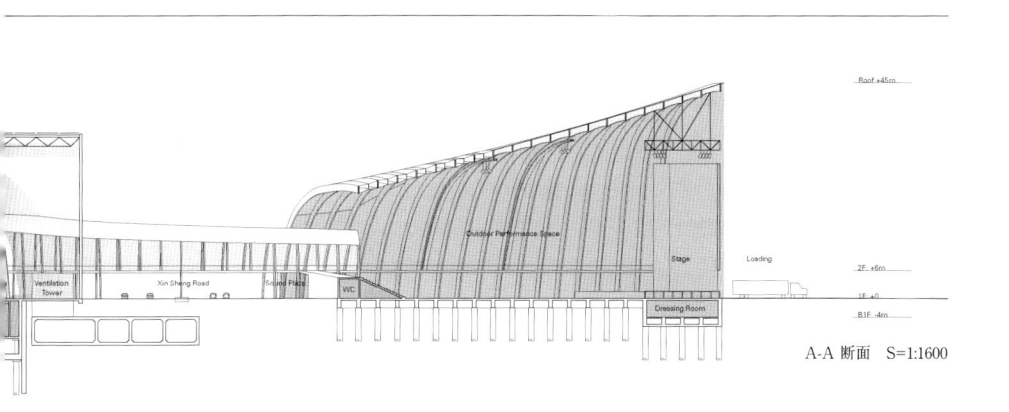

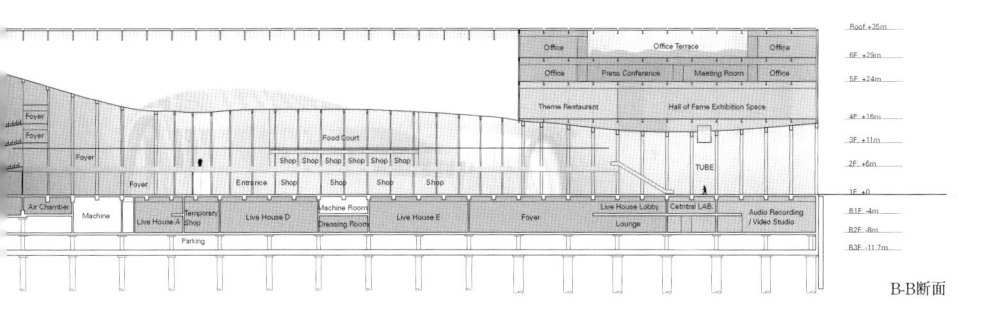

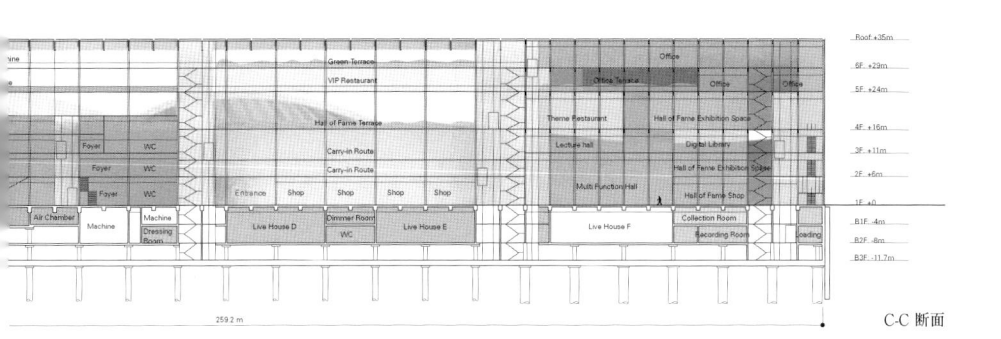

A-A 断面　S=1:1600

B-B 断面

C-C 断面

必要もあるでしょう。

GA 事務所によっては，実働部隊とコンペ部隊を分けているようです。

　実務経験を積まれたスタッフたちは，知らず知らずの内に常識が身に付いてしまう。それを問題にするならば，頭の柔らかい人たちだけでコンペ・チームをつくるのも，一つの選択肢だと思います。

伊東 ぼくたちの事務所では，そんな区分けはしたくありません。「誰でも，コンペ・チームに参加していい」という状態は維持したい。

　やっぱり，コンペはゲーム的な面白さもあるし，短期決

HOFのテラスより野外ホールを見る

■「台北POPミュージックセンター」のこと

屋内のメインホール

戦のスリリングさも味わえる。そういう意味で，所員の誰もが参加したいと思っている筈なんです。それ自体は，構わないけれど……。

　コンサバになっている一因は，無鉄砲な若い奴がいなくなっていることもあるのかな……。上の人間に逆らってでも，「コレこそ面白い！」と強引に攻め込んでくるような人間は，とても少なくなりました。全体に，とても穏やかですね（笑）。

GA 世間一般にも言えることです。

伊東 本当に，日本の社会自体，徐々にエントロピーが増大してきているように感じます。

■ギャルソン対アルマーニ

伊東 最近，議論の俎上に載ることで，気になっていることがあって……。それは，「ヨーロッパ社会によって形成されてきた〈形式〉や〈知性〉を，これからも建築が求め続けるのか？」ということ。現代建築の評価は，その問いに対する答えが分かれ道になる気がします。

GA いきなり，大きな問題を投げ掛けてきましたね（笑）。

伊東 ぼくたちは若い頃から，「何かを変えなければいけない！」とか，「こんなにローコストで，こんなに小さくても，社会的に輝かしい空間ができる！」というコトを，いつも標榜しながら設計してきたわけです。現代日本でも，若い建築家が小住宅を設計する時は，同じような意識を大なり小なり持っていると思います。

ところが，海外で「White O」(2009年) のような住宅や「ベルヴュー・レジデンシズ」(2010年竣工予定) のようなハウジングを依頼されると，状況が一変してしまう。貧しい人のための住宅でもないし，プアな素材を使うわけにもいかない。

恐らく，日本でも南米やアジアと同じ状況が起きてくると思います。所謂，「格差社会」の問題に対して，「建築家はどちら側に加担するのか？」ということを厭が応にも問われてしまう。

GA 何か，方策はありますか？

伊東 今のところ，ぼくの中では完全に分裂状態です（笑）。「ローコストで社会性のある小住宅」を考え続けてきたのに，「1ユニット＝200平米」の集合住宅で一体何をしたらいいのか？ ある意味で，変えることは何もないわけです。

もう少し，一般的な言い方をすれば……。「台中」や「台北」のように，コンサートホールや劇場を考えていると，それらは「知識階級，富裕階級のためにつくられてきた建

■ギャルソン対アルマーニ

築だった」ことを痛感させられます。20世紀になってやっと、「一般市民のための公共施設」という概念が広がったけれど，どこかで，ヨーロッパ社会が培ってきた上流階級の文化が，現代建築にも底流している。それを，新しい形で実現する建築家像が，欧米内では定着しています。

GA 伊東さんは，必ずしも欧米的なスタンスではないですよね。

伊東 ぼくだけでなく，日本における大概の建築家像は，「一旦，既成概念を壊した上で，社会的な意味を再構築し，拡張していく」ようなイメージだと思います。

特に，海外の仕事では，この二つの建築家像が自己矛盾しながらも，両サイドを問われてる感じがある。海外に出ていく日本人建築家は，同じ様な悩みを少なからず抱えているんじゃないかな。

GA 磯崎新さんには，そんな感じがないけれど……。

伊東 ヨーロッパ的な歴史や文化に価値を見出してきた，例外的な日本人だから……。磯崎さんは，「解体」と言いながら，ヨーロッパ的価値観に絶対的な信頼を寄せている。

一方，原広司さんやぼくなどは，常にヨーロッパ的価値観を覆す方向で考えてきたので，「リッチなモノをつくれ！」と要求された時に手札が殆どないのです。

GA 例えば，「まつもと市民芸術館」(2004年)。けして高価な材料を使っているわけでもないし，形式的なモノも張り付いていないけれど，「エレガントだ！」と思えます。むしろ，「エレガントさは，様式美とは違う所で生み出せるんだ！」ということを，教えられた位です。

一方，伊東さんと同世代の安藤忠雄さんは，「エレガンスさ」を「ミニマリズム」にすり替える手法を執っている。「何も無いことが，エレガントである」という日本的美学を宣言してしまうことで，海外での仕事を克服されているようです。

伊東　特に，初期の安藤建築は，その姿勢が非常にハッキリしていたと思います。豊臣秀吉に対抗する千利休みたいに……。

　でも，現在の安藤さんは，秀吉の側近になってしまっている。そんな立場でも，ミニマルな建築をつくり続ける矛盾を，安藤さんなりに感じていらっしゃると想像します。

GA　伊東さんと同世代で，活発に左翼活動していた闘志たちが，今では正反対の体制側に就いて楽しく公務員をしているという現実もあります。そんな姿を見ると，ある種のイズムをバックアップしているエネルギー・ポテンシャルの変換さえ出来れば，人間は納得してしまうとも思えてくる。

伊東　もちろん，「常に，建築はエレガントでありたい」と思っているし，そのこと自体に何の抵抗もありません。

　今，思い返してみると，初めてモロに価値観がブツかったのは，「TOD'S 表参道ビル」(2004年) でした。「TOD'S」のボス，ディエゴ・デッラ・ヴァッレは，ケヤキ・パターンをコンクリートで再現することまでだったら，猛烈に共感してくれていたのです。

　でも，店舗やオフィスの内装に至った瞬間，「お前のような貧しい表現をする奴は，建築家とは言えない！」と，殆ど罵倒に近い言い方をされてしまった。「このままだったら，ウチのスタッフにやらせた方がマシだ！」くらいのニュアンスだったのです。もちろん，その時は「ディエゴの考えているリッチさの方が，よほど貧しい」と思っていたけれど（笑）。

　一方で，ヨーロッパ，特にイタリアが衣服や靴の分野で培ってきた伝統の奥深さは，別次元の豊かさを伴っていることも事実です。どう転んでも，ぼくたちには「ギャルソン」のような洋服しかつくれない。「アルマーニ」のデザインは，日本人だと絶対に発想できませんよ。ぼくたちは今後も，あくまで「ギャルソン」で戦っていくしかないんで

■ギャルソン対アルマーニ

しょうね(笑)。
GA それは、面白い例えですね。
伊東 この「ギャルソン対アルマーニ」という構図は、結構、興味深い問題を孕んでいると思う。今のところ、「文化や伝統」とは、声高に言わない方が得策だと考えています。だって、ヨーロッパ文化に対する知識をいくら蓄積しても、身体的には敵わないんだから……。

ただし、日本の和服や、江戸時代まで踏襲されてきた伝統文化に対しては、もう一度、誰かが建築的にアプローチする必要があるでしょう。隈研吾さんとは違うレベルで再現できないと、マズいんじゃないかな(笑)。

White O, 2009年

GA ただし，モノ自体が無くなっているし，理解できる人も少なくなってきているのが現状です。

伊東 職人もいなくなっているし，素材も手に入りづらい。そんな状態でも，江戸時代まで精神的に受け継がれてきたモノが，もう一度，現代日本で開花できるかもしれない……。

GA ヨーロッパ社会でも，同様の問題を抱えていると思います。伊東さんご本人は，この問題に関わる気はないのですか？

伊東 色々なことが，疑問にはなってきています。例えば，フラットルーフに何で拘るのか？ 現状では，棟のある屋根を掛けた途端，「待てよ，コレで大丈夫かな？」とか「隈さんのように，そう簡単には使えないゾ」と，相当考える必要がある（笑）。

だけど，自然との関係や，内と外の関係などを考える際，もう一度，日本建築が培ってきた「内外を捉える全体性」の問題を再考することは，面白そうですね。かなり複雑な問題ではあるけれど，住宅規模であれば対応可能なのではないでしょうか。POPミュージック・センターやオペラハウス，図書館など，ヨーロッパ的形式をそのまま持ち込んだプログラムに対しては，そう簡単に「日本の伝統」へ踏み込めないですからね。

GA そんな疑問があるから，極端に抽象化したり，図式化するのかもしれません。少しでも屋根型が顕れ，過去との接続がリアリティを伴って見えてしまうと……。

伊東 ある種の「不安」を感じてしまう（笑）。

GA 隈さんは，そんな「尻込みしている人たち」を逆手に取っているとも感じます。

伊東 原さんの弟子なのにね（笑）。

GA 原さんは，屋根がある人だと思いますが，集落調査をされていた影響もあって，非常にプリミティブな状態を示唆する形のつくり方をされている。だから，「隈さんが原さ

TOD'S 表参道ビル，2004年

んの弟子」という関係は，解らないではありません（笑）。
伊東　原さんの弟子として，山本理顕さんが出てくるのは良く理解できるのです。どちらも，共同体に対して期待を持ちながら，建築をつくり続けていることに納得できるでしょ。
GA　何れにしろ，「日本文化論」的な話は，面白いですね。個人的には，日本は今後も「ギャルソン」のままでイインじゃないかという気がします。
伊東　「ギャルソン」を着ていると，それなりに新鮮な気持ちになれるけれど……。一方で，「プラダ」や「アルマーニ」を着ると，何とも言えない「精神的なリッチさ」を感じることはあります。

少なくとも，とても仕立てや生地が良い。「イタリアのテーラードって，こういうモノなんだ！」と納得させられる満足感があるのです。そうやって考えていくと，ぼくたちが目指すべき建築は，どういうモノなのかな……。
GA　「日本の建築家は，お歳を召されると和風建築へ傾倒する」という話を良く聞きます。やっぱり，「対ヨーロッパ」という感覚が，歳を追う毎に芽生えてくるんですかね？
伊東　近代以前の数寄屋などへ踏み込めば，独特の「完成されたリッチさ」があるでしょ。それを，誰も現代建築まで昇華できていないと思うな。

実際にやってみると，「とても敵わない！」とか「ある種の空虚」を感じてくるんだろうナァ……。だから，「和へ戻りたい」という状態は，気持ちとしては理解できます。
GA　そこから先へ踏み込むとなると……。
伊東　まだ，強い抵抗感がありますね。何れにしろ，もっと日本のことを勉強しないと駄目だな（爆笑）。

そういう意味で，「日本の建築をちゃんと観てみたい」という気持ちが，最近は芽生え始めてきました。実際，学生の頃以来，ほとんど観ていないですからね。

■ギャルソン対アルマーニ

GA チャンスがなかっただけですか？
伊東 かなり意図的に，意識しないようにしていました。
GA 一旦，観てしまうと，影響は避けられない？
伊東 影響を受ける以前に，「〈和〉なんて絶対に言わないぞ！」という意志表示かな……。篠原一男さんに対する抵抗感も反映されているかもしれません。ともかく，上の世代に対しては，アチコチに抵抗感ばかりを育んでいたから（笑）。
GA 川久保玲さんには，シンパシィを感じることがありますか？
伊東 「ギャルソン」には感じます。何が，他のプロジェクトと違うかと言えば……。「プラダ」を着ると，自分の身体を矯正してくるような感覚があるのです。ヨーロッパ・スタイルに，ぼくの躰を押しつけようとする。

　一方，「ギャルソン」はまったく逆で……。「ヨウジ」と登場した時から，「日本人のような足の短い人種に対して，和服のような洋服を如何につくるか？」という視点から始まっているでしょ。妹島和世さんが「ギャルソン」を好きなのも，良く解りますよね（爆笑）。
GA そんな妹島さんでも，今やヨーロッパ・ブランドを着ています。
伊東 それは知りませんでした（笑）。
GA 以前，「JALチケット・カウンター・ニューヨーク」（1991年）のデザインをされていましたよね。あのカウンターを訪ねると，「ギャルソン」的なジャポニカの匂いを感じたのです。
伊東 本当に？
GA ある種の繊細さに，「今の日本は，コレで世界に打って出る」という気概を感じました。でも，実際の建築は，「チケット・カウンター」のようにはイカないことも，良く理解できます。ヨーロッパ的コンテンツがどんどん入り込むと，「日本的繊細さ」だけでは対抗し切れなくなりますからね。

ベルヴュー・レジデンシズ　2006-

■ギャルソン対アルマーニ

一方で，「和」に対するヨーロッパ的評価は，誤解の上に成立している現状もあります。北野武の映画に見える「ギャルソン」的日本に対するフランスの評価は，深読みし過ぎで間違った方向へ偏っているとも思える。それでも，その誤解は幸せな状態ではあるのでしょうけれど……。
伊東　ビートたけしが？
GA　お互いにです（笑）。だけど，両者が妙な接近をすればするほど，大事な本質が削がれてしまう。
伊東　ヨーロッパには，ビートたけしを受け入れるような懐もあるけれど……。そこから先へ入り込もうとすると，どうしようもない壁があるように感じます。
GA　アジアでは，「ヨーロッパ的ラグジュアリーさ」に戸惑うことなく，深読みもされずにボトムアップ的な思考ができそうですか？
伊東　そんな判断ができる程，まだ理解を深めていないけれど……。少なくとも，「台中」のような建築は，アメリカでは実現しないでしょう。コンペ時に低い予算設定だったとはいえ，最終的には約1.7倍のコストで納まっています。恐らく，アメリカでは10倍程度に跳ね上がるので，その時点で成立しない。
　ヨーロッパや日本でもコンペで勝ち抜くのは難しいでしょうから，今の所，アジアの何処かに可能性を見出すしかありません。恐らく，少しずつ実現性を高め続けていけば，「新たな建築的全体性」が生まれる可能性は，アジアが最も高いのではないでしょうか。
GA　ただし，未だに独自のアジア的イズムが見えてこない。ヨーロッパ型の文化が輸入されていても完全に変質している，「スタイル化」されるというか，コロニアル特有の状況があるわけです。
伊東　ぼくが，アジアに期待している所は，ちょっと違っていて……。自然と人間との関係や，建築と自然との関係

■ギャルソン対アルマーニ

など，ぼくと共有できる部分が幾つか残っていることなのです。

例えば，シンガポールの「VivoCity」(2006年)。水場を伴った屋上広場を提案した際，当初は「誰も，外なんか出ないよ」と指摘されていました。でも実際は，沼みたいなモノに対する親近感から，多くの人がジャブジャブ入っていった。そんな状態を観ていると，アメリカナイズされている文化の奥には，まだ，アジア的なモノが潜在していると感じる。そこに，最も期待したいのです。

GA 現代アジアにおいて，欧米や日本の文化が入った時の付き合い方は，経済など「利」の部分が先走っているのが現状ではないでしょうか。

それが極端に顕れているのが，中東地域。石油に群がって東西から様々な文化が入ってきているけれど，それをジャッジしているのは結局，「コストバリュー」でしかない。

伊東 仰るように，世界中が市場経済の原理に覆われているのは事実です。しかし，そのベールをちょっとでも剥がしてみると，奥にはまだまだ「ナマな人間の欲望」が，渦を巻きながら潜んでいる気がします。

建築においては，その「引き剥がし方」が面白い所だと思う。中国本土で建築が成立している都市部は，かなり厚いベールに覆われているようですが……。台湾の都市部では，まだ，ベールの薄い所も混在しているような気がします。現状では，それだけやり易いのかもしれません。

GA 現代アジアでは，日本の1970~80年代のように，アンチテーゼの繰り返しをしなくてもイイのかもしれませんね。とにかく，潜在している欲求を，浮き上がらせる。

伊東 それは同感です。多かれ少なかれ，ベールの部分に触らないと，何もコトは始まらない。色々と話していくと，ぼくの建築的興味は，「ベールの剥がし方」に尽きるのかもしれませんね（笑）。

VivoCity 2003-06

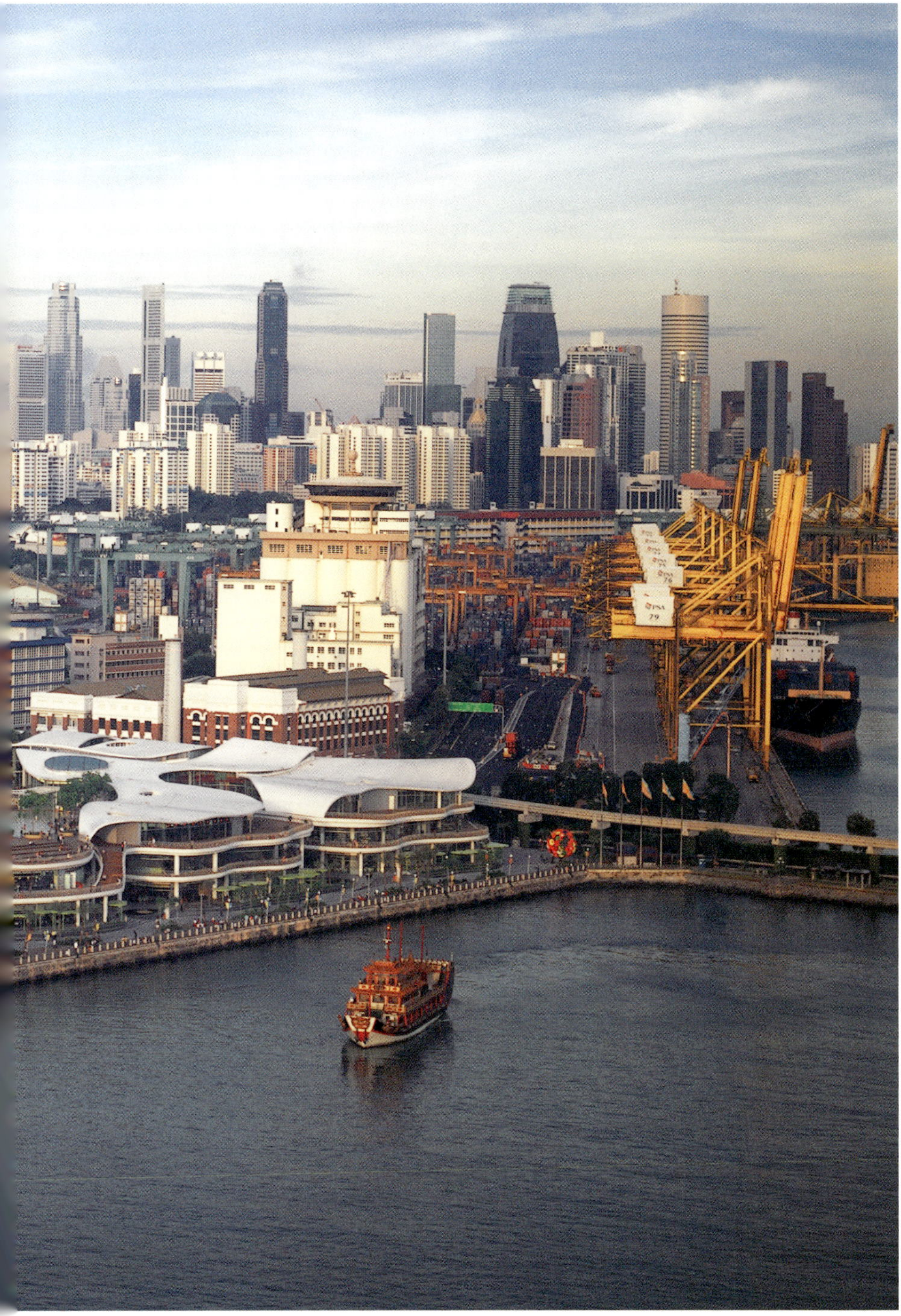

3階屋上広場

1階イベントスペース

3階屋上広場の水盤際を巡る庇

■フリーハンドとロジック

GA 伊東さんは，コンテンツの問題に対して余り操作をしたがらないですね。あくまでも，「与件としてのプログラムを，どう建築化するか？」に興味が集中しておられる。
　「台北POPミュージックセンター」(2010年) にしても，「POPミュージック」自体は真っ直ぐ捉えているし，「まつもと市民芸術館」(2004年) や「台中メトロポリタン オペラハウス」(2005年〜) だって，オペラを真っ正面から捉えている。何れのプロジェクトも，必要とされているコンテンツに対して文学的な操作をしたり，エンジニアリング的操作を加えているイメージがありません。

伊東 その対極には，どんな人がいるのかな？

GA 日本で積極的な建築家と言えば，磯崎新さんが挙げられます。「コンテンツの操作法」こそ主眼になっているので，「何故，自分がコレに関わるのか？」という所から，オリジ

まつもと市民芸術館（2004年）

■フリーハンドとロジック

ナル・ストーリーを組み立てていらっしゃる。その結果，ある種の「文学的パッケージ」をつくり，それを前提に「かたち」が生まれてくる。

伊東 海外だと，レム・コールハース？

GA 彼の建築は，非常に暴力的だと感じられるくらい，あるレベルから，手を加えたまま投げ出しているように感じます。レム独特の「投げ方のポーズ」で，操作をオーバードライブさせた建築としての佇まいが決まっている。だから，伊東さんと似ているようでいて，実はコンテンツを真っ正面から受けていないともいえる。

そう考えてみると，伊東さんは「根っからの建築屋」という気がしてきます。

伊東 そうですかね……。

GA プロダクト・デザインや家具デザインもされているから，「建築屋」という表現は必ずしも適切ではないかもしれません。でも，一貫して「モノづくり」をしている人だという印象は強いです。

最初のインタヴューで，菊竹清訓さんのお話をして戴きましたよね。その際に，「菊竹さんは，ロジカルに設計するというより，手が自然に動いてしまう感性の人」という評価をされていました。インタヴューを重ねる度に，「伊東さんこそ，菊竹さんの後継者」という印象が強くなりつつあります。

伊東 ぼく自身，「建築屋」と指摘されることには，ちょっと抵抗があります（笑）。どこに，抵抗があるかと言うと……。

基本的に，「建築は無い方がいい」と思っているからなのです。野っ原さえあれば，何でもできる筈じゃないかと。だからこそ，プログラムを組み上げ，「建築」として仕立て上げることには，あまり意味がないと考えているのかもしれません。

そんな意識は,「せんだいメディアテーク」(2001年)で典型的に顕れていると思います。「場所」さえ用意しておけば,何だってできてしまう。「何をやるか？」は,そこにやってきた人たちが決めればイイじゃないかと。「その方が,自由に伸び伸びと使えるから,絶対イイに違いない！」というのが,基本的なぼくの考えです。

GA　今,コーヒーを戴いている「KU」シリーズの中皿を,パリのアパートで使っています。ぼくの知らない内に買っ

アイランドシティ中央公園中核施設「ぐりんぐりん」(2005年)

ていたらしく,二川幸夫がとても気に入っているようです。
伊東　本当に？
GA　深さと大きさ,さらにカーブの曲率も含めて,とても使い勝手がイイ。一見,凄く使いづらそうだけど,実際にパスタなどを盛ってみると,絶妙なバランスが得られます。
伊東　そう言って頂けると嬉しいです。ただ,自分で料理をしないので,盛り加減なんて考えもせずに断面を決めたんですよ（笑）。

■フリーハンドとロジック

GA だからこそ,伊東さんのセンスが発揮されているんでしょうね。実は建築も,「KU」の断面のように,個人的なセンスだけで描けてしまうのではないですか?

伊東 結局,モノというのは直感で決まる所が多いから……。

GA 現実的には,アーティスト的な側面と同時に,事務所の親玉という側面もあります。特に,後者の立場においては,自分の思う方向にスタッフたちを誘導する「言葉」を生み出さなければなりません。その際に,「風洞実験」や「アルゴリズム」などのシミュレーションを加えることで,集団として動けるシステムに仕立て上げているようにも感じます。

　ゲーリーやザハのように,個人的なセンスに優れている人でも,事務所仕事となると「自分を何かに置き換える作業」をしているようです。それを肯定的に長い目で見れば,「琳派」と同じように「ゲーリー派」みたいなモノが,未来永劫続いていくことを示唆していると思えます。

伊東 少なくとも事務所では,後継者なんて関係ないと考えています。今後,スクールをつくって「若い建築家を育てたい」という意識だって,別に「伊東派」をつくりたいという訳ではないからね(笑)。

　事務所で「アルゴリズム」を使っているのは……。ともかく,幾何学をベースにして組み立てられた建築は,「軽い」からなんですよ。「福岡アイランドシティ中央公園中核施設　ぐりんぐりん」(2005年)や「台北POPミュージックセンター」(2010年)で「重い」と感じたのは,結局,幾何学が無いからだと思う。

　幾何学無しで設計している時には,自分の肉体がそのまま露出されている印象があります。生身の人間が,ドロドロしたモノをそのまま表現してしまうと,いつまでも洞窟に隠れているような,体内的な存在にしかならないと思う。

台湾大学社会科学部棟・図書館（2006年～）で適用されたアルゴリズム①

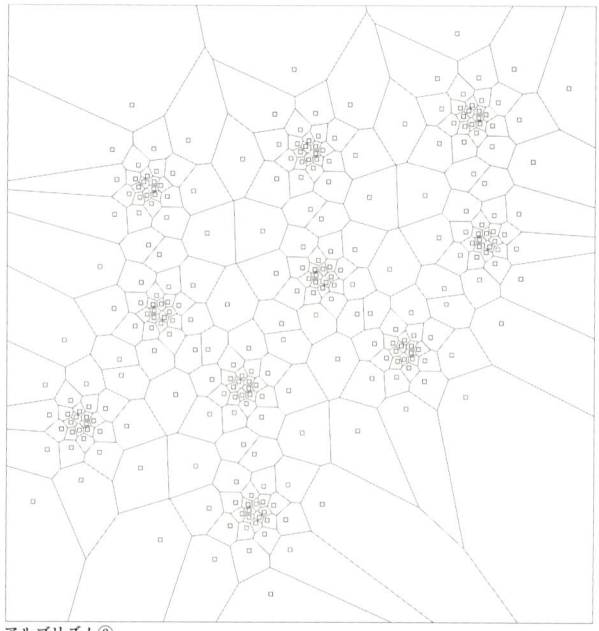

アルゴリズム②

■フリーハンドとロジック

　それを，社会の中で不特定多数の人たちにも共有して戴くためには，やっぱり幾何学が必要な気がします。抽象化とは，建築を共有物にしていくための一つの手段なのではないでしょうか。

GA　事務所だけでなく，社会に対してのアプローチだと。

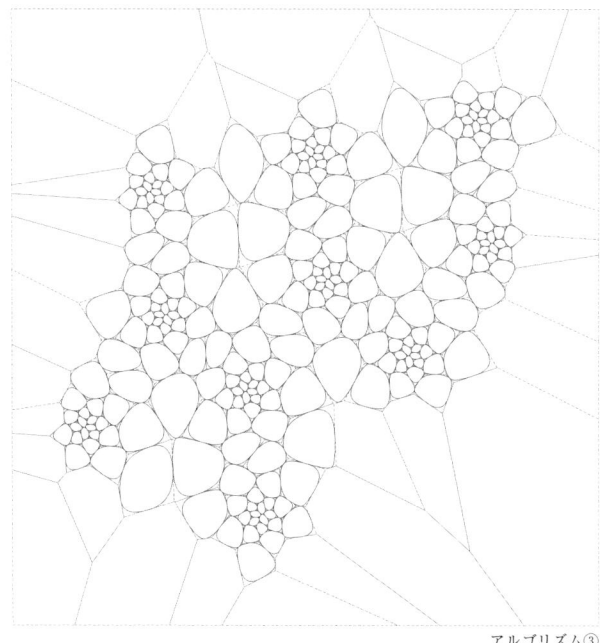

アルゴリズム③

伊東　そうですね。「White U」(1976年) の時に，最も感じたことなのですが……。とてもエロティックで魅力的な空間ではあるけれど，「ここから早く出たいよ！」という「重苦しさ」が，絶えず裏返しにありました。

GA　それは，作家性みたいなモノが孕んでいる「重苦しさ」でもある？

Kaeru

伊東　どうかな……。「せんだい」などは，割と上手いバランスで，帰結できた気がするけれど。
GA　やっぱり，食器や家具をデザインする時とは，違う感覚ですか？
伊東　「KU」シリーズに関しても，自分の中では優劣が結構，ハッキリあるんですよ。ちょっとした厚みの感覚や，重心の位置などを含めて，気になる所が多々あります。例えば，最も大きな皿は，幾何学がないことによる「ヌメッとした感じ」が，未だに気になってしょうがない（笑）。
GA　でも，その感覚こそ，ヨーロッパ文化的ですよね（笑）。
伊東　どうでしょうか。「KU」シリーズのカップでは，取っ手を付けるのがイヤだったのかな（笑）。
GA　取っ手がなければ，茶碗にもなる。
伊東　もう一つの「Kaeru」シリーズでは，取っ手を付けないための工夫をしています。「小さな蛙を付けて手掛かりにすれば，十分使える」と割り切ってしまう。日本の湯飲みを考えたら，熱くたって，みんな持っていますからね（笑）。

　実際，自分の家では，「KU」のカップは使っていません。コーヒーを飲む時でも，日本の湯飲み茶碗を愛用しています。コーヒーカップで言えば，エットーレ・ソットサスや

■フリーハンドとロジック

アキッレ・カスティリオーニのデザインが，個人的には最もシックリくる。

GA 彼らこそ，イタリア人特有の「天性のセンス」を感じます。まだ，ソットサスが生きていた頃，メンフィスの家具を集めた展覧会を観たのですが，1970年代のデザインでも，まったく古さを感じませんでした。

今の若い人たちには，彼らのデザインを理解できるような感性が欠如していると思う。おしなべて「ポストモダン」のカテゴリーに括り，頭の中から片づけてしまいますから。

伊東 イタリア・アヴァンギャルドの人たちは，どんなことをやっても，そこに「ハッ！」と思わせる何かを仕込んでいますよね。

Kaeru

KU

　ソットサスに会う度に,「冗談ばかりを言っている色好みの爺さんだな」と思っていたけれど……。そんな彼が,コーヒーカップ一つをデザインしただけで,「何だコレは?」と当惑させられてしまいました(笑)。
GA　「台中」のカテノイドの厚みは,400mmを基準に多少のグラデーションが掛かっていると聞きました。その按配は,「KU」のような食器と同じ感覚で行っているのですか?
伊東　似てる所もあるかな……。だけど,「台中」のように複雑な構造の建築になると,それほど直感的に決められないのも事実です。

■フリーハンドとロジック

　ぼくたちよりも，むしろ構造家・佐々木睦朗さんの方が鋭いと思います。彼の構造が綺麗なのは，かなり直感的に初期の段階で「30cm厚じゃなければいけない」と，決めてしまうからだと思う。「それを実現するために，他の部分で何をしたら良いか？」というモノの決め方をする。その結果，どこかで日本の数寄屋に繋がっていくような，清楚な感じを天才的に醸し出せるのでしょう。

GA　そんな攻め方から，「現代建築における日本的感覚」が生まれてくるかもしれません。

伊東　確かに，佐々木さんのような「清楚な感じ」は，大事にしていかなければいけませんね。佐々木さんに構造を見てもらうことで，ぼくも随分，助けられていると思います。

GA　妹島和世さんに話を聞いていると，誰が最終決定したのか解らなくなるほど，「佐々木さんに怒られた」という発言を連発しています（笑）。

伊東　ウチのスタッフも，良く怒鳴られていますよ（笑）。今の若い人たちは，構造的な感覚も，かなり弱くなっているようです。「常識的に解るだろう！」という事案に対して，判断力がない。

GA　それは，大学教育の問題ですか？

伊東　動物的な感覚が，携帯電話やゲーム機を弄る指先だけに研ぎ済まされているんじゃないかな……。もう少し，全体性を感受できる動物性を養わなければいけませんね。

GA　「指先の器用さ＝日本的」という勘違いすら生んでいる。「内外を含めた全体性の感受」こそ，日本的なモノなのに……。

伊東　極端に進化している部分と退化している部分が，露骨に乖離し始めているのは，日本の建築界にとっても大きな問題ですね。

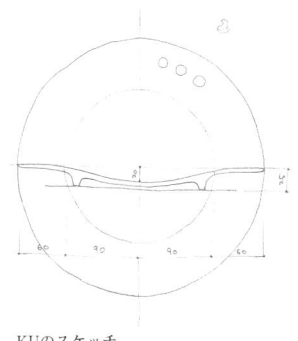

KUのスケッチ

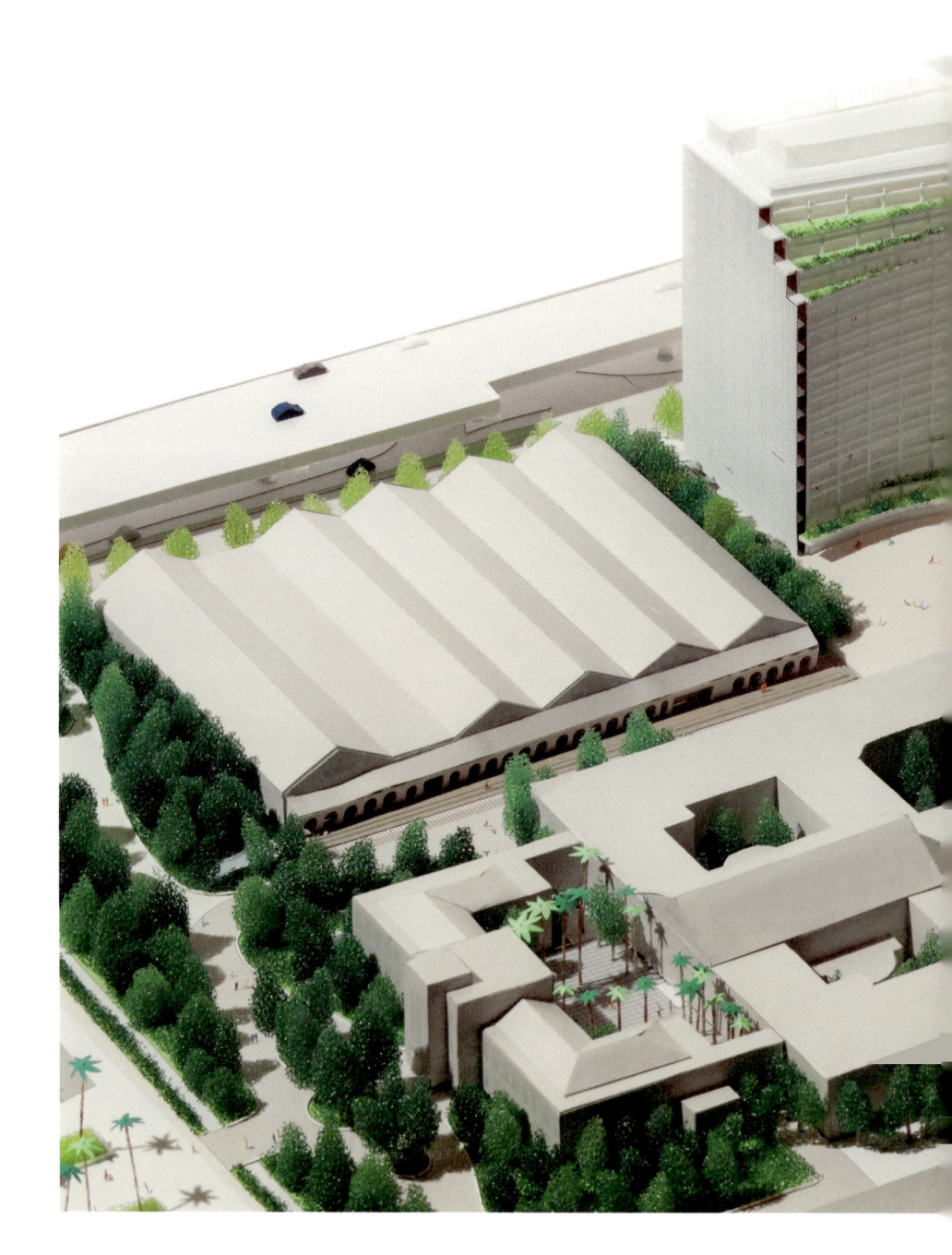

松山煙草工場跡地文化園区BOT計画　2008-

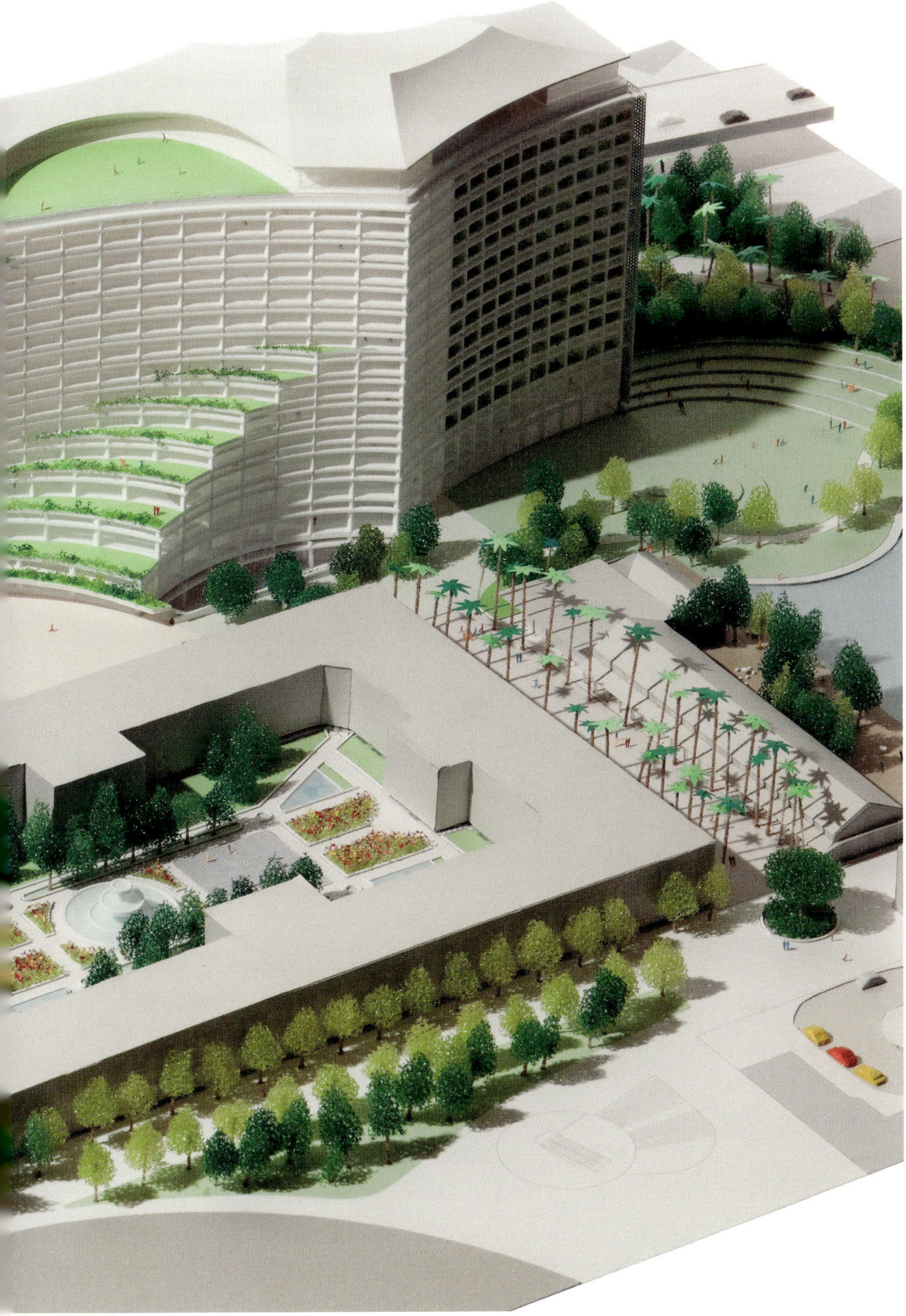

■「松山煙草工場跡地文化園区BOT計画」のこと

伊東 台北の中心部に1930年代，日本が煙草工場を建設しました。約10年前に工場機能が移転したことをキッカケに，台北市主導で文化的施設へ転用する計画が進んでいます。現在，既存建物のリノベーションがほぼ終了し，早ければ今年中には，ギャラリーや若手アーティストのアトリエとして使用され始める予定です。

中国本土にも，古い工場をリノベーションして，アーティスト・レジデンスにした北京大山子芸術区「798」がありますよね。それに近い施設に「松山煙草工場跡地文化園区」もなると聞いています。

GA 既存の工場は，転用するほどの歴史的価値がある建物なのですか？

伊東 オランダの大手コーヒーメーカー「Douwe Egberts」などと，近い考え方の工場だと言えばいいでしょうか。

GA コーヒーだけでなく，紅茶や煙草なども扱っている，世界的なメーカーですね。

伊東 企業自体が一種のユートピアを目指していたから，工場内にも厚生施設などが充実していた。「松山」の工場も，浴場や庭園などを設えることで，それに近い状態を日本人建築家が設計していたようです。

我々に宛われた敷地北東側は，保存に値しないような倉庫が建っていました。そのエリアを民間ディベロッパーが借り受け，商業とオフィスの複合施設に建て替えることになったわけです。ただし，「工場敷地内全体の文化的な性格は壊さない」というデザイン・コード付きで，設計を依頼されました。

GA 台北市ではなく，民間の仕事なのですね。

伊東 台湾最大の銀行をバックにした「富邦グループ」に

■「松山煙草工場跡地文化園区BOT計画」のこと

所属する，民間ディベロッパーの仕事です。
　実は，新しい建物の設計をすると同時に，「旧工場敷地内で行われているランドスケープ・デザインに対しても，アドバイザー的立場でコメントして欲しい」と，台北市から依頼されています。
GA　既に，テナントが決まっているのですか？
伊東　上層部には，「富邦グループ」のオフィスが入ります。
　そして，下層の商業エリア3階には，「誠品書店」という，文化的な書籍を扱う台湾屈指のチェーン書店が入る予定です。一部，ホテルも計画されているのですが，「誠品書店」が経営するそうです。
GA　精力的な本屋さんですね。
伊東　ボスにお会いしてみると，かなりセンスが良い人でしたよ（笑）。
GA　「松山」で考えていたことは？
伊東　すぐ側に，「台北ドーム」や大型商業施設，ホテルなどが計画されています。将来的に，相当大きなヴォリュームが周囲に建ち並ぶので，それらに対抗できる，もしくは受け止められるヴォリュームが必要だと思いました。そこで，ホテル棟とオフィス棟を分けずに，一体的なヴォリュームにする。
　一方，敷地内に立ち入ってみると，南東端にある古い蓮池や低層（＝2階建て）の旧煙草工場と南面することになるので，ヒューマン・スケールも持ち込みたい。その結果，スケールの異なる五つの円弧の組み合わせによって，南北面を構成することにしたわけです。
　年内の着工に向けて実施設計を急ピッチで進めている段階です。
GA　ランドスケープに関しては？
伊東　敷地内にかなり残っている既存樹木を保存しつつ，それらのグリーンが「松山」のテラスを介して，屋上まで

△▽北立面　S=1:2000（見る向きによって，アースカラーのグラデーションも変わる）

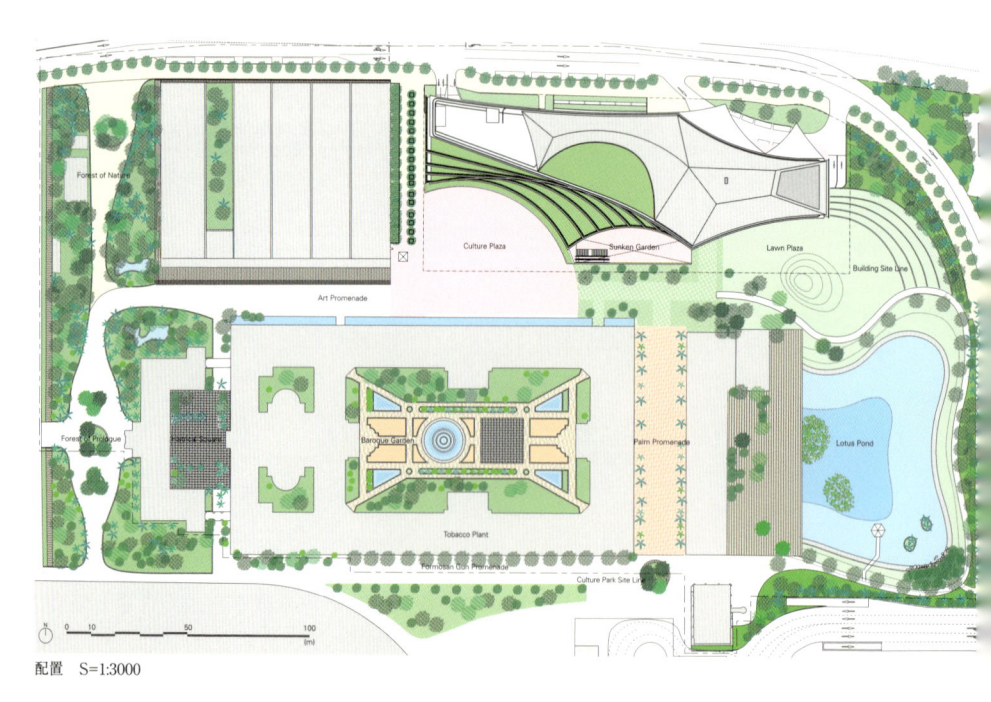

配置　S=1:3000

14階平面

7階平面

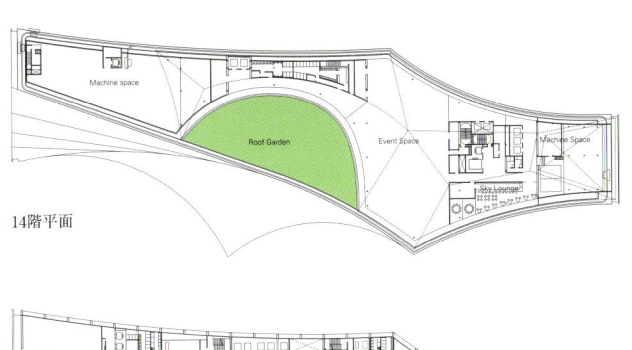

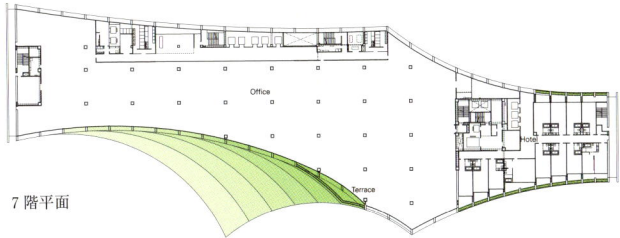

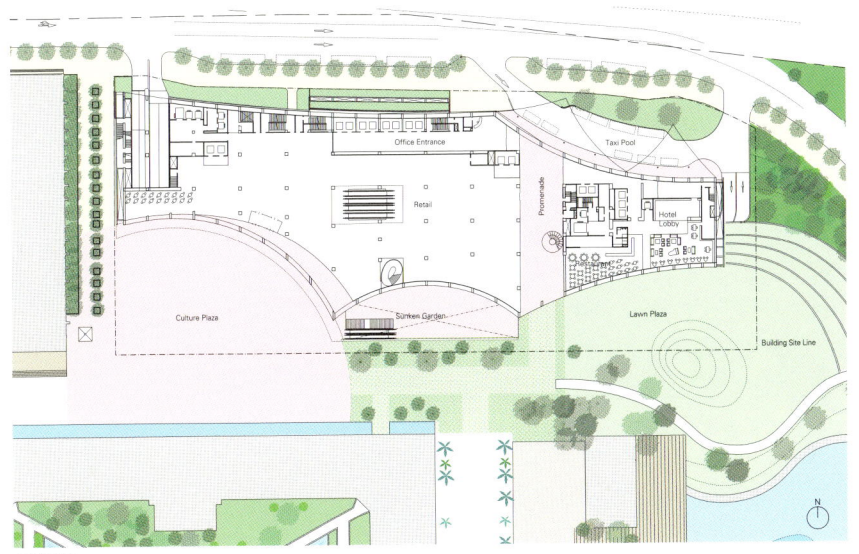

1階平面

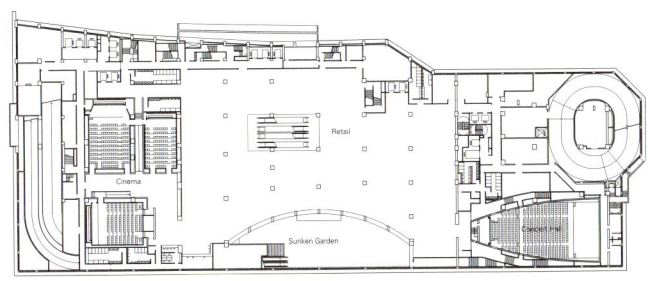

地下1階平面　S=1:2000

243

広がっていくようなイメージを抱いています。そのような操作を含めて，「穏やかなプロジェクト」と言えるかもしれません。

GA　「穏やかな」という表現は，伊東さんらしいですね（笑）。躯体はコンクリートですか？

伊東　そうです。14層程度の高層建築を台湾でつくる場合，鉄骨よりもコンクリートの方がコストメリットがあるようです。

　何れにしろ，「台中メトロポリタン　オペラハウス」（2005年〜）のように，「何かを決定的に変えよう！」という意識は殆どありませんでした。ある種の効率や南面日射に対する性能，既存建物との調和などを満たしながら，現状の案に落ち着いています（笑）。

GA　東西の妻面に関しては？

伊東　実施案では，メキシコ・シティの「カミノ・レアル・ホテル」（1965年）でリカルド・レゴレッタが用いたような，格子の奥にアースカラーが塗られている表現になっています。西側はオレンジ掛かった茶系のアースカラーで，東側はグリーン系のアースカラー。

　北側の接道を東から西へ車を走らせるとグリーンからブルーに，逆走すると茶色からオレンジに変化していくような着色が，北側ファサードを構成する柱側面に施される予定です。

GA　サーキュレーションも，とても「穏やか」に処理されています。

伊東　そうですね。北側接道や工場敷地内からのアクセスも，比較的素直に解いています。路面に接する1〜3階はショップ・テナントを募り，地下に小さなホールとシアター・コンプレックスが計画されています。

GA　ホールのインテリアもデザインされるのですか？

伊東　建物内に収まっている普通のシアターですが，一応，

■「松山煙草工場跡地文化園区BOT計画」のこと

ぼくたちがデザイン・コントロールする予定です。恐らく，ホテルのインテリアまでは，手を出せないのではないでしょうか。

GA　「台湾大学社会科学部棟」(2006年〜) の初期案が，「松山」に残像しているようにも感じます。

伊東　言われてみれば，そうかもしれませんね。

GA　それほど，自覚的ではなかった？

伊東　「台湾大学」の初期案も，「中庭に相対する大きなヴォリュームを，複数の円弧で分節することで方向性を変える」ということを考えていました。それを，意識的に再現するつもりは無かったですが，「松山」でも残像していたことは否めません。

　特に初期段階では，どんなプロジェクトでも必ず，以前の仕事を参照するのです。「オスロ市ダイクマン中央図書館」(2009年) のコンペティション案でも，最初は「〈せんだい〉のチューブを使ってみよう！」なんて考えていましたから……。その後，スタディを進めていく内に少しずつ変化していき，最終的にはまったく別物になっていった。そんな過程を経ないと，常に同じモノばかりを生み出しかねません。

GA　たまたま，「松山」は現状に留まった？

伊東　「ある瞬間，クライアントが気に入ってしまった」というのが，大きな要因じゃないかな（爆笑）。

　「台湾大」のように，キャンパス計画委員会の先生たちが「ウーン」なんて唸り始めてしまうと，「もう少し，考えなきゃイケナイ」と思えてしまうでしょ（笑）。

GA　「台湾大」の場合，「やっぱり初期案が良かった」という先生方もいたと仰っていました。同じ台北市内なので，「松山」を見たら嫉妬するかもしれないですよ（笑）。

伊東　「モノが決まる」ということは，後から振り返ってみると「アレは，偶然だったな！」ということも多いです。

台湾大学社会科学部棟
第1回プレゼンテーション案

格子状柱梁SRC構造

■「松山煙草工場跡地文化園区BOT計画」のこと

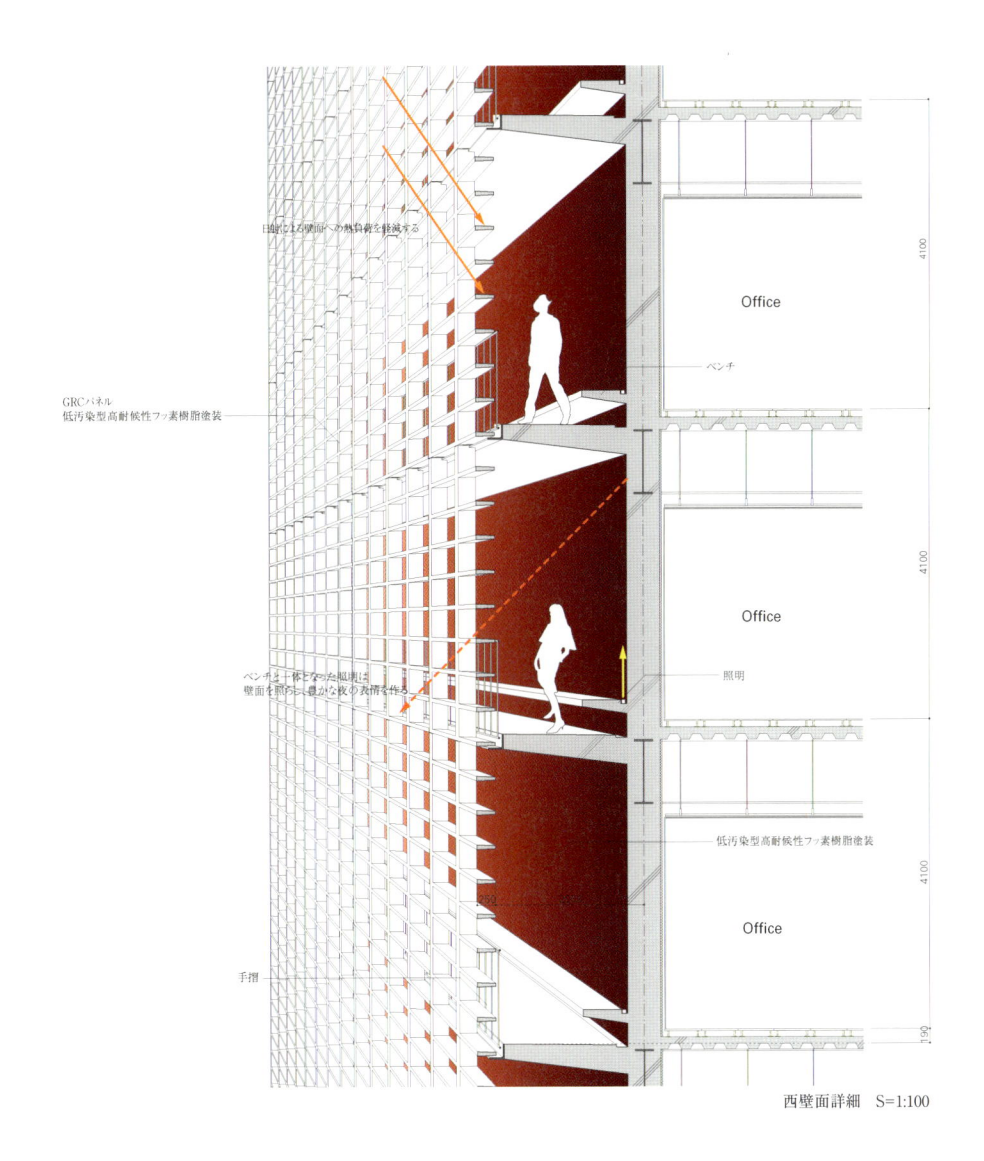

GRCパネル
低汚染型高耐候性フッ素樹脂塗装

日射による壁面への熱負荷を軽減する

ベンチ

Office

Office

照明

ベンチと一体となった照明は
壁面を照らし豊かな夜の表情を作る

低汚染型高耐候性フッ素樹脂塗装

Office

手摺

西壁面詳細　S=1:100

でも，それが竣工してしまうと，「必然的だった！」と思え てくるから，建築は面白いですね（笑）。

　実は，同じクライアントから，台中で計画されている結 構リッチなハウジングの設計を頼まれていて……。「台湾で， 最高級なマンションをつくってくれ！」と要求されている のですが，なかなか難しい（笑）。

GA　例の「格差問題」ですね。

伊東　そうそう。だけど，「富邦グループ」は，割と理解の ある人たちが多いので，助かっています。彼らも，「リッチ とは，シャンデリアなどを駆使して装飾的に表現する必要 はない」と言ってくれています。ぼくたちが建築的に考え た上で，「リッチだ」と判断したモノをつくりたいのだと。

　それが，どこまで台湾の需要と合うのかは未知数ですが ……。

GA　今までにも，同じ様な話があったのではないですか？

伊東　「台中」の周辺は再開発が進行しているので，この 5年間で沢山の新築マンションが建設されました。ご想像 のように，「ファサードだけデザインしてくれ！」という依 頼が，山のように来ていたのですが，すべてお断りしてき たのです。

　彼らは，ポピュラーな建築家にデザインしてもらえれば， 「確実に売れる」という意識が強すぎるんですよね（笑）。

GA　ファサード・デザインだけに力を入れて，肝心の住戸 を安く仕上げれば，より儲けも多くなる。

伊東　今回のクライアントは，比較的良い信頼関係を築け たので，初めてお引き受けすることにしたのです。

GA　伊東さんご自身は，どこで線引きされているのです か？

伊東　以前，「セカンドライン」という話も出ていましたが ……（笑）。当然，コマーシャルな建築には，ある程度の割 り切りがあります。

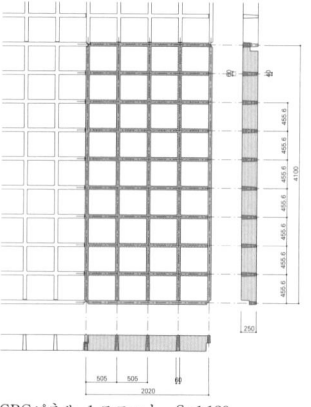

GRCパネル 1ユニット　S=1:120

■「松山煙草工場跡地文化園区BOT計画」のこと

　「松山」のようにストレートな解答を提示すると，逆にクライアントの方から「こんな大人しい表現なの？」という反応が返ってくる場合が多い（笑）。
GA　「もっとやってよ！」という感じ？
伊東　そうなんです。でも，曲げたり捻ったりするには，それなりの理由がないとマズいでしょ（爆笑）。
GA　必要以上に奇を衒ったことをしない。ある意味で「松山」は，清澄なモダニズムの末裔だと思えるくらいです（笑）。
伊東　そこまで言われてしまうかな……（爆笑）。
GA　でも，それをサラっとやってしまうのも，伊東さんのキャラだと思います。恐らく「松山」は，シッカリしたプロポーションや見付を伴った建築として，建ち上がってくるのでしょうが……。
　プレゼンテーション・ボードだけを拝見すると，それがなかなか見えてきません。
伊東　仰る通りです。
GA　本当は，その辺りのスタディの積み重ねを，読者の方々にも解って欲しい。「伊東さんでも，普通の建築をつくっているんだ！」という印象だけが残ってしまうのは，本意ではありません。
伊東　ジョン・ジャーディなどアメリカの建築家であれば，もう少し，表層でエンターテイメントするのでしょうが……。「そういうことだけは避けたい！」と，堅く思っていました（笑）。
　かと言って，フロアを積み上げていくだけだと，モダニズムの世界に入り込んでしまう。その辺のクオリティ・コントロールは，どうすれば一番上手く解ってもらえるのかな……。プロジェクト段階だと，なかなか難しいですね。
GA　ぼくの母は建築学科出身なので，昔，彼女が使ったであろう教科書が自宅に残されていました。その中には，英

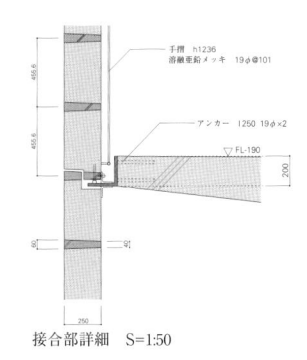

接合部詳細　S=1:50

1200

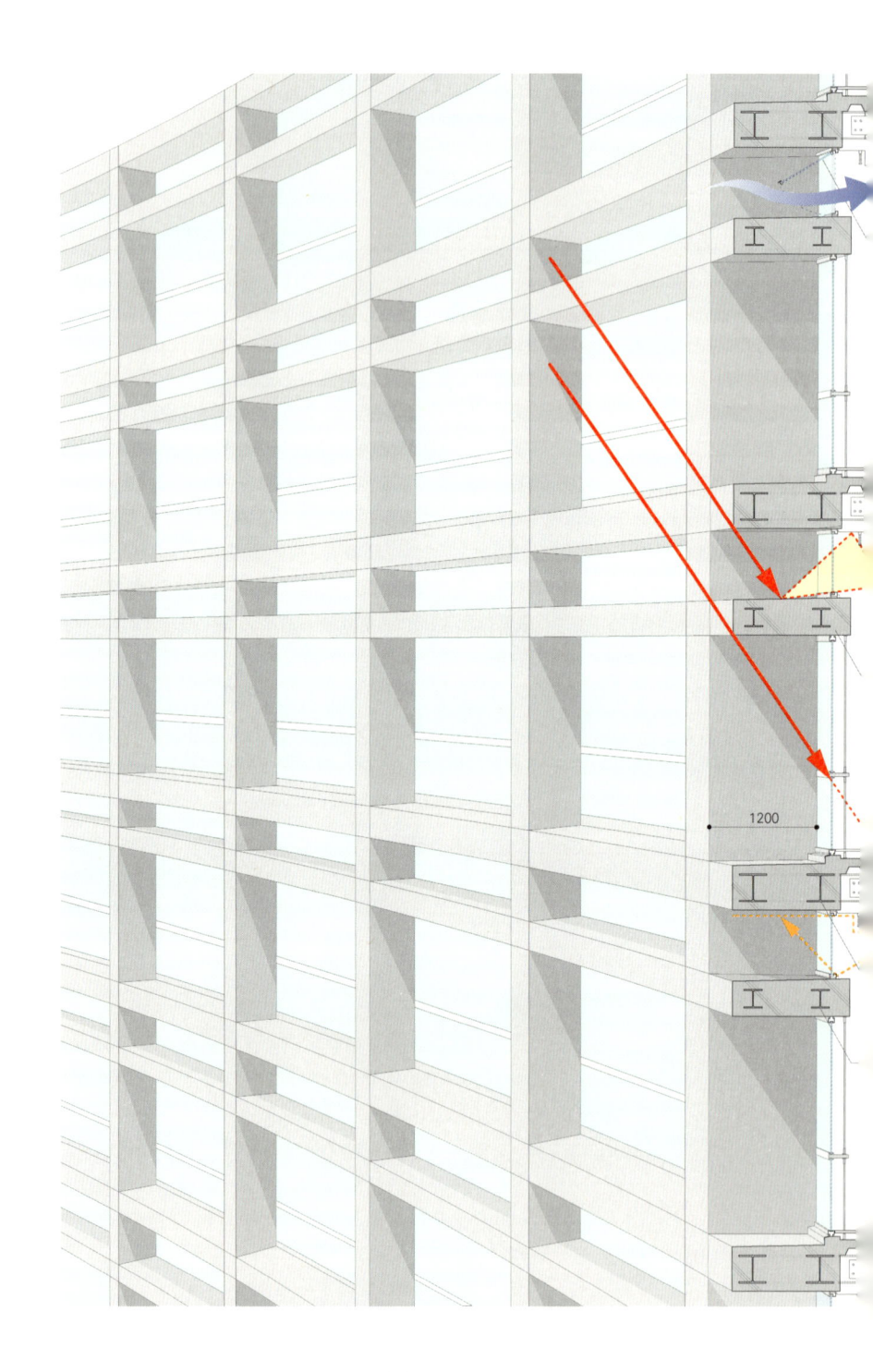

250

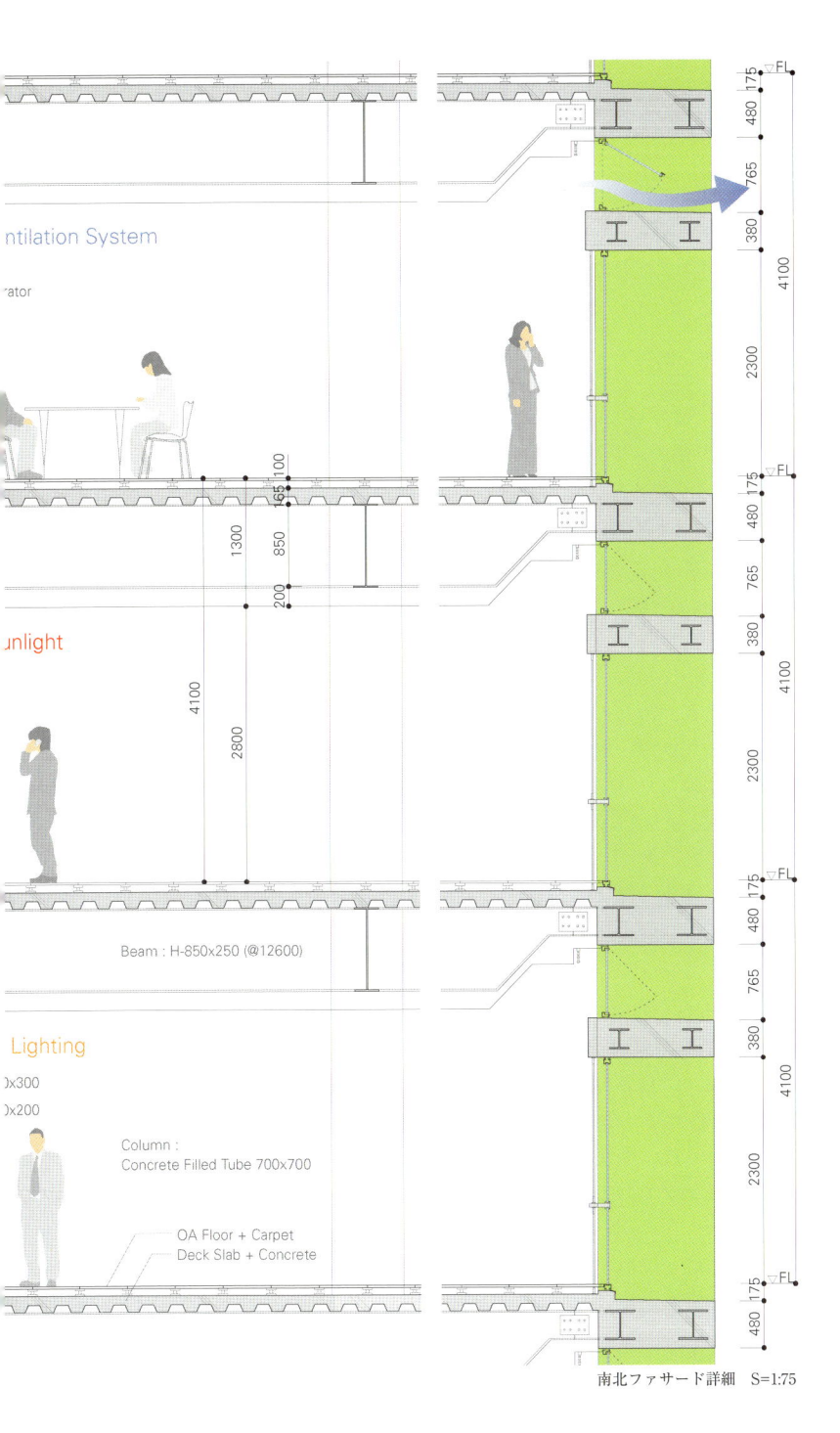

ntilation System

rator

unlight

Beam : H-850x250 (@12600)

Lighting

)x300
)x200

Column :
Concrete Filled Tube 700x700

OA Floor + Carpet
Deck Slab + Concrete

南北ファサード詳細　S=1:75

字練習帳の「ペンマンシップ」みたいに，ギリシャのオーダーをなぞる教科書も含まれていて，「なるほどナ」と思ったのです。

伊東 と言うのは？

GA 当時の設計教育には，「字は書いて覚えるモノ」という感覚と同じように，「デザインやそのプロポーションもなぞってこそ覚える」という意識が垣間見えたということです。

一方，現在の大学では，古典のオーダーやコルビュジエやミースのプロポーションを「なぞる」ような教育は，ほとんど為されていないと思います。「松山」のような「ストレートな」建築の良さはプロポーションに収束するでしょうから。

伊東 ぼくたちの世代も，図面のトレースをやらされた程度なので……。結局，プロポーションの良し悪しに関しては，様々な建築を実体験したり，菊竹事務所で図面を描くことによって，身体的に覚えていったのかもしれません。

コルビュジエの建築は，どんなに変なことをやっていても，「居心地がイイな」と思えます。恐らく，コルビュジエの身体に染み込んでいる「プロポーション感覚」が，為せる技なんでしょうね。

GA コルビュジエは，自らのプロポーション感覚を幾何学的に解いて見せることで，「だから，気持ちがイイんだよ」とコジ付けていました。伊東さんが，アルゴリズムを使い出したのも，同じ様な感覚だったのではないですか？

伊東 今後は，そういう風に発言した方がいいかもしれない。ぼくには，コルビュジエのようなハッタリが無いからナ……（爆笑）。

ぼくも，自慢できるほど図面を描いてきた訳ではありません。だけど，菊竹事務所では「トレーシング・ペーパーを取り替えてはいけない」と言われていたので，変更指示がある度に，消しゴムで消しながら描き直していくことを，

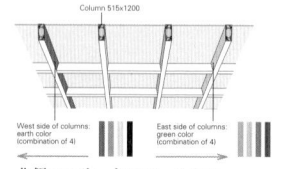

北側ファサードのアースカラー

■「松山煙草工場跡地文化園区BOT計画」のこと

ひたすら繰り返していました。必然的に，最初に赤で描かれた通り芯の重要度は，今以上に高かったわけです。
　一方，ウチの若い所員を見ていると，通り芯の意識すら薄いので，自分が描いている図面の基準がなく，すべてがユラユラしている。かと言って，「〈台中〉の図面は，何を基準に描けばイイのか？」と問われても，答えに窮してしまうけれど……。一応，断面方向は4層だということはハッキリしているわけだから，それ位の認識は共有したいよね（笑）。

GA　CADで図面を描くことの，弊害もあるかもしれません。
伊東　確かに。恣意的に描いた線でも，嫌らしく感じられないコルビュジエは，本当の天才だったんだろうし，不思議な存在でもあります。だって，「ロンシャンの礼拝堂」(1955年)のような建築を普通の人がつくったら，ゾッとする空間しかできないでしょ（笑）。

GA　コルビュジエの場合，「建築だと凄味を発揮するすれど，絵画は大したことない」という評価が大半です。同じカーブを描いているのに，評価が分かれるのも不思議です。
伊東　仰るように，彼の絵画や彫刻は，建築のような迫力を感じません。

GA　どうしても，フェルナン・レジエの二番煎じ感は否めない。あれだけ多くの絵画を残しているので，本人は切実に画家にもなりたかったのでしょうけれど……。
　恐らく，建築においては，先天的に「スケールと造形」の問題をクリアしていたのに，絵画や彫刻では克服し切れなかったのでしょう。だから，コルビュジエは食器をつくらなかったのかな……（笑）。

伊東　それは関係ないんじゃない（笑）。その証拠に，家具はつくっているでしょ？
GA　シャルロット・ペリアンがつくっていたと考えると，辻褄が合うかもしれませんよ（爆笑）。

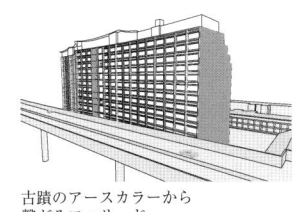

古蹟のアースカラーから
繋がるファサード

■「建築はどこにあるの？」展のこと

GA 今，東京国立近代美術館で開催されている「建築はどこにあるの？ 7つのインスタレーション」展に，伊東さんも「うちのうちのうち」を出展されています。この独特なタイトルについて，どのように解釈されていましたか？
伊東 「これからの建築は，どこにあるの？」という問いだと，理解していました（笑）。
GA 他の参加者，特に若手建築家たちは，まんまとキュレーターの術中に填って，「今の建築家は，こんな状態なんだ」ということが，ナマな状態で露呈してしまった感じもありました。

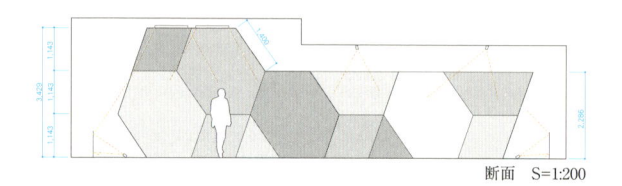

断面　S=1:200

伊東 そうかもしれませんね……。
GA 「建築の展覧会は，建築家のため」というのが，今までの常だったと思います。今回の展覧会は，一般向けの企画でもあると想像しますが，その効用はありそうですか？
伊東 そういう意味で，今回の展覧会には一種のフラストレーションを感じているのです。例えば，「SUMIKA PROJECT」(2008年)であれば，各々まったく違う個性だけれども，4人の建築家が互いに議論しながら，「プリミティブな住宅」をつくり上げていくことができました。

ところが，今回の展覧会は，オープニングの日に，初めてお互いの状況を知るような状態だったのです。共有するテーマを提示する必要はありませんが，「共有し得ないテー

■「建築はどこにあるの？」展のこと

うちのうちのうち　2010

マ」は，もう少しお互いにコミュニケーションを取って，浮かび上がらせる必要があったかもしれません。

GA　今年は，「印象派」の展覧会が国内外で多く催されるようです。19世紀後半から20世紀初頭に掛けての画家たちは，この「印象派」に代表されるように，一つの注目すべ

き主題を見付けたら，点描などの手法を共有し，集団で展開していく活動もしていました。

伊東 同じ様なことは，現代の建築家たちでも可能だと思うな。

GA 建築界においても，大多数の人たちが同じベクトルを共有し，類似したモノをつくり続けていた，モダニズム創世期のような状況もありました。でも，現代社会においては，「そんなこと，もうあり得ない」と考える方が大勢ではないのですか？

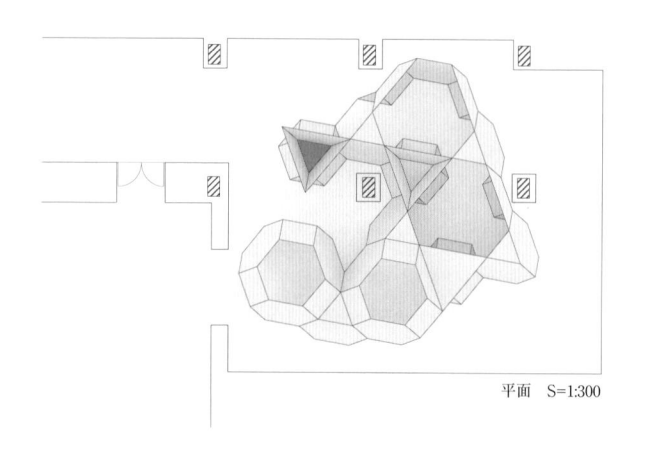

平面　S=1:300

伊東 今後の建築界には，共通主題なんて見えてこないのでしょうか？

GA もちろん，エネルギー問題の解決など，社会的トリートメントは必要とされるでしょう。しかし，建築の方法論としては，「一派をつくることで，主題を越えていく」という思考は，芽生えづらいと思います。

伊東 昨年，平田晃久さんや藤本壮介さん，佐藤淳さんと，「フラクタル」をテーマに，都立青山病院跡地の再生計画を考えたことがありました（『20XXの建築原理へ（建築のちから）』，

■「建築はどこにあるの？」展のこと

INAX出版，2009年)。彼らのように近しい関係さえあれば，結構，面白いことができることも事実です。

　彼らほど近くなくても，10人の建築家が一つの都市的なプロジェクトを1年間ほど議論し続ければ，逆に共通テーマが浮上してくることだってあるかもしれませんよ。

GA　そろそろ，伊東さんのインスタレーションのコンセプトについて伺いましょうか（笑）。

伊東　今回，ぼくたちがやろうとしたことは，大三島でつくろうとしている，「今治市 伊東豊雄建築ミュージアム（仮称）」(2006年～)の多面体を「実感したい」という意志が，素朴に反映されています。

　特に，二種類の角度を伴う「奥へ倒れる斜めの壁」や「手前に向かっている壁」。ある程度，頭の中で想像し得ても，実体験としてチェックしてみたかったのです。もちろん，原寸で体験できれば，最も有効なのですが……。展示室内のインスタレーションだったので，そこに収まる，ほぼ1/2のスケールで試してみることにしました。

GA　多面体の中では，何をプレゼンテーションしようと考えたのですか？

伊東　ここ2～3年で展開してきたプロジェクト，もしくは現在進行中のプロジェクトです。それらは，基本的に「ある空間をつくるシステムが，どこまでも拡張できる」ものであり，それをカットした状態で収束させています。

　仮に，各システムを拡張し続けていくと，自然の空間に近づいていくかもしれない。「自然からヒントを得る」ことを強調していた，セシル・バルモンドの展覧会「エレメント」とは，まったく逆ベクトルの思考を提示したとも言えます。

　そこで，「多摩美術大学図書館（八王子キャンパス）」(2007年)や「台中メトロポリタン オペラハウス」(2005年～)などで展開している幾何学を，任意に拡張していった展示を手作り

でつくってみました。
GA インスタレーションを体験してみた実感は？
伊東 「多面体の空間自体は，まあ，大丈夫そうだな！」という感じかな（爆笑）。
GA 多面体について，何が心配だったのですか？

「多摩美術大学図書館（八王子キャンパス）」のルールを拡張。
複数のベジェ曲線が交差する歪んだグリッド

伊東 「垂直じゃない面」を展示壁として利用しなければならないので，その実用性が最も気になっていました。
GA 個人的には，壁や天井という分節より，「カプセルのような容器」という感覚の方が強かったです。この感覚は，スケールによっても大きく異なるかもしれません。
　例えば，伊東さんも関わられた大阪万博の「エキスポタワー」(1970年，設計：菊竹清訓) くらいのスケールであれば，まだ，カプセル性が強い状態で留まるでしょう。ところが，あるスケールまで拡張されてくると，壁や天井に見えてくる可能性もある。
伊東 「オスロ市ダイクマン中央図書館」(2009年) の時から，「閉じられたコスモス」みたいな状態を意識していました。

■「建築はどこにあるの？」展のこと

ただし，「エキスポタワー」のように，まったく同じ単位を繰り返すのではなく，3種類の多面体を組み合わせていることに，大きな違いがあります。

　各々の多面体が各々のコスモスを表現し，それらを次々と渡り歩く。動線に載った今回のインスタレーションと比べると，「伊東ミュージアム」では，もう少し「閉じられたコスモス」の連続体になると考えています。

GA　各プロジェクトのシステムは，まったく違う幾何学ルールで展開されています。しかし，拡張性や連続性という共通項によって，「伊東ミュージアム」の多面体に，良い意味で上手く回収されているように感じました。

　今までの伊東建築では，一つのプロジェクトに対して一

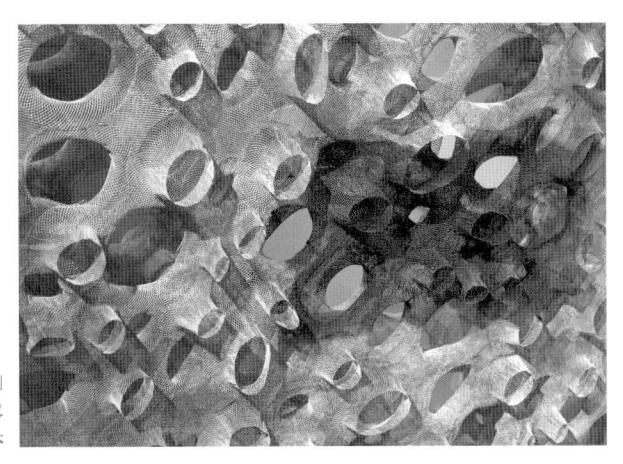

「台中メトロポリタン オペラハウス」のルールを拡張。
エマージング・グリッドをスムージングした独特な3次曲面の連続体

つの明確なシステムを提示し，それを援用する方法が取られてきました。それらが少しずつストックされてきた現状において，複数のシステムを1プロジェクトで援用する可能性もありそうです。

伊東　先週，「ゲント市図書館及びニューメディアセンター

(Ghent Waalse Krook)」(2010年)のコンペティションで,最終プレゼンを終えたばかりなのです。そのスタディ過程で,同じ様なことを感じていて……。
GA 具体的には？
伊東 「せんだいメディアテーク」(2001年)では,複数のチ

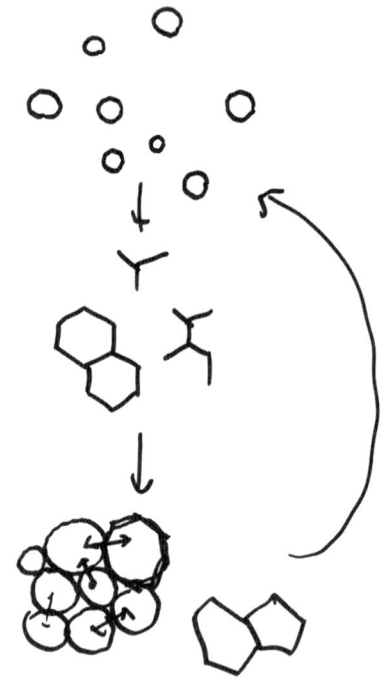

インタヴュー中に描かれたスケッチ。
「Ghent Waalse Krook」から,「せんだい」へ再びループする

ューブが碁石のように置かれていたので,その間に「余白」がありました。ぼくの建築は,基本的に同様の思考で,初期からつくり続けてきたつもりです。

ところが,「オスロ」の時に突然,密実充填される多面体ユニットを提案したわけです。3種類の多面体を併用して

■「建築はどこにあるの？」展のこと

いるとはいえ，非常に堅い，リジッドなユニットの集合体でした。ある意味で，西洋的とも言えるし……。
GA　他のシステムが入る余地もない？
伊東　仰る通りですね。そして，最新の「Ghent Waalse Krook」に至ると，直径のサイズには拘束を掛けない円の連続体を考えていました。そのシステムを，積層建築としてつくり易くする際に，平面的に五角形〜八角形へ置換していく。一つの円の大きさを変えると，周囲の円の大きさもその動きに追随し，緩く変化していく柔軟なシステムです。

　何れにしろ，「オスロ」のような堅さは弱まり，もう少しルーズな状態になってきました。「せんだい」から「Ghent Waalse Krook」への過程は，まったく別々のシステムを，断片的に開発していたと感じていたのですが……。こうやって，冷静に振り返ってみると，各々のシステムは，もう一度「せんだい」へ結びつけられる，ある種の連続性があるかもしれないと思えてきました。

　「オスロ」をやった時には，多くの建築家から「コレは，伊東さんじゃないよ！」みたいなことを言われてしまったのです。でも，同じ様なユニットの連続体を操作しながら，もう一度，緩めることができつつある気がしていて，とても面白いと感じている所です（笑）。
GA　当然，「台中」のような緩さとも違う？
伊東　緩さだけがあるシステムだと，本当に施工するのが大変なのです。まったくルールが無いに等しい状態でもあるので，実施設計に至って「コレは，ヤバいぜ！」と大分，反省させられました（笑）。

　その点，「Ghent Waalse Krook」のようなシステムであれば，かなりつくり易い状態になっていると思います。
GA　「せんだい」におけるプレートや，「台中」におけるプラグなど，今までにもシステムのハイブリッド化が図ら

れている例もありました。でも、どちらかと言えば、緩い
システムの揺らぎを拘束する方向で、ハイブリット化され
たようです。
伊東 「ニュー・ゲント」モデルは、それと正反対のハイ
ブリッド化とも言えますね。

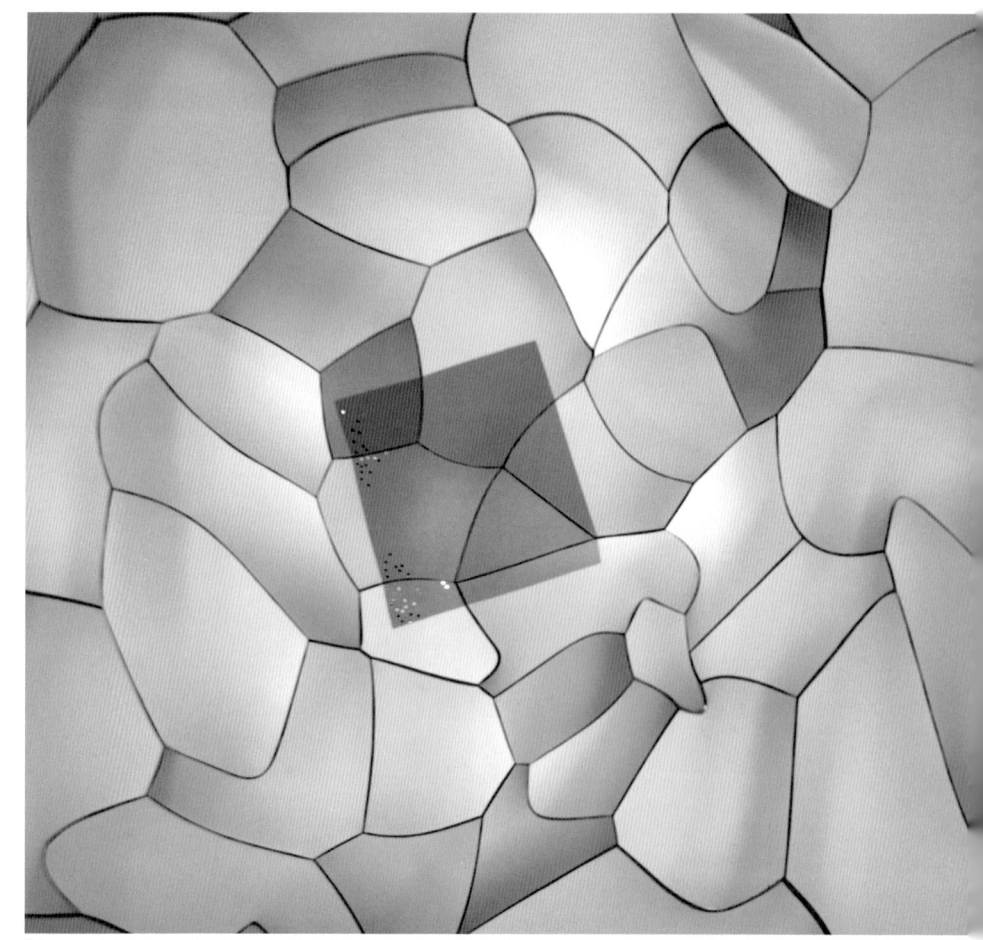

「座・高円寺」のルールを拡張。円錐や円柱の可展面が、密実に接する

■「建築はどこにあるの?」展のこと

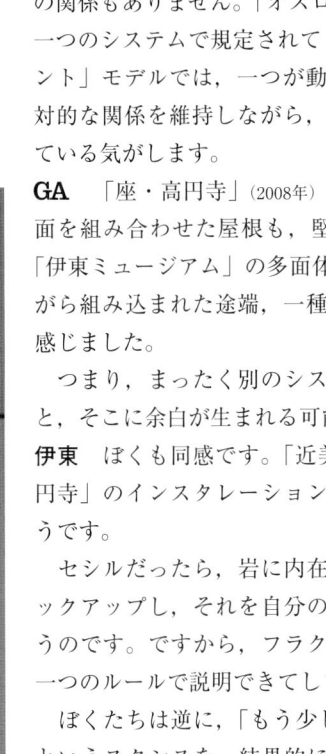

　「せんだい」モデルでは，各チューブはシステム的に何の関係もありません。「オスロ」モデルに至ると，すべてが一つのシステムで規定されてしまう。そして，「ニュー・ゲント」モデルでは，一つが動くと周りが追随して動く，相対的な関係を維持しながら，やや緩いシステムに戻ってきている気がします。

GA　「座・高円寺」(2008年)における，円錐や円柱の可展面を組み合わせた屋根も，堅いシステムですよね。でも，「伊東ミュージアム」の多面体システムに拡張性を発揮しながら組み込まれた途端，一種の余白が生じているようにも感じました。

　つまり，まったく別のシステムがハイブリッドしてくると，そこに余白が生まれる可能性があるのかもしれません。

伊東　ぼくも同感です。「近美」のオープニングでも，「高円寺」のインスタレーションに関心を持つ人が多かったようです。

　セシルだったら，岩に内在している幾何学的ルールをピックアップし，それを自分のシステムへ還元していくと思うのです。ですから，フラクタルと言いながら，すべてが一つのルールで説明できてしまう。

　ぼくたちは逆に，「もう少しルーズでいいんじゃない!」というスタンスを，結果的にアピールすることになりました。

GA　「伊東ミュージアム」でも，今までの作品だけでなく，現在進行中のプロジェクトが展示されると伺っています。今回のインスタレーションのように，「展示物」と「建築空間」のハイブリッド的融合が生まれるといいですね。

伊東　今回のインスタレーションは，「オスロ」や「伊東ミュージアム」で発見されたユニットではありますが……。与えられた展示室との関係で，多面体の組み合わせ自体は，オリジナルなモノになっています。

GA 「場が発生している」からこそ，単に実物大モックアップとして再現することとは違うわけですね。

伊東 ぼくたちも，「White U」(1976年) が取り壊された直後，原寸で再現する機会をドイツで頂いたことがありました。でも，よくできていればいるほど，「コピーはコピーでしかない」と思えてくる。

　「シルバーハット」(1984年) を大三島で再生する際にも，「ぼくたちが再生をどう受け止め，違うモノにしていくか？」を，かなり考えなければいけないでしょう。

GA 今まで発見してきたシステムを，別のプロジェクトで援用する際にも，同じ様な問題が発生しそうです。

伊東 先週，久しぶりにゲントへ行って，「ゲント市文化フォーラム」(2004年) のコンペで提出した模型を，改めて見る機会がありました。荒削りではありますが，ダイナミックに表現されている。

　実施が前提になり，幾何学的ルールを基にした「つくり方」まで考えている「台中」と比べると……。「何も判らず

「台湾大学社会科学部 図書館棟」のルールを拡張。ボロノイ分解を掛けた後，各多角形に内接する歪んだ円弧の集合体

■「建築はどこにあるの？」展のこと

にやっていたプロジェクトは，力強いな！」と思えました（笑）。

GA 今回のようなインスタレーションであれば，建築的なタガがない分，既存システムでも自由に利用しやすい？

伊東 今回に限って言えば，既存の美術館の中に，もう一

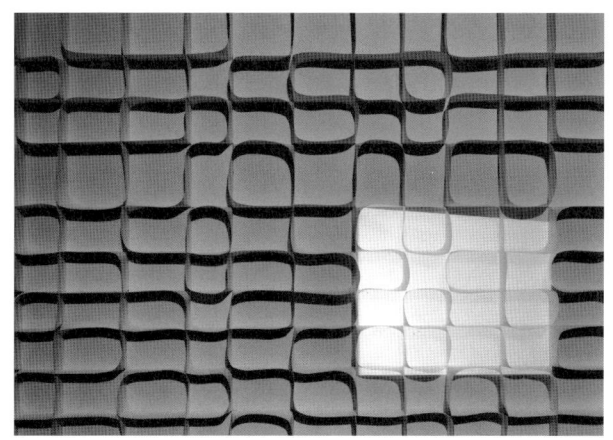

「カリフォルニア大学 バークレー美術館／
パシフィック・フィルム・アーカイブ」
のルールを拡張。
「直交グリッドの上下端をつまむ」という
単純なルールによって，
対角線方向の連続感を生む

つの小さな美術館をつくるような感覚でした。その中を歩いていく際に，小さな美術館の展示物として，他のプロジェクトのシステムを面として展示してみる。

その結果，先程ご指摘頂いたように，「同一システムに拘らなくても，何らかの連鎖関係を色々とつくり出せる可能性がある」と感じられたのは収穫でしたね。

GA その可能性が，今年の年初訓辞でも掲げられた「環境と呼応する建築」というテーマにも繋がりそうですか？

伊東 今まで，試行錯誤で一つずつ積み重ねてきたことが，さらに大きな所で何かにインテグレーションする可能性は，大いにありそうです。少なくとも，「深呼吸できるような建築」にはしたいですね（笑）。

三栖右嗣記念館（仮称） 2009-

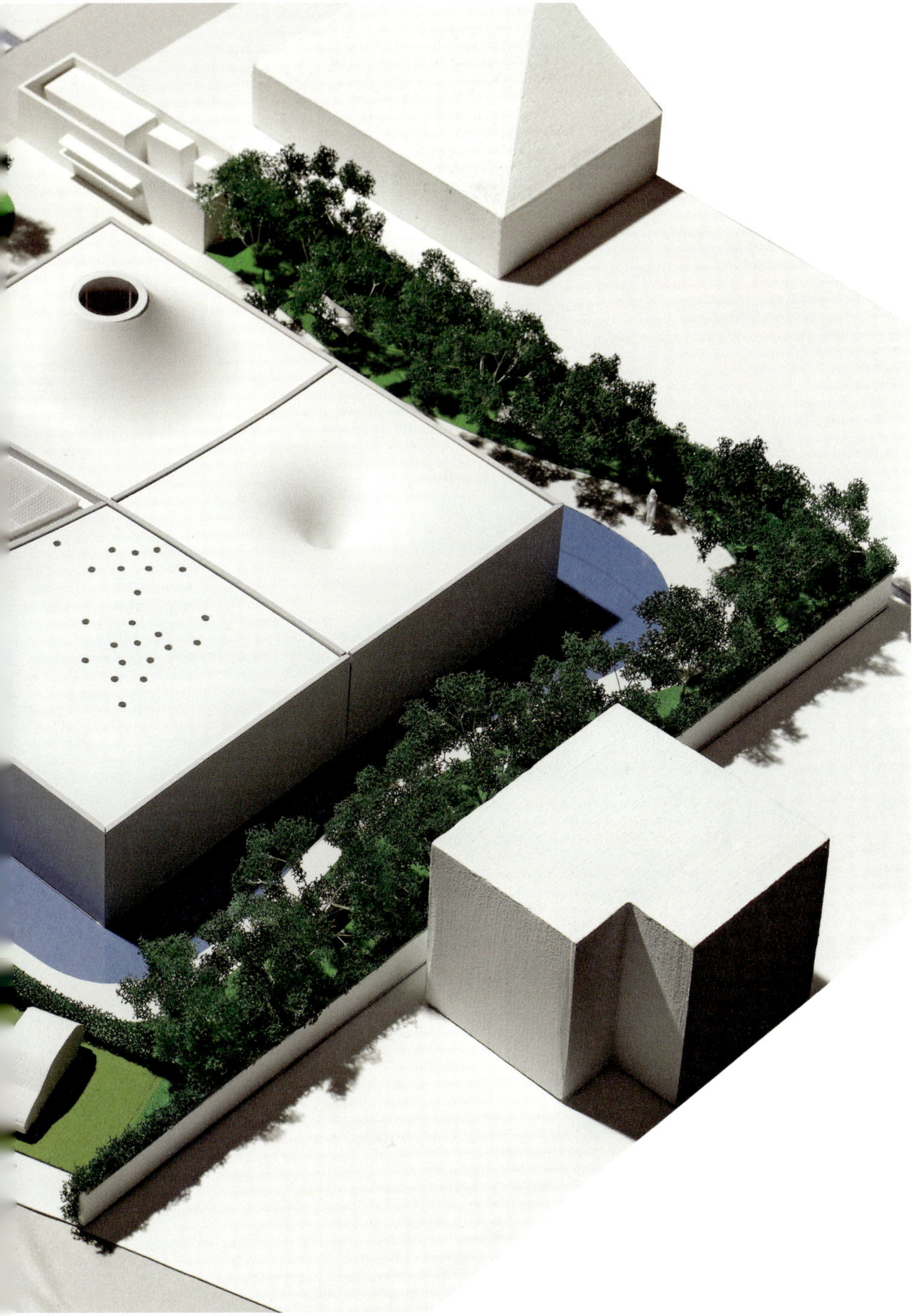

■「三栖右嗣記念館（仮称）」のこと

伊東　「三栖右嗣記念館（仮称）」は，今日初めてご覧になったんですよね？

GA　そうです。

伊東　先週，クライアントに対して最終プレゼンを行い，OKを戴いたばかりのプロジェクトです。

GA　どのような経緯で始まったプロジェクトなのですか？

伊東　「今治市 伊東豊雄建築ミュージアム（仮称）」(2006年〜)の最初のクライアント，所さんを紹介して下さったのが，銀座にある「ギャラリー長谷川」だということは，以前お話しました。この後，お話する「岩田健 母と子のミュージアム（仮称）」や「三栖右嗣記念館」も，長谷川さんから紹介して戴いた仕事です。

GA　具体的なプログラムは？

伊東　つい最近，82歳で亡くなられた，三栖右嗣さんの洋画を展示する施設として計画されています。

GA　三栖さんが，直接のクライアントなのですか？

伊東　三栖さんの絵画をコレクションしている，「ヤオコー」というスーパーマーケット・チェーンです。その会長さんが，「創業50周年を記念して，コレクションを展示するスペースをつくりたい」と考えられたようです。

　残念ながら，生前の三栖さんにお会いすることができませんでした。晩年は，制作していなかったと伺っていましたが，オープニングには来て戴きたかったですね。

GA　クライアントのスーパーマーケットは，東京にもあるのですか？

伊東　軽井沢へ行く途中にある，埼玉県小川町で八百屋さんからスタートしたと聞いています。その後，埼玉を中心に，関東圏でチェーン展開している優良企業です。

　当初は，創業地の小川町辺りで，土地探しまで一緒にし

■「三栖右嗣記念館（仮称）」のこと

ていたのです。ところが，思うような土地がなかったので，現在の本社がある川越市に計画することになりました。
GA 美術館の規模は？
伊東 500平米弱です。川越の中心部から少し奥まった敷地で，近くの川を挟んで対岸には神社があります。周囲には所々に畑が残り，河岸に沿って桜並木が連なっている，割と閑静なエリアです。

中心街から徒歩で10分くらい。その分，充分な広さの土地をご用意して下さったので，「平屋でいける」と判断しました。
GA 資料を拝見すると，とてもシンプルなプランですね。
伊東 当初から，「田の字型プラン」を考え続けていました（笑）。それは，何故かと言うと……。

展示室は，二つくらいで十分だろう。そして，普段はコーヒー・ショップとして使っているけれど，イベント時にはレクチャーくらいはできるスペースも欲しい。小さな収蔵庫やオフィス，ミュージアム・ショップが付随したエントランスホールも必要でしょう。それらを振り分けると四つの空間に集約されてくるので，田の字で割って「4象限」にするのが，最もシンプルな解答です。

大凡の構成が決まってからは，様々なスタディを展開していきました。土地が決まらない内からスタディを始めていたので，割と時間的に余裕があったことも幸いして……。規模の割りには，数多くのスケッチを描きました（笑）。
GA 敷地が決まる前から，「田の字」でスタディされていたのですか？
伊東 そうなんです。しかも，できるだけ正方形プランにしたいと考えていました。
GA そのスタディに合わせて，敷地を決められた？
伊東 特に，川越の街中は，蔵造りのイメージが強いので，色々な意味で制約を受ける可能性が高い。だから，「中心か

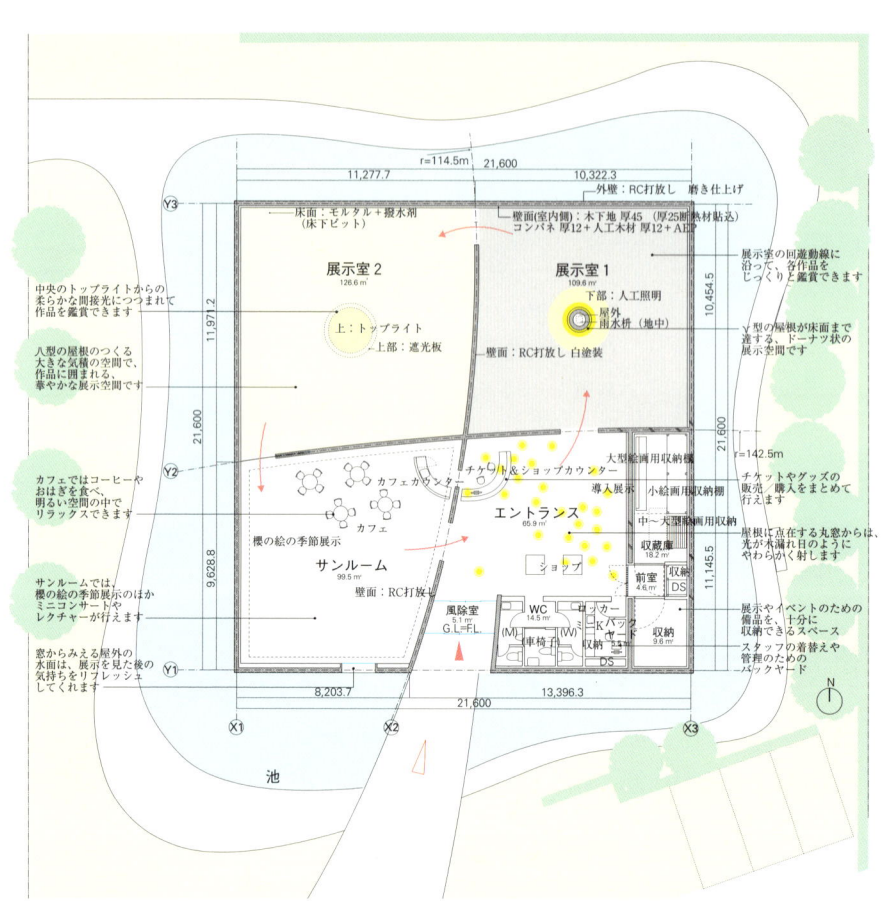

平面　S=1:350

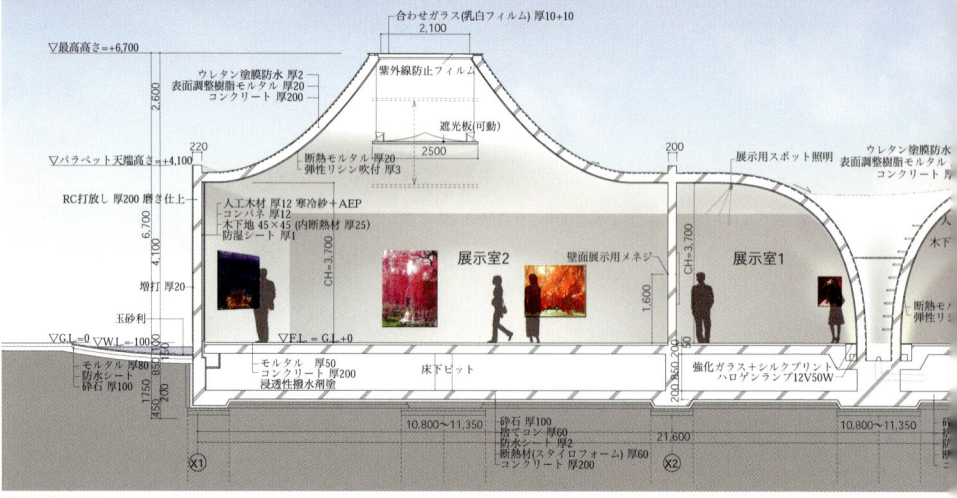

- 中央のトップライトからの柔らかな間接光につつまれて作品を鑑賞できます
- 八型の屋根のつくる大きな気積の空間で、作品に囲まれる、華やかな展示空間です
- カフェではコーヒーやおはぎを食べ、明るい空間の中でリラックスできます
- サンルームでは、櫻の絵の季節展示のほかミニコンサートやレクチャーが行えます
- 窓からみえる屋外の水面は、展示を見た後の気持ちをリフレッシュしてくれます

- 展示室の回遊動線に沿って、各作品をじっくりと鑑賞できます
- ∨型の屋根が床面まで達する、ドーナツ状の展示空間です
- チケットやグッズの販売／購入をまとめて行えます
- 屋根に点在する丸窓からは、光が木漏れ日のようにやわらかく射します
- 展示やイベントのための備品を、十分に収納できるスペース
- スタッフの着替えや管理のためのバックヤード

床面：モルタル＋撥水剤（床ドビット）
壁面（室内側）：木下地 厚45（厚25断熱材貼込）
コンパネ 厚12＋人工木材 厚12＋AEP

外壁：RC打放し 磨き仕上げ

展示室2　126.6㎡
展示室1　109.9㎡
上：トップライト
上部：遮光板
下部：人工照明
屋外 雨水桝（地中）
壁面：RC打放し 白塗装

チケット＆ショップカウンター
大型絵画用収納棚
小絵画用収納棚
中～大型絵画用収納棚
収蔵庫 18.2㎡
前室 4.6㎡
ショップ
エントランス 65.9㎡
導入展示
カフェカウンター
カフェ
櫻の絵の季節展示
サンルーム 99.5㎡
壁面：RC打放し
WC 14.5㎡
ロッカー
バックヤード 9.6㎡
収納
風除室 5.1㎡ G.L=FL

断面　S=1:175

▽最高高さ＝+6,700
合わせガラス（乳白フィルム）厚10+10
ウレタン塗膜防水 厚2
表面調整樹脂モルタル 厚20
コンクリート 厚200
紫外線防止フィルム
遮光板（可動）
▽パラペット天端高さ＝+4,100
断熱モルタル 厚20
弾性リシン吹付 厚3
展示用スポット照明
ウレタン塗膜防水
表面調整樹脂モルタル
コンクリート
RC打放し 厚200 磨き仕上
人工木材 厚12 寒冷紗＋AEP
コンパネ 厚12
木下地 45×45（内断熱材 厚25）
防湿シート 厚1
展示室2　CH=3,700
壁面展示用メネジ
展示室1　CH=3,700
木下地
増打ち 厚20
玉砂利
▽G.L＝0 ▽W.L＝−100
モルタル 厚80
防水シート
砕石 厚100
モルタル 厚50
コンクリート 厚200
浸透性撥水塗
床ドビット
強化ガラス＋シルクプリント
ハロゲンランプ12V50W
断熱材（スタイロフォーム）厚60
防水シート 厚2
砕石 厚100
ネでコシ 厚50
コンクリート 厚200

■「三栖右嗣記念館（仮称）」のこと

ら少し外れた土地でも，広い方が良い」という希望は出していました。
　そして，「各展示室を周遊しながら，1場面ずつ切り替わった印象を受ける」ことを前提に，外に向かった開口の少ない，平屋のコンクリート壁構造を意識していました。

GA　各象限は，どうなっているのですか？

伊東　第1のエントランス・ホールは，「座・高円寺」(2008年）のように，丸い小さなスカイライトがたくさんあるフラットルーフの空間です。
　展示室1へ移ると，各務原の「瞑想の森 市営斎場」(2006年）の架構のように，朝顔型に中央へ向かって屋根が下りてくることで，中空の柱に収束していく。この部屋は，柱の周りから天井へ向けた僅かなライティングだけなので，比較的暗い印象を与えるスペースをイメージしています。
　次の展示室2に入ると，一転して屋根が富士山型に盛り上がり，頂点に天窓が切られている。そこから入り込む自然光を屋根断面が拡散させるので，展示室1よりは明るいスペースになる筈です。
　最後に，カフェのあるサンルームに入ると，その天井は全面半透明のツインカーボで覆われている。天井面全体から降り注ぐ自然光をルーバーでコントロールしながら，かなり明るい部屋をつくろうとしています。

GA　三栖さんの作風は？

伊東　油絵の具象画です。東京藝術大学を卒業後，かなりリアルな老母を描いた暗い印象の作品で，初めて評価を得たようです。その後，スペインに渡り，風景画などを手掛けていますが，比較的土臭い絵が多い印象を受けました。
　後年になり，桜を描き始めると，画風が一変して明るさが出てくる。桜の季節になれば，本社に掛かっている「桜」の大作を，サンルームに持ち込みたいという要望もありました。

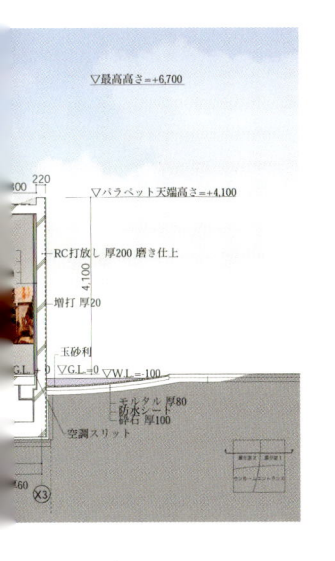

GA 陰陽的な対比関係にある二つの展示室は，三栖さんの作風の変化を意識されていたのですか？

伊東 実は，どちらかと言えば「光と空気の流れ方」を，屋根形態と組み合わせることができないかと考えていたのです。

　だから，「暗さ」とは，どちらかと言えば，地中に入り込んでいくような感覚だった。その逆になる展示室2は，空に向かって上昇していく感覚。つまり，陰陽というよりは，「上下に対する指向性のコントラスト」を意識していたと言う方が正確です。

GA 二つの展示室は，中心で絞り込んだ立体的な曲面に対して，その周りに四角いフラットな壁がある。「油絵（＝オーソドックスな2Dの絵画）の展示」に必然であるフラットな壁に対して，その演出装置として，特徴的な屋根面が機能しているように感じます。

伊東 「田の字」に分けられた各象限が，独立した家になっているとは言わないまでも，部屋になって欲しいとは考えていました。

　ぼくがまだ幼い頃，絵画鑑賞が好きだった父親に連れられて，梅原龍三郎や安井曾太郎の絵をよく観ていたのです。まさに，山本理顕さんが設計された「横須賀美術館」（2007年）に常設展示されているような，日本の近代絵画です。

　彼らは，西洋から輸入された画法を，日本のリアリズムを加味することで変形させてきた。しかも，かつて流行していた「和洋折衷様式の住宅」における，ピアノが置かれた洋間とセットで掲げられていた印象があります。三栖さんの作品にも，同様のイメージを抱いてしまいました。

GA 日本家屋の壁に掛けられると，作品の鑑賞距離が圧倒的に小さくなる筈です。その結果，表現の緻密さが促進されているにも拘わらず，一種の穏やかさも求められた。

伊東 そのようなことも，意識していましたが……。日本

■「三栖右嗣記念館（仮称）」のこと

の近代絵画が孕んでいる「西洋への憧れ」と同時に，近代文学にも感じられる「やや暗いリアリズム」が組み合わされて，作品が成立している。人物の内面を描こうとするからでしょうか。

GA 懐古的とも聞こえるような作品分析と，伊東さんが用意される器の摺り合わせ作業は，どのようにされたのですか？ 傍目には，自らを制している姿勢が，「田の字」に顕れているようにも感じられます。

伊東 「田の字」という抽象的な空間をセットした上で，1象限ずつ，洋間に相当するようなシーンを入れ込んでいく。当初は，そんな作業を繰り返している時期もありました。

でも，あまりにも建築が出過ぎているように感じてしまって……。抽象的だけれども単なるホワイトキューブでもない，光によって空間を特徴づけていく操作に，落ち着いていった経緯があります。

GA 各スペースは，展示密度まで考慮されているのですか？

伊東 約50点のコレクションがあるので，その約半分を常時展示する計画になっています。最終プレゼでは21点を飾った状態を提示しましたが，30点くらいは対応できる展示壁を設定したつもりです。

GA 基本的に，内部は白い空間になるのですか？

伊東 外殻にあたる壁や天井は，断熱材を入れた上でホワイトキューブのような仕上げになります。一方，「田の字」の内壁や床は，コンクリートのテクスチャーをそのまま露出する予定です。

GA 現在の伊東さんの立ち位置で「日本をどう観るか？」というテーマが，今までのインタヴューでも語られてきました。今回は，三栖さんという表現者を通して，「近代を経た日本の難しさ」が露呈しているようにも感じます。

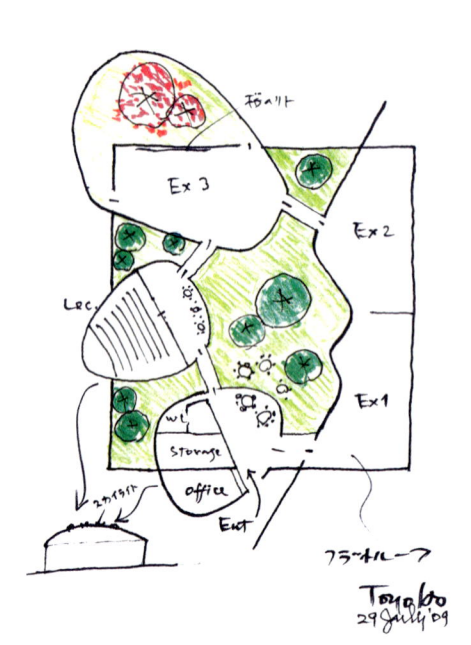

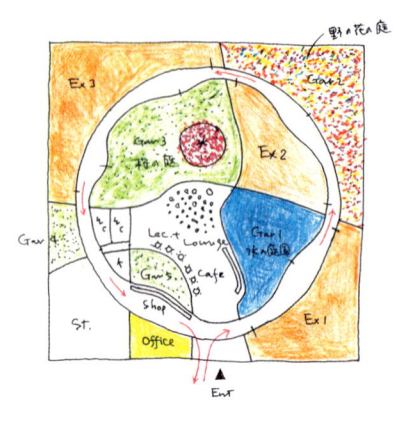

□スケッチの変遷（2009年7月29日〜2009年8月4日）

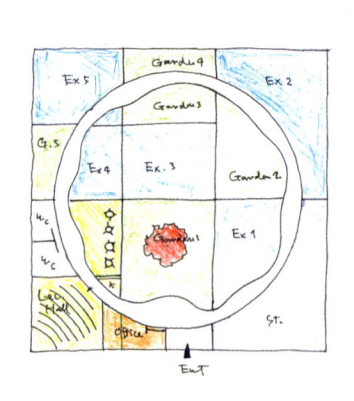

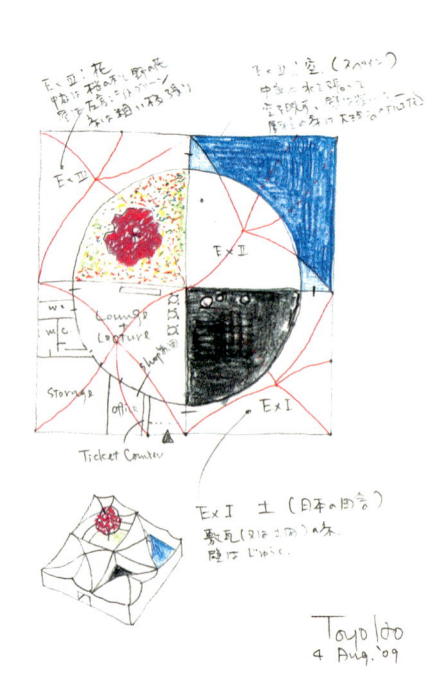

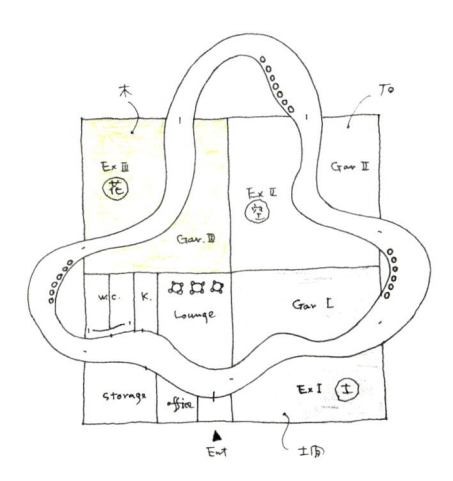

□スケッチの変遷 (2009年8月4日～2010年3月3日)

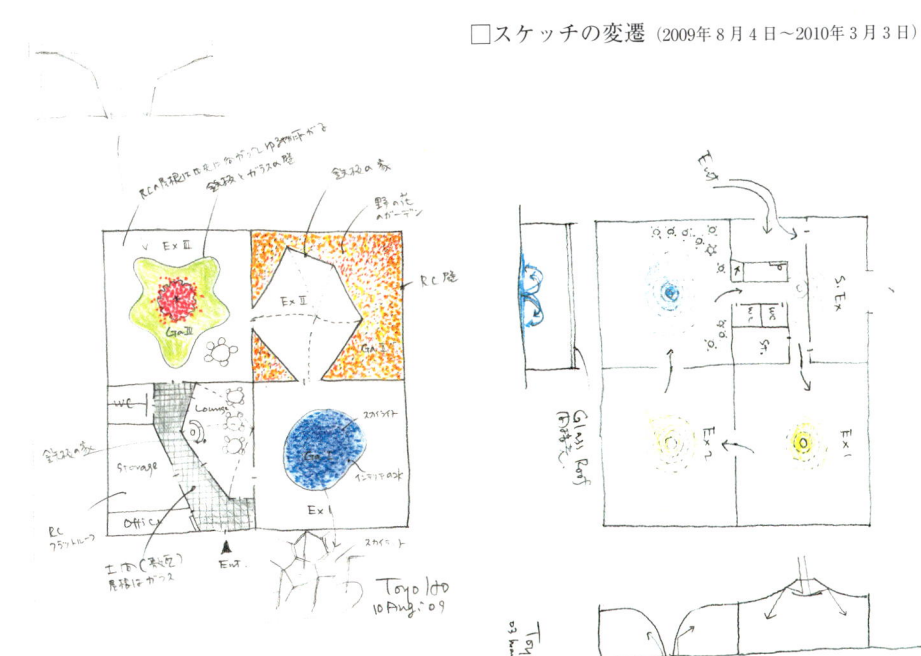

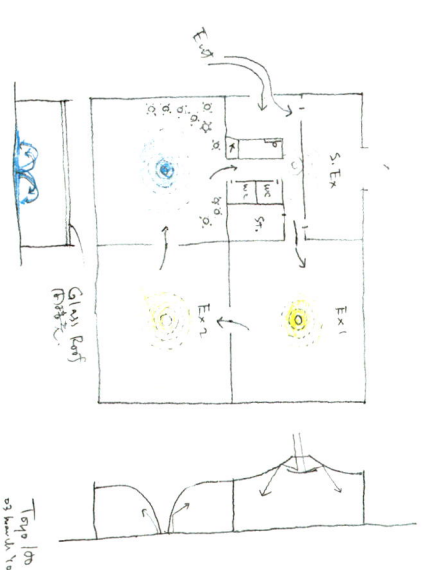

伊東 その問題は，今の時代になってようやく，あらゆる場面で見えてきた「曖昧さ」と関係していると思う。ぼくもたまに着けているネクタイ一つを取り上げても，妙に違和感がある。何の機能もないので，「一体，何なんだ！」という疑問ばかりが浮かんできますよね。

ぼくの母親が和服を着る際，「着物と帯，帯締め，草履」の組み合わせを，何も意識せず自動的に決められたものです。明治生まれだったので，特別な着物に対する教養があるわけでもないのに，身につけたモノがそれなりに様になっていました。ところが，洋服を着た途端，「これは，ひどい！」というコーディネイトになってしまう（笑）。

それと同様の問題が，現代日本人の中にも潜在していると思います。現代建築だって，「我々は一体，日本で何をつくったらイイんだ！」という感覚が，少なからずあるわけです（笑）。ある意味で我々は，「ヨーロッパ人が畳のある住宅をつくったら，〈どう見ても変だろ！〉というモノになる」のと同じ様なことを，逆説的にやっているとも言えます。

それを，どう受け止めればイイのか，未だに良く判らない。ぼくでさえこんな状態なので，日本の都市が美しくならないのは，ある意味で当然だと思います。

GA 正座できなくなった現代日本人が，どう空間的に対処するのか……。

伊東 胡座すら掛けなくなっているので，より問題は深刻かもしれません（笑）。

GA 以前の日本家屋では，場面転換みたいなモノが，日常的に行われていたと想像します。農作業をするスペース，食事をするスペース，寝るスペース，等々……。そして，各象限の中でも，家長が座る場所など，ある程度のヒエラルキーが決まっていた。

何れにしろ，各場面での秩序みたいなモノが，一通り仕

■「三栖右嗣記念館（仮称）」のこと

込まれていたんでしょうね。
伊東 結局，機能によって空間の違いがつくられていくのではなくて……。約束事や，人間の振る舞い方だけで，空間が識別されていくような状態だったのでしょう。
　さらに，冠婚葬祭の時には，4象限が一つになったり，同じ性格のスペースにもなれる。それでも，プライオリティだけは発揮されている状態を見ると，確実に機能主義とは違った抽象化が行われていたのではないでしょうか。
GA モダニズムの介入によって，既存の秩序がズタズタにされた現代では，もう少し，建築によって振る舞いを誘発していかなければならない？
伊東 この「抽象化」は，凄く面白い問題を孕んでいると思うのですが……。それが「抽象主義」みたいになり，ひたすら様相を取り除いていく「表現の問題」にすり替えられてしまうと，問題の本質が見えなくなってしまう気がします。
　「洋服と和服の違い」も「抽象さの違い」で言える筈ですよね。機能を外した上で，ある種の普遍さを提示する日本独特の表現。それを探ることができれば，面白い結果を導き出せそうな気がしてきました（笑）。

岩田健 母と子のミュージアム（仮称） 2009-

■「岩田健 母と子のミュージアム（仮称）」のこと

伊東 「岩田健 母と子のミュージアム（仮称）」は，ご覧の通り，建築と言えるのか判らないほど，至って単純な展示施設です。

　岩田健さんは，三栖右嗣さんと同年代の彫刻家で，川口市にお住まいになりながら，お元気に過ごされています。川口駅前に何体かのブロンズ像が設置されているだけでなく，慶應幼稚舎で先生をされていた関係で，校門近くに設置されているブロンズ像などでも知られています。

GA どのような作風なのですか？

伊東 戦時中，特攻隊に所属されていたのですが，「明日に

■「岩田健 母と子のミュージアム (仮称)」のこと

も飛び立つ」という寸前で終戦を迎えられたそうです。戦後は、「母と子」をテーマにした彫刻をつくり続けていらっしゃいます。

　ブロンズ彫刻という形式もヨーロッパから輸入されたものですが、岩田さんの作風には近代洋画に感じたような「暗さ」はありません。何度かお目に掛かっているのですが、その穏やかな人柄が滲み出たような「優しい作品」ばかりです。岩田さんが寄付された建設費を基に、「ご本人が寄贈する約50体の彫刻を前提にした、ご自分のミュージアムを何処かにつくりたい」という依頼から始まったプロジェクトです。

GA　敷地が決まっていなかったのですか？

伊東　ご自分のお住まいがある川口には、それほど執着が

ないようでした。大三島にお連れした途端，すぐに気に入られたようなので，やっぱり大三島って，人の心を惹き付ける島なんですよ（笑）。
　廃校になった小学校の校舎を利用して民宿が営まれているのですが，その広い校庭の一画をお借りする前提で，計画が進んでいます。「今治市 伊東豊雄建築ミュージアム（仮称）」(2006年〜) と同時期に，「岩田ミュージアム」も完成している筈です。
GA　基本的に，屋外展示なのですか？
伊東　そうです。大理石の彫刻が2〜3体あるので，それらは差し掛けのような屋根下に配置し，前面にガラスを立てることで，例外的に雨風をしのげるようにしています。
　直径約30mの円を描き，その輪郭に沿って壁を立てる。操作があるとすれば，壁上端に中庭へ向かって若干の庇を巡らせている程度でしょうか。そして，円弧の内側に設定された「芝生が敷かれた中庭」に，すべての彫刻が展示されることになります。

■「岩田健 母と子のミュージアム (仮称)」のこと

GA 円を基準にした理由は？
伊東 最も単純な幾何学だからです。正方形も，頭に何度も描いてみたのですが……。やっぱり，ぼくの原初的なイメージである「幔幕」が，潜在的に反映されていたのでしょう。

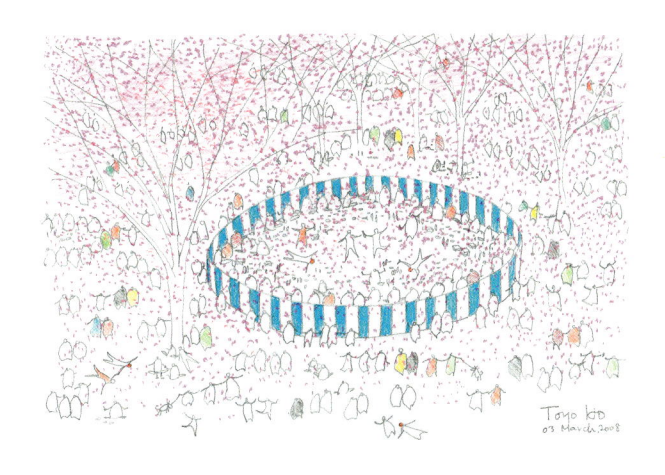

ただし，ある程度の耐久性も必要なので，打放しコンクリートの内側を白く塗った，曲面壁をイメージしています。
GA この曲面壁で閉じることによって，「隣接する民宿から切る」という意図が感じられます。
伊東 もちろん，「ある種の別世界へ入り込む」という感覚は，意識していました。
　校庭内に生えた雑草の上に50体の彫刻が散在している，ランドスケープ的解答をスタディしていた時期もありましたが……。最終案のように，ある囲いの中に集約的に展示されている状況は，屋外と言いながら「屋内化された空間」になっているのかもしれません。それこそ，「屋根のない建築」と言っても良いでしょう。

GA 「三栖右嗣記念館 (仮称)」とも共通しているのは，作品と直に向き合うことで，その特徴を無理に増幅させようとはしていないこと。柔らかく包み込むくらいで，展示に積極的に関わることは，敢えて避けられているようにも感じます。この展示物と建築の関係は，アクティビティや機能への対応と似ています。

伊東 確かに，美術館や博物館を設計する際，展示ケースや展示壁面において「これが，最も美しく絵が見える」ということに，あまり興味がありません。「ルーズに考えた方がよい」くらいに思っています。

GA もの凄く細かくディテールを詰めた上で，展示計画まで深く関わっていく，カルロ・スカルパのようなスタンスとは対極的ですね。

伊東 スカルパに関しては，それほどイヤな感じはしませんよ。むしろ，「凄いな！」と思わされる所が多いです。

　逆に，「ホワイト・キューブ然としたホワイト・キューブ」には，強い抵抗があります。それは，エントロピーの究極状態とも言えるので，「人間が生きている証」を示しようがない。

　ミースが描くパースを見ると，常に彫刻が置かれますよね。一方，コルビュジエは，筋肉隆々の人間を描き込む。つまり，「生身の人間」がいない方が良い空間と，いる方が良い空間くらいの違いがある。この端的に顕れている違いを考えると，「やっぱり，コルビュジエはイイ」と再認識します。例え悪あがきでも，「絶対，ミースへは行きたくない」という気持ちが強いのです。

GA 「岩田ミュージアム」は，円弧でまとめた「サラッと感」がいいんでしょう。個々の作品とある程度の距離を保ちつつ，各々が生きている。

伊東 そうなれば，理想的ですね。

GA このミュージアム案を見て，アルヴァロ・シザの建築

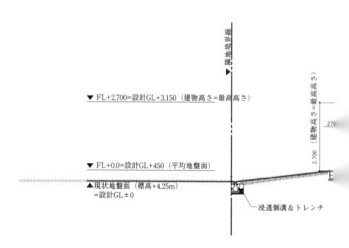

■「岩田健 母と子のミュージアム (仮称)」のこと

における「モダニズム的な建築的抽象性を手掛かりにした,美術作品などの対象物への接し方」を思い出させる部分もあります。彼も,スカルパのことを良く勉強し,強く影響を受けている建築家です。でも,圧倒的に違うのは,スカルパが持っていた対象物との距離。シザの場合,より現代的に昇華されている。

少なくとも,建築は建築として自立させ,あるべき姿を持たせているので,対象物に媚びていない。

伊東 シザの建築は,ぼくも好きです。凄くモダンでありながら,過度な抽象へ行かないし,過度に表現的でもない。常に自然体のような印象を受けるので,「とても居心地が良いだろうな」と思えます。

建築家って職業は,のめり込み過ぎる所があるんです。抽象や表現に対して,そこだけを突き詰めてしまう。そこに抑制を利かしているので,「建築とは,そういうモノではない」と,シザの建築から教えられますね。

GA その「抑制の利かせ方」こそ,「岩田ミュージアム」の肝でもある?

伊東 当初のスタディでは,もう少しヌメっとした円を考えていたのです。個人的にも「ドロドロとした流動感」は好きだけれど,「円弧だけしかない建築に,ドロドロさを与えること」に違和感がありました。

最終案のように3箇所をカットし,少しだけ広げた円弧にしたことで,やっと自分でもシックリしてきました (笑)。

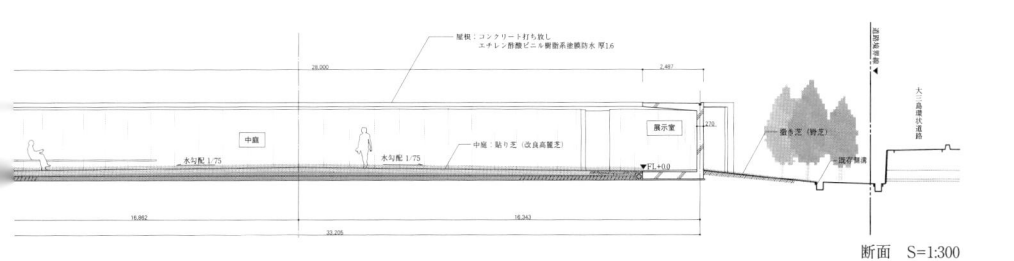

断面 S=1:300

ゲント市図書館及びニューメディアセンター 2010

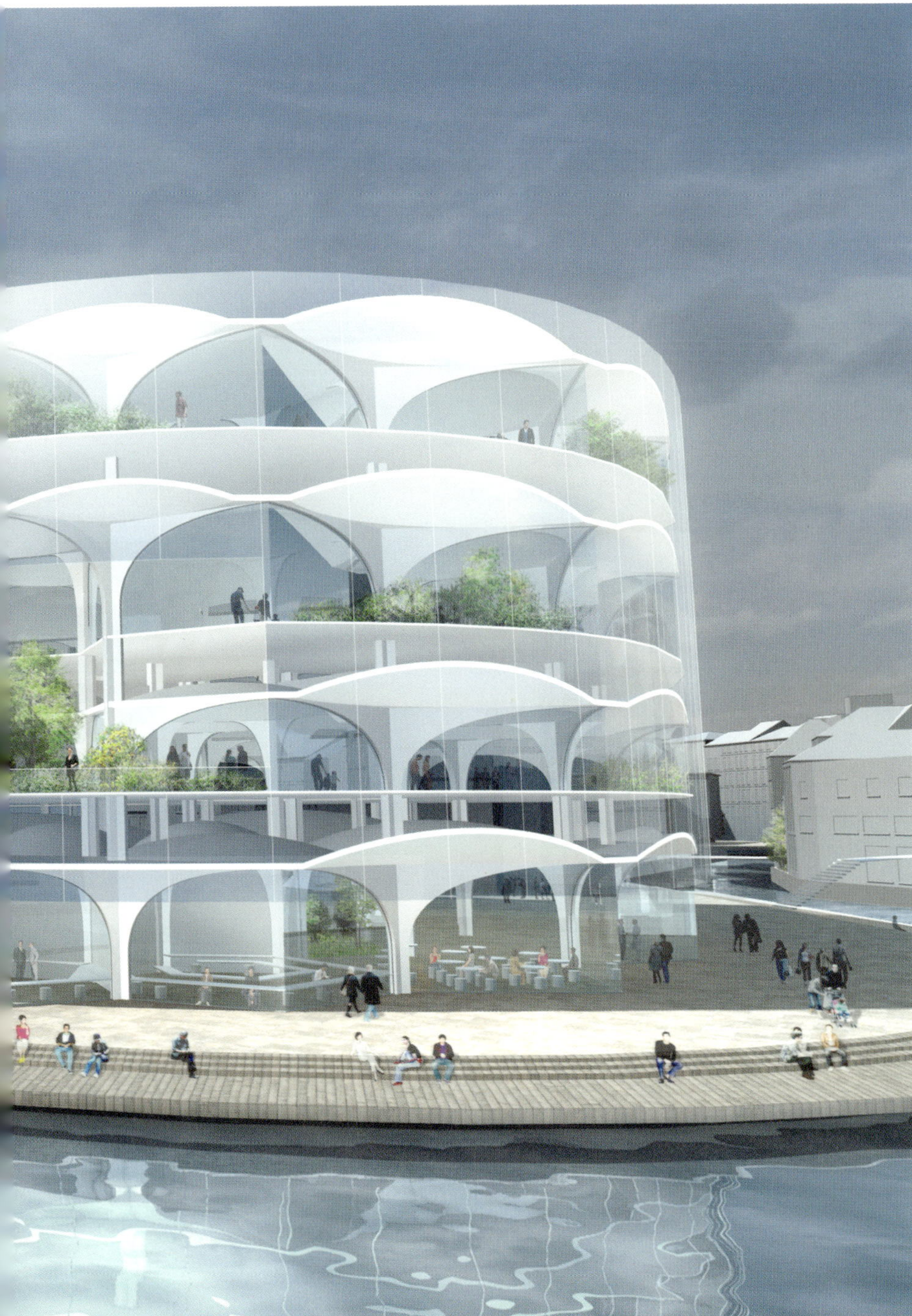

■「ゲント市図書館及び
ニューメディアセンター」のこと

伊東 「ゲント市図書館及びニューメディアセンター (Ghent Waalse Krook)」は、同じ敷地で2度目のコンペティションというだけでなく、ヴォリュームも比較的近いので、凄く不思議な気持ちになりました。「もう少し、違うやり方もあるかもしれない」と何度も考えてみましたが……。結局、同じようなことを、再び考えることになりました(笑)。
GA と言っても、プログラムは違うわけですよね。
伊東 約6年前に提案した「ゲント市文化フォーラム」(2004年)がコンサートホールだったのに対し、今回は図書館とニューメディアセンターのコンプレックスを求められていました。図書館部分で13,700平米、CNM (=Center for New Media) と呼ばれている部分が5,300平米。駐車場なども合わせると、延床は約20,000平米の規模になります。

ご承知のように、前回の提案が転じて「台中メトロポリタン オペラハウス」(2005年〜)へ至っています。現場が始まっている「台中」では、「施工の困難さ」がかなり身に滲みてきている。「〈どのようにつくるか?〉を、もう少し考えなければならない」ということは、「台中」以降、常にぼくの頭の中にあるんです(笑)。
GA コンペ段階から、施工のことまで考える?
伊東 はい。最近で言えば、「オスロ市ダイクマン中央図書館」(2009年)。「オスロ」の系譜である「今治市 伊東豊雄建築ミュージアム(仮称)」(2006年〜)も含めて、「小さな単位を組み合わせてつくっていくこと」に思考が向かっているのは、どこかで「つくり易さ」と繋がっているのだと思います。

ただし、「Waalse Krook」に至っては、「単位を組み合わせながらも、どうやって自由にしていくか?」まで、意識

北より見る。鳥瞰

■「ゲント市図書館及びニューメディアセンター」のこと

が及ぶようになってきました。
GA　スタディを始める手掛かりは？
伊東　大体，ヨーロッパのコンペは，もの凄く詳細なプログラムが，主催者側で用意されているものです。その分，細かく規定されてもいるので，「要項をどのように読み込み，読み替えていくか？」が重要になります。さらに，「主催者側で強く要求している項目の中で，改変してはいけないモノ」を見極める必要がある。

　「オスロ」で敗北したのも，特に後者の見極めが付けづらかったから。そのために，「気持ち良い図書館空間の実現」だけに集中して，スタディを繰り返していたのです。今になって審査を振り返ってみると，「都市の中で，建築の全体像がどう置かれているか？」に圧倒的な比重がありました。最初から，我々の案は審査対象から外されていた感じが否めません。

　「Waalse Krook」においても，同じ愚は犯したくなかったので，かなり初期の段階から，その辺を慎重にスタディしていました。
GA　提出されたシートを拝見すると，かなり複雑なプログラムだったようです。
伊東　様々なプログラムが絡み合っているだけでなく，「多摩美術大学図書館（八王子キャンパス）」（2007年）と比べても独立した部屋が圧倒的に多かった。それらの組み合わせに対して我々なりに再整理する過程で，「できるだけオープンなスペースの中で，連続しつつも分節する」ということを強く意識しながら，案を固めていきました。
GA　具体的なコンセプトは？
伊東　各々のプログラムを並べていく際に，「広場の中に，メディアの市が立つ」と考える。結果的にワン・ヴォリュームになっていますが，「小さなメディア・マーケットが並列されている都市空間」であり，それらが積層されている

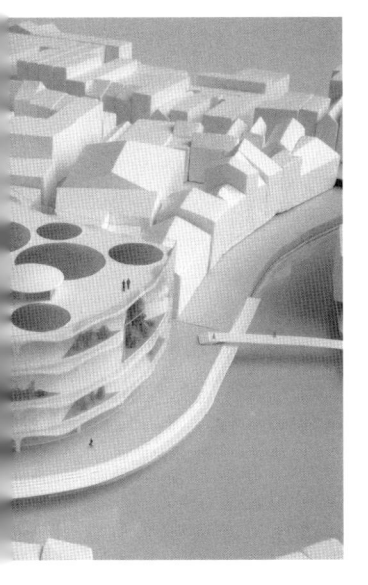

と捉えたわけです。

　もちろん，花売りの屋台は，テントが掛かっているだけなので，我々は各マーケットをもう少し構造化する必要がある。まず，構造的限界と思われるスパンとプログラムを組み合わせながら，複数の円弧が寄り添うようなダイアグラムを描きました。この時点で佐々木睦朗さんに相談した所，「ドームにしたらどうですか？」という提案が出てきたのです。

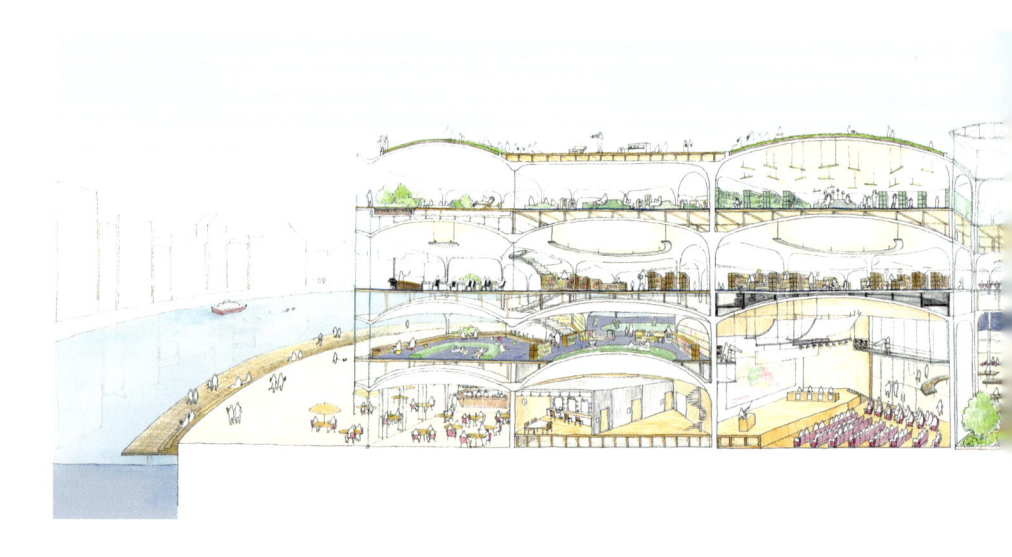

GA　何か，根拠があったのですか？
伊東　あくまでも構造的な判断として，20m近いスパンの円弧を支えるには，ドームにするのが最も合理的だということです。ライズが浅いドームであれば，天井裏に束立てすることで，水平な床を張ることもできる。この佐々木さんからの提案によって，我々のコンセプトが一気に実態化されていくことになりました。

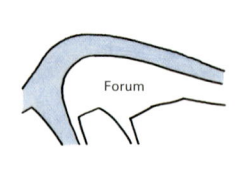

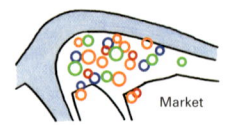

GA　「Waalse Krook」は，同じフィールドの中に，大小

■「ゲント市図書館及びニューメディアセンター」のこと

の碁石が並べられている印象があります。図式とユニットの並びが直結するので，思考としては判り易いけれど……。一つの碁石の大きさを変えると，その周辺の碁石に影響するので，調整の難易度がより高まるのではないですか？

伊東 実は，YouthやKnowledge, Cultureと特徴付けられ

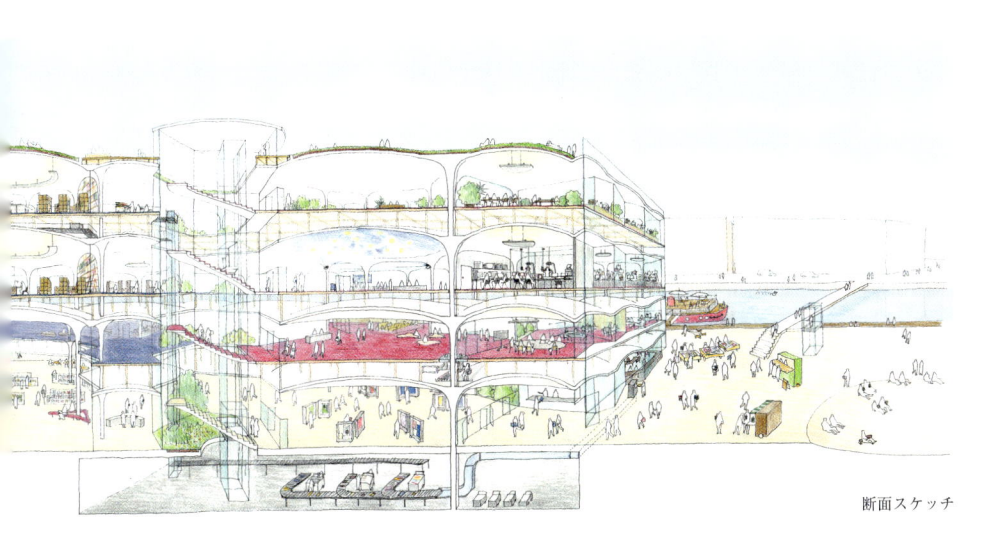

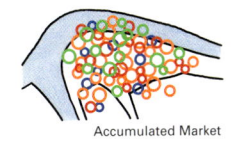

断面スケッチ

Accumulated Market

た三つの図書館が，ほぼ同じ構成になっているのです。まず，最も大きな空間として開架閲覧室が中心を占めている。その周辺に，閉架閲覧室やワークショップ，読み語りの部屋，読書に集中する部屋，AVルームなど，割と小さな部屋が房状に取り付いていく。

GA 各円弧の直径は，どのように決められたのですか？
伊東 スタディを繰り返す内に，開架閲覧室は2～3個の大きな円弧の組み合わせで賄えることが判ってきました。その時点で，大きな円弧の直径が決まってくる。

周辺の小さな円弧は，用途や配置によって微調整を繰り返しながら，大きさのバラツキを伴った状態で取り付いて

います。

GA ある階で円弧の大きさが変わると，他の上下階にも影響するのですか？

伊東 周辺部は，大体同じ様なスケールの部屋が想定されているので，上下階も追随させることが可能でした。最終的に，垂直方向には，同じサイズの円弧が積層されています。

　長方形など単純形状の敷地ではないので，凹凸を繰り返しながら，約50個の円弧が集積しています。最終的には，地上4層地下1層の積層建築になりました。

GA CNMも，図書館と同じシステムで構成されているのですか？

伊東 はい。中心に比較的大きな円弧でラウンジやホワイエを配し，その周辺に小さな研究室を配置したダイアグラムが，そのまま積層されています。

GA 各ユニットのドームは，どのように支えられるのですか？

伊東 各円弧に外接する多角形に置換した上で，各々の角から支持材が応力に沿って床に下りています。柱は垂直風だし，壁も垂直に立てられるので，「オスロ」に比べて遙かに操作し易くなりました。

GA 「オスロ」は非常に明解に，細分化されたユニットが見えていたわけですが……。「Waalse Krook」に至ると，天井のドーム形状と柱位置によって，辛うじてユニットが認識される程度なんでしょうね。

伊東 ドームを支える柱位置によって，五角形から八角形まで四つの多角形が顕れます。もちろん，各ユニットで，柱間も異なってくる。規則性という意味では，「オスロ」に比べてかなりルーズになっているので，アジャストし易いシステムだとも言えるでしょう。

GA 積極的に，床 (＝水平面) と天井 (＝ドーム) を分離するこ

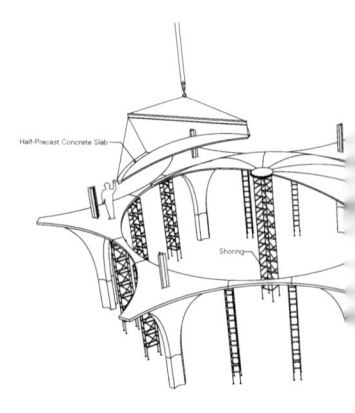

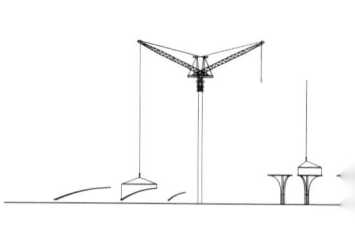

■「ゲント市図書館及びニューメディアセンター」のこと

との効果は？

伊東 結果的に，通常のラーメン構造の天井懐と比べても，それほどデプスが大きくなっているわけではありません。ただし，鉄筋量やコンクリート量を比べると，今回のシステムの方がドーム効果を発揮して，圧倒的に薄いスラブで対応できます。

各ドームの直径にはバラつきがありますが，3種類の球だけで成立しています。つまり，同じ型枠を繰り返し使いながら，プレキャストできるメリットがあるので，PCの上にコンクリートを打つことで，ドームを固めるシステムを提案しています。

GA 天井が構造で，床が2次的な軽いプレートになる。この不思議な逆転関係を利用すれば，床を透かすことも可能ですね。

伊東 実際，Youth Libraryの一部では，フラットな床にドームがはみ出してくるようなスペースも提案しています。築山に座っているよう感覚を得られるので，子供たちにとっても楽しい読書空間になるでしょう。

さらに，屋上では，たくさんの緑のマウンドが隆起しているような表現をしながら，屋上緑化も試みています。

GA 前回のコンペと比べて，戦略的に進化している部分はありますか？

伊東 前回の方が，アグレッシブさはあったかもしれません。

GA 今回は，説得力の強さを感じます。構造的，施工的に，裏打ちがキチンと為されている。

伊東 確かに，リアリティのある案だとは思いますが……。少し，クラシックな印象があることも否めませんよね。特に，手描きの断面パースを見た時，「パリのレ・アールのように，鋳物で構成されたマーケットみたいだな」と思いましたから（笑）。

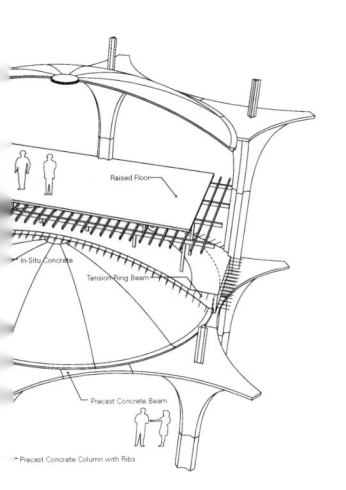

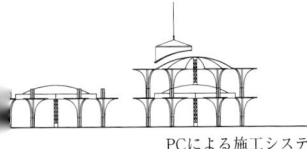

PCによる施工システム図

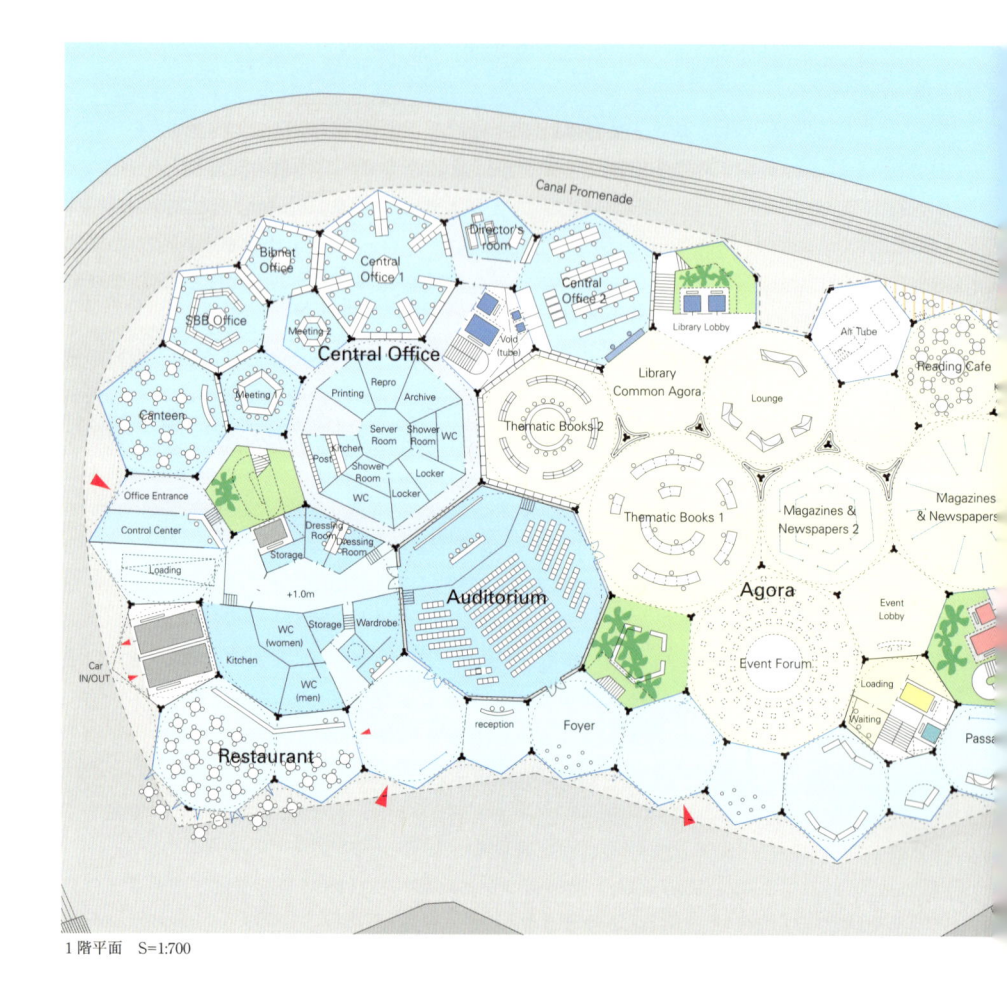

1階平面　S=1:700

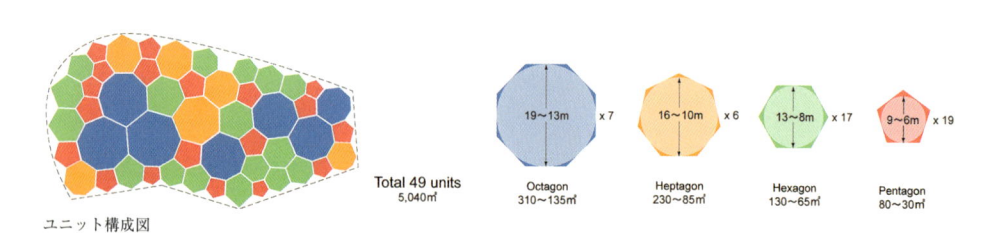

ユニット構成図

Total 49 units
5,040㎡

Octagon
310～135㎡
19～13m ×7

Heptagon
230～85㎡
16～10m ×6

Hexagon
130～65㎡
13～8m ×17

Pentagon
80～30㎡
9～6m ×19

292

(下から) 2〜4階平面　S=1:1200

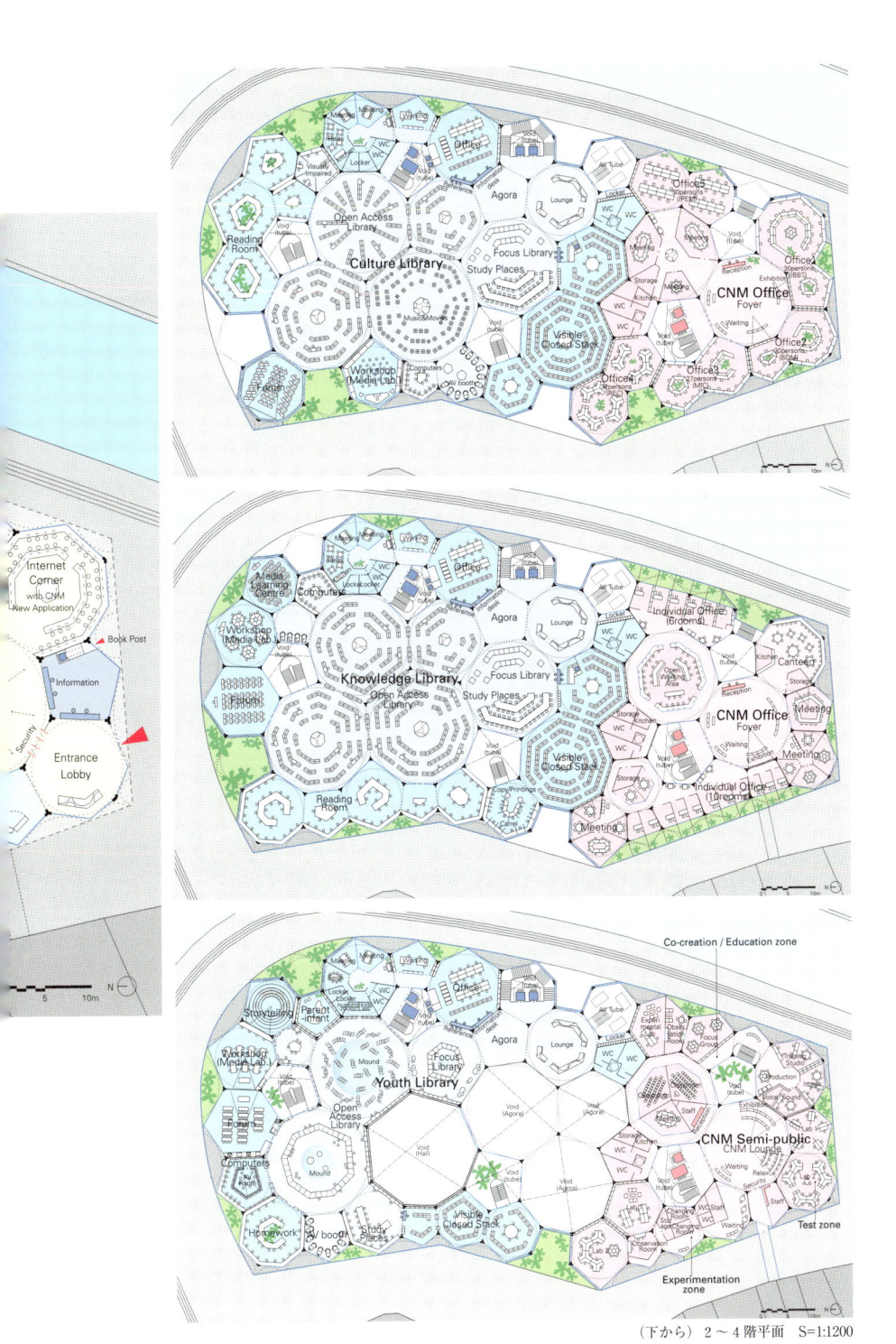

1階アゴラ，イベント・フォーラム

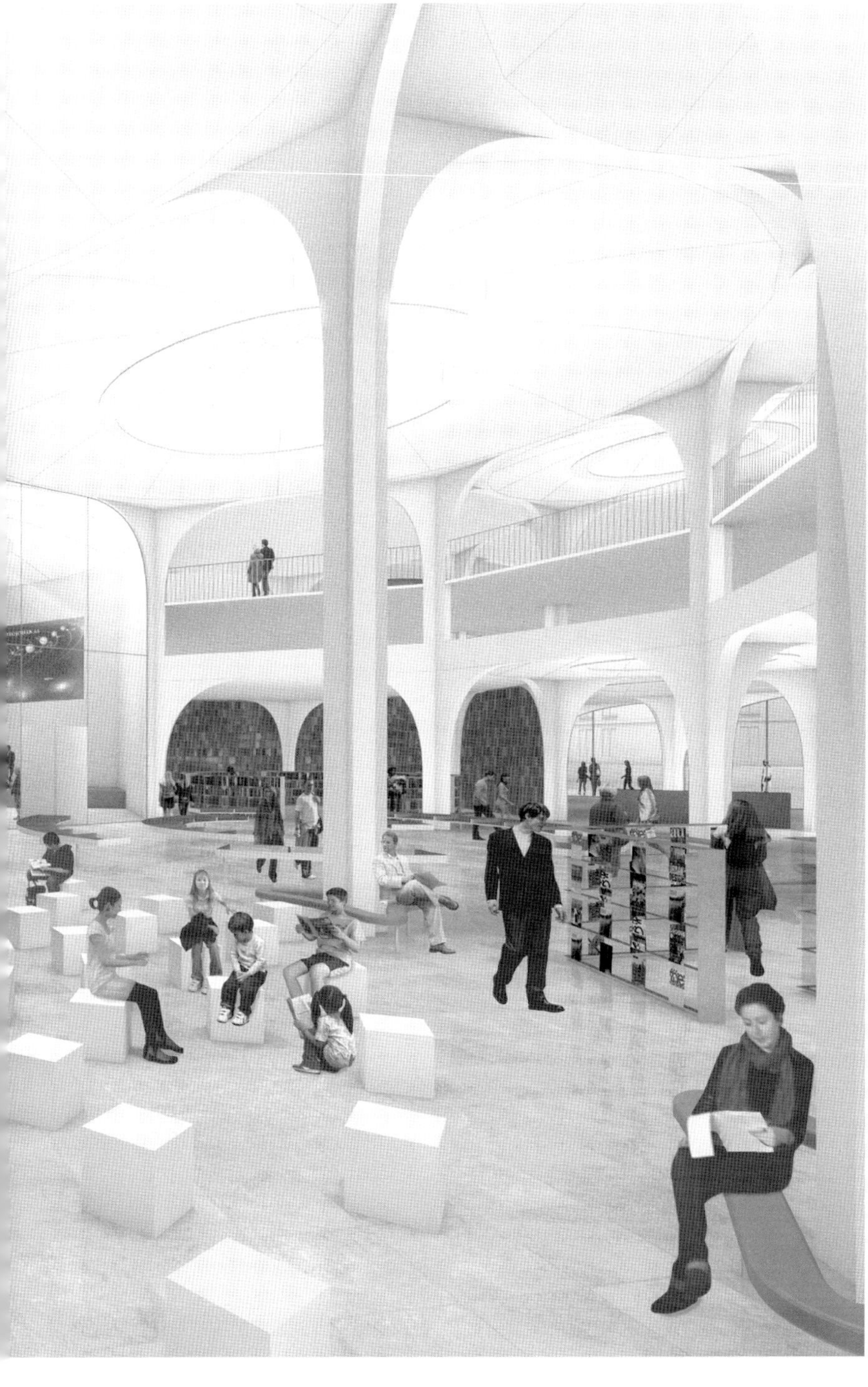

2階子供図書館

1階アゴラ,雑誌新聞コーナー

■「ゲント市図書館及びニューメディアセンター」のこと

GA 最近のコンペ用プレゼンボードでは，手描きの断面パースが必ず入っていますね。

伊東 「台中」の時に描いた断面パースが気に入っていたので，今回も同じ様な雰囲気を出したいと考えていました。ともかく，様々な場所で色々なことが行われていることを，分かり易く表現するには，有効だと思います。

GA 本当に，楽しげな雰囲気が良く表現されているパースです。ある意味で，前回との差がハッキリ判るパースでもある。

伊東 仰る通り，前回はもう少し暴力的だったかもしれません。その辺の違いは，今後，内部でも議論する必要があると考えています。事務所全体としては，良い意味で知恵がついてきているのですが，それ自体が弱みにもなってきている。かつての平田晃久くんのように，自己主張の強い人がいると面白いんだけれど……。

GA 彼のような「刺激的な人」は，どのくらいの頻度で登場するものですか？

伊東 以前は，常に1〜2人はいたけれど，世代の問題なのかな……。こういう時こそ，平田くんのような横暴な人間が居て欲しいんだよな（笑）。

全体にソフィスティケーションが進行しつつあるので，「ちょっとヤバい！」と感じ始めているところです。

GA その影響かもしれませんが，「Waalse Krook」には，「構造が凄く強い」という印象があります。佐々木さんのアイディアが，そのまま形になっているようにも見えるので，ある種の「構造的常識」が見え隠れしてしまう。

つまり，「構造家の思考を改めさせるような建築的アイディアを，どのように入れ込むか？」が，今後の課題になるのではないでしょうか。もちろん，それを促進すればするほど，前回のようなアグレッシブさが出てくる反面，リアリティが薄くなるわけですが……。

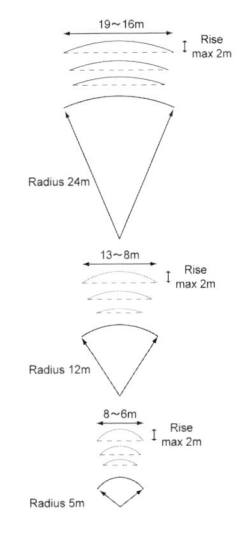

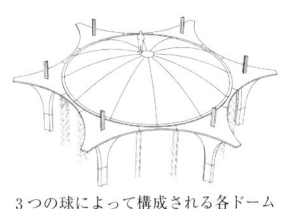

伊東 構造家とは，我々のイメージを固めた直後に共同設計に入るので，どちらがどちらと言える関係ではなくなっています。それでも，アグレッシブさとリアリティには，二律背反的な関係がありますからね。

GA 我々メディアとしては，アグレッシブな提案の方が嬉しいです。建築界をプロヴォークする役割を，これからも伊東さんに求めたい！（爆笑）

伊東「Waalse Krook」が実現すれば，かなりクオリティの高い建築になると思うのです。だけど，「〈何も問題がない〉ところが大きな問題だ！」という批評はあり得るでしょう。今回も，意識してドームが出てきたわけではありません。「多摩美」だって，意識してアーチが出てきたわけではないのに，クラシックな建築言語が登場してきている。そんなことは，1990年代ではあり得なかったんだけれどな……。

GA 今回のインタヴューでも再三出てくる「抽象化」の問題。「現在，蔓延っている〈抽象化〉に対するアンチ」というスタンスが影響しているとは思われませんか？

伊東 確かに，「アンチ・ミース」みたいなことは，凄く意識しているので……。その結果，クラシックな言語が登場してきているのかもしれません。

GA「Waalse Krook」だって，これほど誠実に，構造システムと空間を一体化しなくても，解けてしまう可能性だってあるわけです。最初に，均質なスラブ&柱空間をつくり，その中に「設え」として建築的図式を入れ込む。

　実際，そんな方法を採る建築家は，世界中にたくさんいますよね。特に，バブル的なCG表現をしていたプロジェクトを竣工後に訪れると，非常にオーソドックスで均質な構造システムを立ち上げた上で，その表面を覆うように偽装している場合が多い。この「プロには見えても，大衆には見えない違い」は，確実にあると感じます。

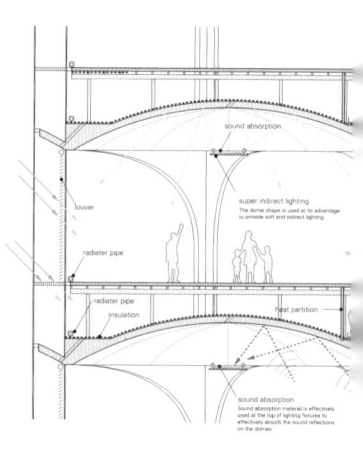

■「ゲント市図書館及びニューメディアセンター」のこと

伊東　ドームの換わりに，各務原の「瞑想の森 市営斎場」(2006年)の屋根のような3次曲面で対応し，その上にフラットな床を掛けても，ほぼ同じ状態は担保されるわけです。ただし，「〈各務原〉の屋根を，ヨーロッパでどうつくるか？」と考えると，気が遠くなってしまう（笑）。もちろん，「各務原」を実現する前だったら，気楽にスケッチを描くけれど……。施工の苦労を体験してしまうと，「二度とやりたくない！」というのが実感です（笑）。

　また，ヨーロッパの審査員は，「コンテクストの問題」や「図書館としての利便性」などについて，かなり突っ込んだ質問をしてきます。前回のコンペでも，自分たちでは「コレは凄い！」と熱くなっていても，審査員の反応は「コレは何？」と非常に醒めた反応しかなかったですから（笑）。

GA　6年前の「ゲント」のような闘う姿勢は，「自分は特別な建築家であり，特殊解を出しているんだ！」という強いステイトメントを感じます。一方，今回の「Waalse Krook」は，ある程度ソフィスティケートされていて，より完璧さを求めている。建築家の違うサイドの能力の完璧さも，両立させようとしているイメージを受けます。伊東さんは，既に「特別な建築家」というフェーズを通過しているので……。「トータリティで勝負しなければならない伊東事務所」という肩書きもバランスさせた結果が，「Waalse Krook」に顕れているのではないでしょうか。

伊東　ぼくたちが置かれた状況において，そのバランスをどうクリアするか？　今のところ，それが最大の悩みどころです。

GA　後は，コンペの結果待ちですね。結果によっては，将来的な伊東事務所の舵取りまで左右しそうです（笑）。

伊東　落選ということになると，「もう少し，暴力的に開き直るしかない！」という雰囲気になるかもしれませんよ（笑）。

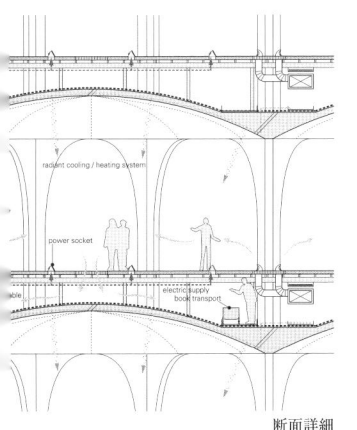

断面詳細

□ エピローグ

■「機能」という概念の弊害

GA 今までは，伊東さん個人のお話が多かったので……。エピローグでは，もう少し視野を広げて，「世の中と建築の関係」について，現況を客観的に分析していただければと思います。

伊東 自分で「建築塾」のようなモノをやりたいと考え始めたのも，「現代の建築教育が，時代の流れから外れてきている」と感じているからなのです。それに対して，「自分が核となってカリキュラムを組み，教えれば，直ぐに建築教育も刷新される」という所までは自信がないのですが……。

　一つ言えることは，「今の建築教育，或いはぼくたちの建築的思考自体が，モダニズム的教育の延長上にあることが問題だ」ということ。

GA 具体的には？

伊東 事務所内でも，良く話していることなのですが……。ぼくたちの生活自体は凄く具体的だし，都市の中での建築も，人々にとってもの凄く具体的な存在として認識されているわけです。

　ところが，建築を設計するとなった途端，いきなり抽象的な方法でデザインしてしまう。とりわけ，様々なアクティビティに対しては，「機能」という言葉で抽出し，その「機能」に対応する抽象的な空間に置き換えている。それらの構成によって，建築ができると考え，図面化や模型化を図っているわけです。

　図面の段階では，まだ抽象的な存在でしかありませんが……。それを元に施工され，既存環境の中に「新たなモノ」として実現した暁には，再び具体的になってくる。

　このプロセスを考えてみると，特にモダニズムの建築手法では，「抽象化」にもの凄く大きな意味があるわけです。もちろん，方法の問題だけでなく，最後に具体的なモノと

■「機能」という概念の弊害

して実現する建築までも，抽象的な存在であって欲しいという気持ちが，現代の建築家にはかなりある。とりわけ，ぼくの近くにいる建築家たちには，同様の傾向が強いと思います。

「これこそ，大問題ではないか？」と，ここ最近は考え続けているのです。

GA 恐らく，ポストモダンが終わっていないということでしょう。モダニズムのカウンターとして，今の世の中があること自体，次のフェイズに踏み出せない理由だと思えます。

もう一つは，「抽象・具象」の話。前世紀末に，インターネットが普及し始め，「ヴァーチャル・リアリティが，世の中を大きく変える」という錯覚を与えたわけです。でも，それから10年経った現況を鑑みると，インターネットは「広く・浅く」だし，ヴァーチャル・リアリティは「リアルな世界と接続できない」ことが判ってしまった。

モダニズムが標榜していた理想みたいなモノは，現実には実存し得ないことが，やっと2010年代に入って判ってきたような気がします。

伊東 そうすると，「〈デザイン・プロセスで，いきなり抽象化する〉という方法を辿らずに，もう少し具体的なまま，建築を考えることができないだろうか？」と考えたくなってしまう。既存の方法のように「機能」という単純な言葉で抽出しなくても，アクティビティをそのまま空間化したくなってきますよね（笑）。

さらに，「機能」という概念自体が，もはや稀弱な意味しか持っていない気がしてしょうがない。極端なことを言えば，「どこでも，何だってできるじゃないか？」と。座るとか，立つとか，人が集まっているとか，一人でいるとか，人間にとっては様々な状態があるけれど……。各々の状態に対して，「最も居心地の良い場」となるような最低限の設

えを施し,「それらの集積として建築ができるのが理想だ」と考え始めています。

そんな意識さえ共有されれば,今のコンペティションのあり方も変わってくるかもしれない。現状では殆どの場合,与条件として「機能のダイアグラム」が示されていますからね。そこで既に,ぼくたちが考えている状態から離れた位置で,スタートすることを強要されている。だからこそ毎回,与条件を「アクティビティの集積」に置換した上で,デザインをリ・スタートせざるを得ないわけです。

■アンチ・ミースのスタンス

GA 今までのお話を伺っていると,「アクティビティの揺らぎ」をかなり許容していらっしゃるようです。それは,アンチ・デザイン的とも受け取れます。

伊東 極端な例の一つが,「せんだいメディアテーク」(2001年)ではないでしょうか。13本のチューブの立ち方は,太さも違えば,各々の間隔も違う。あとは,フラットな床さえ何枚か用意すれば,各々のフロアで人が座ったり,集まったり,どんな行動をとるかは勝手にしてもらえばいい(笑)。

そのくらいルーズな方が,各フロアにアクティビティを起こす人たちも,自由を感じている気がするのです。

GA 言ってみれば,ミースのユニバーサル・スペースですよね？

伊東 それとは違うんですよ(笑)。

GA でも,「何かしらの類似点」を見出してしまうことは,避けられないのではないですか？ それこそ,ポストモダンの範疇で括られてしまう理由だと思います。

伊東 ぼくは,そこで「均質」という問題を挙げたい。ミースの場合,「均質性がベストである」と言っていると思うのです。個人的に,それには真っ向反対！ 「均質さこそ,

2006年6月,「新ナショナル・ギャラリー」で開催された「ベルリン—東京／東京—ベルリン 二つの都市の芸術」展の会場風景。伊東氏が,会場構成を手掛けた

■アンチ・ミースのスタンス

人間を駄目にしている」という立場をとっています。

ところが,「均質さに抗えない現代人」が大半だということは問題です。「均質さ」の延長上で,より抽象的な建築を求めていくのか？ あるいは,もう少し逆方向に建築を戻すことで,非均質化を求めるのか？ そこは,大きな分岐点だという気がしています。

その際に,「床の問題」が大きく絡んでいる。「ミースと同じじゃないか！」と指摘される背景には,「床の問題」があるんですよ。

GA 立ち上がってくる空間の意味や理念は異なっていても,援用しているシステムは同じと感じられなくもない。例えば,「新ナショナル・ギャラリー」(1968年)。ミース個人は,独自のヴィジョンを持っていたかもしれないけれど……。使い方によっては,いくらでも非均質空間になりえるわけですから。

伊東 ミース個人の生涯を辿ると,「均質空間を常に先鋭化させていった」というよりは,ある時点から「古典主義的な建築」へ逆行していったと感じます。ただし,ミース的なユニバーサル・スペースは世界中に蔓延し,ひたすら均質化を高め続けたことは確かだと思う。

その原因でもあり,ぼくたちが設計していて最も難しいと感じているのは「積層する建築」。何層か積み上げる必要がある建築をつくる際,どうしても「床は水平でなければならない」という問題が強く反映されてしまう。ある種の均質さを許容せざるを得ないことは,否定できません。

それでも,2～3層くらいの建築であれば,ある程度,「水平な床」を外して考えることができるようになってきました。

GA 先日,お話を伺った「台中メトロポリタン オペラハウス」(2005年～)は,その典型ですね。

伊東 そこで問題になるのは,建築における「場所性」に

ついてです。

　今までも,「呼吸する建築」とか,「生きている建築」など,凄く情緒的な言い方をしてきましたが……。それらの言葉の背後には,「建築によってつくられる場所が,人間と呼応するような関係をもっと持ち得る筈だ！」という思いがあるのです。そんな意識が,「非均質化」へと連続しているのではないでしょうか。

GA　時々刻々と変化するアクティビティのリサーチに対して,上手く建築が寄り添い,共有していくようなデザインですか？

伊東　「この場所に座りたい」とか,「こちら向きに座りたい」という感覚は,動物的本能として共通しているんじゃないかと思います。

　そんな意識を,建築家が「新たな場所性」として,どこまで自らつくり出せるのか？　不特定多数の人々と共有していけるのか？　これらの問題提起こそ,我々がモダニズム教育の中で捨ててきた部分じゃないでしょうか。

　さらに言うと,捨て去る要因になったモノこそ,「機能」や「性能」への傾倒だと思う。「それらを強く希求すればするほど,本能的な空間への思考がスポイルされてきたのではないか」という気持ちが,特に最近,強くなっています。

GA　モダニズム以前のボザール的建築も,「形式」や「様式」で縛られていた側面がありました。つまり,「機能」の代わりに「形」があったわけです。

　それも避けるとなると,原始的な「構築されていない場」みたいなモノしか,思い浮かばなくなってしまいます。

伊東　ただ,原始的な建築は,基本的にスケールが小さかったですよね。仮に,規模がやや大きくなったとしても,積層された建築はほとんどなかった。

　そう考えてみると,「均質化の推進」は,やはりモダニズムから急激に行われたのは確かです。それを最も象徴して

■社会に対する刺激

いるのが「ミース」だと思うし，そこから反省すべきではないでしょうか。

■社会に対する刺激

GA 建築は，必ずしもイズムを持つ必要はありませんが……。未来に対する道筋として，伊東さんのお考えを上手く可視化できますか？

　現状を鑑みると，オーガニックな表現が注目されている側面もあります。アンチ・モダニズムからスタートしているというポイントだけに絞れば，それらも伊東さんのお考えに呼応しているように見えなくもありません。

伊東 「モダニズムに対抗するような方向性」を可視化できているかと問われれば，暗中模索状態と言わざるをえないでしょう。

GA 一方で，極端に建築をローキー化してしまい，「建築なんていらない」とも言い出し兼ねない状況もあります。例え，原始の状態になったとしても，建築に取って代わる「空間システム」は，時代背景を伴ってドンドン登場してくるとも思えます。

伊東 どうだろうな……。

GA クラシシズムの形式と同じように，モダニズムやポストモダニズムの形式を転用し，そこに新しいアクティビティを注入することで，意味を変質させる。ミースの均質空間を，非均質空間に改変するような「リプログラミング」でイイんじゃないかという考え方もあると言うことです。

　他方で，まったく既視感のない，未体験の新しい空間を生み出し，「社会に対する刺激」を与える。そんな建築が，今後も登場してくる可能性はありますか？

伊東 自分たちでオリジナルのコミューンをつくり，その中の建築を完全にコントロールする。そんな特殊解を除け

ば，現行社会のシステム内でしか，建築を実現することができません。ある程度，モダニズム的システムを受け入れないとコンペティションには勝てないし，建築を施工する社会システムの中にも入り込めない。そのような事実が，現前としてあることは否めないので，まったく既視感のな

2010年5月下旬。
「Ghent Waalse Krook」のスタディ模型を見ながら，インタヴューを受ける伊東氏

いモノをつくるつもりは無いのです。
　ただし，「情報さえ入れ替えれば，モノとしての建築は，今のままでいい」とは思っていません。

GA　もちろん，伊東さんは「社会に対する刺激」を，常に求めていますからね。現代社会においても，トップランナー的な特殊な人たちが生み出す，特殊な建築があっても然りだと思います。

伊東　中東へ行こうが，北京へ行こうが，ニューヨークへ行こうが，まったく同じシステムで建築がつくられている現実は確かにあります。そこに付着している意味が多少違っている程度のことで，世界が動いているのも事実ですからね。

■社会に対する刺激

　それをすべて覆すような建築が，21世紀に顕れるかどうか？　個人的には，もう1世紀くらいは，同じ状態が続くだろうと思います。既存の直交グリッドで構成されている均質空間は，経済性もあるし，高層化も容易に可能ですからね。

　そのこと自体を否定するつもりは無いけれど……。モダニズム的均質化によって，人間がかなりスポイルされているという事実だけは，指摘しておきたい。「そうではない方向の建築もあり得る」ことを表明するのが，今のところは精々ではないでしょうか。今日は，もの凄い謙虚な発言が多くなっているかな（爆笑）。

GA　モダニズムの蔓延によって，ある種の完成をみている世界。その中に，どれだけ新しい伊東さん的特異点をつくれるか？

　つまり，「カウンターとしての存在」であるとも言えると思います。

伊東　それこそ，唯一の「建築をつくり続けるエネルギー」になっています（笑）。

　現代の若い建築家たちは，同じ様な問題をどう考えているのかな……。

GA　現状認識において，否定的でないことは確かです。「否定的な立場」をポーズとして取っている人はいるけれど，影ではかなり迎合しているように感じる。少なくとも闘わないので，世の中に流されているようにしか見えません。

伊東　アンチ・テーゼみたいな意識は，無いのでしょうか？

GA　「ゲーム的」に，アンチ・テーゼという言葉を使うので，主義やイズムとは位相が違うと思います。だからこそ，既存の均質空間に放り込まれても，彼らは十二分に生きていける。

伊東　我々も，コマーシャルベースの中でモノをつくらな

ければならない仕事もあります。その際に，今まで申し上げてきたような意志を，十分に反映できないまま終わるケースも，多々あるわけです。

GA 例えば，アートの世界では，劇作家や絵描きなど，ある純粋な芸術を触っている人だけでなく，経済原理と連動しがちなPOPアートの担い手たちでさえ，無邪気に創作活動をしているわけです。

一方，建築は「作家」と思っている人がいる反面，建築士や大工，職人の仕事と捉えている人たちも多くいる。そんな状況下で，どうやって筋を通し，自分の理念を貫いていくのか？　伊東さんレベルになると，経済活動とのバランスは，それほど難しくないかもしれないけれど……。

伊東 いやぁ，未だに難しいですよ。

GA このような，建築というプロフェッションが抱えている問題は，『読本』の読者には伝えづらいですよね。「格好イイ商売だ！」と気楽に思っている人が，ほとんどではないでしょうか。

伊東 もちろん，「格好イイ所を見せたい」と思っている所もありますよ（爆笑）。そこを外してしまって，「自分は，世の中に取り残された孤独な作家だ」と考え出した途端，「建築というのは存在し得ない」という気もしています。

その際どい境界で，時には向こう側へ行き，時にはコチラ側へ引っ張り込んでいるので，ぼくの活動も「ゲーム的」と呼べるかもしれません。もちろん，最初から「境界の向こう側で活動しなければならない」と思いながら，足を踏み出していくケースもあります。

ただ，それはそれでイインじゃないかと，楽天的に割り切っているんです。現在のチームを維持していくことも凄く大切なことですし，経済活動のベースにも載らなければならない。そういう事によって，逆に「この場合は，コチラ側へ引き込む」というエネルギーが生まれている気がし

ます。

　「そこは、ぼくの曖昧さかもしれない」と思いながら、「そういうヤリ方しかできない」と言ったらいいでしょうか。

■「批評性」に対する意識

GA　最近、従来の正調な建築教育を受けていない人たちが、建築界に出てきています。彼らとの線引きが、見えてきているように思えます。

伊東　例えば、どんな人たちですか？

GA　所謂、空間デザイナーと呼ばれている人です。一方では、建築というジャンルが拡張していると思いたいですが……。他方では、どこかで線が引かれていて、彼らのつくり出すモノは、従来の建築家のそれと確実に違ってみえる自分もいます。

伊東　ぼくも、同じように感じています。家具のデザインをお願いするにしても、藤江和子さんとコラボレーションすれば、「この人は、コチラ側で思考を共有できる人だ」と、直ちにハッキリ判ります。

　その差異は、なかなか言語化しにくいけれど……。モノを見たり、話をちょっとでもすれば、もの凄く明確に、一線が引けてしまうのは確かです。

GA　建築というプロフェッションの特殊性は、その一線に起因しているのではないでしょうか。逆に、建築家と呼ばれる人たちは、家具や食器をデザインしたりするけれど、概して他分野の表現に触れない。つまり、先程仰っていた「アクティビティと、どう寄り添っていくか」というテーマと、相反する現実があるわけです。

伊東　実は、その辺の話を、坂本一成さんなど東工大グループの人たちと、先週の土曜日に行われたシンポジウムでディスカッションしたばかりなのです。ぼくは、「1970年か

ら，日本の現代建築がスタートした」という自説を展開させて戴きました。今，振り返ってみると，「建築に未来はない」と磯崎新さんが宣言して以降，ぼくたちの建築は始まっているわけです。

つまり，「自分たちは，社会の中に受け入れられない建築をつくるんだ！」，あるいは「社会の中に，建築家として存在し得ないんだ」ということを前提に，そこから「どのような建築が，アピールできるか？」と思考し始めた。このスタートは，未だに設計し続けられるエネルギーであると同時に，不幸の始まりでもあった（爆笑）。

GA なるほど。

伊東 1950年代から60年代前半までにつくられた，丹下健三さんや菊竹清訓さんたちの建築。それらはモダニズム的表現をとっていても，凄く生き生きとしているし，ストレートな意味で健康な空間をつくり出している。「そこで人間が生きていくことの幸せさ」を，素直に表現している気がするのです。

ところが，1970年以降の建築は，彼らのように「ストレートな幸せさ」を，表現できなくなってしまった。そこに，「批評をテーマにしながら建築をつくる」という矛盾が生まれたわけです。さらに，批評性をより強めるために，より抽象度を高めていく。未だに，公共の仕事を進めている時には，「批評性」を凄く意識してしまう自分がいます。

はたして，今の若い人たちは，どう考えているのか？　ぼくたちが考えている「批評性」を抜きにして，新しい建築が考えられるのか？　考えられるとすれば，そのテーマは一体，何なのか？

GA それらの問いかけに対する，塚本由晴さんなどの反応は？

伊東 彼に言わせると，「批評性」はおろか，独特の「幾何学」へ落とし込むことに対する不気味さを感じるそうです。

■「批評性」に対する意識

「そんなことを考えなくて,いいじゃないですか?」と。
　一方で,「批評性」無しで「強い表現」が生まれるのか? 彼らは,「強い表現」すら,必要ないと思っているかもしれないけれど……。
GA　例えば,「Joy」なんて言葉を使って,建築を享楽的な

2010年4月28日。
「建築はどこにあるの?」展の
オープンニングで,
インスタレーションの前に立つ伊東氏

表現に置き換えていく作業をしているようです。だけど,その結果は「建築」から妙な逸脱をしていると感じます。
　つまり,「批評性」に限らず,何かしらの足枷を前提に表現されることが,「建築」を成立させるためには不可欠なのかもしれません。
伊東　4月末から始まった,「建築はどこにあるの? 7つのインスタレーション」展のオープニング・セレモニーが終わった後,出展していた若い建築家たちを前にスピーチをする機会がありました。
GA　どんな話をされたのですか?
伊東　「あなた方がやっていることは,余裕があり過ぎるんじゃないか?」ということ。なぜなら,彼らのインスタ

レーションは，展覧会向けに「コレ，面白いでしょ？」という表現で，終わってしまっているように見えたからなのです。

　ぼくは，若い建築家たちが「明日の建築」を，どう提案するのかを見たかった。「君たちは，それに全く答えていない！」と言ったら，出展者の一人でウチの事務所出身の中山英之くんが怒り出してしまって……（笑）。

GA　彼は，何かしら反論していました？

伊東　中山くんは，「六花亭 Tea House」(2008年)のコンペティション案をダウンサイズすることで，インスタレーションにしていました。ご存じのように，倉庫などを兼ねた二つの大きな木扉が向かい合い，その間にピクニック道具（テーブルやイス，ピクニック・シート）が散りばめられている。

　彼の説明によると，「ピクニックへ行くと，世のお父さんたちは皆，建築家になれる」と言うのです。

GA　伊東さんが良く仰る「桜の木の下に幔幕」も，同じ様な感覚ですよね。

伊東　仰る通りです。だけど，彼の考え方とは，ちょっと違っているんですよ（笑）。

　お父さんたちは，森や公園の中で自分で好みの場所を選び，家族の前でピクニックに必要な設えをする。ところが，「建築家が建築をつくった途端，お父さんたちは建築家を辞めてしまう」と言うのです。中山くんは，「お父さんが建築家であり続けられるような状態を，ここで用意しました」と説明していました。

　ぼくにとっては，「世のお父さんが，建築家になるかどうか？」なんて，どうでもイイのです。彼に求めているのは，あくまでも「お父さんが建築家であり続けられる建築を，中山くんがつくったらどうなるのか？」ということです。

GA　彼も，「楽しもう」という感覚が，前提なんでしょうね。建築家という職業も「楽しもう」としているし，提示

■「日本の建築家」に対する今後の評価

する案も楽しめなければならない。
　つまり，崖っぷちでの提案ではない。職業としても逃げ道があり，作家としても逃げ道があると感じます。
伊東　塚本さんも含めて「体験者も楽しませてあげたい」という，サービス精神なのでしょうか。「ゾウやキリンをつくるなんて，建築家のすることだろうか？」と個人的には思ったりもしてしまうけれど……。彼らに言わせれば「竹橋にある美術館なので，竹でつくりました」なんて，飄々と返されてしまうわけ（爆笑）。
GA　まさに，瞬間芸化している（笑）。
伊東　そうですね。既に，建築家像が変質してしまっているのかな……。
GA　だからこそ，空間デザイナーなどの台頭に，危機感があるのです。今のままだと，建築家が彼らに取り込まれ兼ねません。
　「技術者としての建築屋」は存在し続けるかもしれませんが……。所謂「建築家」は，近い将来，消滅してしまう危険もある。

■「日本の建築家」に対する今後の評価

伊東　アメリカにおいては，既に「建築家像」なんて沸かなくなってしまいました。せいぜい，スティーヴン・ホールくらいでしょうか。彼が，一人でシコシコ頑張っている印象しかありません。
GA　彼は最早，古典的な存在かもしれません。
伊東　もちろん，コンピュータというツールを駆使し，モニター内で自在に動かしていく「建築家像」も，アメリカでは生まれつつありますが……。全体的な建築家の有り様としては，日本と似ている気がします。
GA　やっぱり，注目は中国ですか？

伊東　どうかな……。中国へ行くと，機会に恵まれた若い建築家が，10数本のスカイスクレーパーを同時に設計していたりします。「自分でも怖いくらいだ」と発言してしまうくらい，一種の異常な状態になっている。

　そう考えると，大分変わってきているけれど，まだ，ヨーロッパは信頼できる社会だと思います。

GA　もう，日本は信頼できない？

伊東　政治・経済を含めて，より悪循環が加速しているというのが実感です。

GA　今後，「日本の建築家」に対する評価は，どうなっていくとお考えですか？

伊東　若い建築家を含めて，「日本の建築家」が評価されている部分の50％は，ゼネコンのお陰だと思います。全体的に日本の建設単価は高いけれど，それを前提にすれば，どんなに難易度が高いプロジェクトも，それほどコストの差が無く，易々と高度な技術を発揮してくれる。

　ゼネコンという組織の下には，素晴らしい職人たちも控えています。彼らがやる気にさえなってくれれば，もの凄く完成度の高い結果をもたらしてくれるわけです。

　ぼくたちの仕事は，次第に海外のプロジェクトが多くなっています。だけど，今までも海外だけで仕事をしていたら，とても現在のような評価は得られなかった筈です。自分がつくってきたモノを顧みても，「コレがオレの建築だ！」と表明しようとすれば，国内の作品ばかりになりますからね。

GA　ある意味で，「日本の現代建築」の本質的な部分を，輸出できていない？

伊東　現行法規に適っていて，予算内に納まっていれば，「まあ，イイんじゃないの」というすり抜け方で実現してしまう公共建築が，日本の場合は多いのです。

　パリ市内で，「せんだい」と同じ様な建築をつくろうとし

1998年11月9日。
「せんだいメディアテーク」の現場

■「日本の建築家」に対する今後の評価

たら，恐らく10倍以上の困難が待ち受けていると思います。「コレが建築か？」という議論を幾つもすり抜けないと，実現しない。そういう意味でも，日本の建築家は恵まれていると思います。

GA 個人住宅レベルから公共建築まで，社会がパトロンとして成立している。

伊東 「良く判らないけれど，まぁイイんじゃないの」と言っている内に竣工を迎えてしまうので，「日本の現代建築」とは本当に不思議なモノです。

GA 使い勝手が悪くても訴訟にはならない，特殊な島国的コミュニティの産物だとも言えます。

伊東 それは，けして悪いことではないのですが……。すべてが訴訟対象になってしまうと，アメリカ社会のように，新しい挑戦にチャレンジできなくなるでしょう。

　そういう意味で，個人的に期待している地域は，アジアなのです。日本よりアジア諸国の方が，「建築への期待感」が確実に強いですからね。

　今のところ日本のゼネコンは，経済性さえ合えば欧米よりアジア諸国の方が出やすいようです。そこを上手く組み合わせることができれば，可能性は広がると考えています。

GA ギャルソンやイッセイへの興味は既に収束していますし，トヨタの技術も先端を走り続けることは難しいと思います。将来的に，日本から発信される「新しいモノ」は，何になると予想されますか？

伊東 モノでは，難しいかもしれないな……。

GA 他国からのアイディアが日本でエクストリームに拡張して，世界に発信されるケースは多く見受けられます。それは，実験室の培養シャーレのようなモノなので，新たなオリジナリティが生まれているようには感じません。

伊東 人にしろ，モノにしろ，国外に出ていくことは重要でしょうね。日本の中でモノをつくると，あまりに精度が

上がり過ぎていて,「持て余し状態」に陥っている気がします。日用品の中にも,「こんなに性能がイイものをつくって,どうするんだ？」という感じがあるじゃない（笑）。

　すべてに渡って,日本社会は精度が良すぎてしまう。首都圏の鉄道が1分刻みで正確に発着していることに,海外から来た人たちは皆,驚いていますからね。それに慣れてしまうと,「5秒遅れただけで,イヤな顔をする」ような感覚が生まれてしまうでしょ。そうやって,先窄みの目標へ向かってひたすら先鋭化していく状態は,本当に先行きがない気がします。

　だから,今持っている技術を使って,少しずつでもアジア諸国の施工精度を上げていくような輸出の方が,圧倒的に意味があると思います。ひたすらソフィスティケートしていく状態は,居たたまれないし,「誰も楽しめない状態」しか生まないと思う。

　アトリエ・ワンのような「Joy」も,そうした現状に対しての提案なのかなぁ……（笑）。

GA　一応,現状に対するカウンター的な意識で,彼らも「Joy」に目を付けたのではないですか？

伊東　確かに。そういう意味では,「イイセン行っている」のかもしれませんね。

GA　こういう話をすると,「日本の現代建築に未来はない」というイメージしか浮かばないですね。

伊東　そうですね……。アメリカに比べれば,強いエネルギーを持った若手建築家がいるのが救いですね。

　例えば,石上純也さんの建築は,「日本のソフィスティケーションの極み」みたいな所があります。「神奈川工科大学KAIT工房」(2007年)なんて,「これ以上,柱を細くしたら折れちゃうぜ！」みたいな建築ですから（笑）。

GA　個人的には,それこそ「建築の本質をズラしている」ように感じます。つまり,建築家が空間デザイナーの振り

をしているように見えなくもない。

伊東 空間デザイナーと違うところは、「柱が折れたら、倒れてしまう」ということかな（笑）。「揺れてもイイけれど、折れないで！」という極限まで行くのは、電車を15秒刻みで走らせている状態に近いと思う（笑）。

GA 一方、それで勝負しているNIPPONがあるのも事実です。

伊東 「KAIT工房」なんて、他の国ではつくれないし、つくらせないと思いますよ。

■「公共性」の衰え

GA ところで、伊東さんご自身は、現状にどう対処していかれるのですか？ 以前、60歳の還暦を迎えられた際にお話を伺った時には、「今までとは違う、発散の仕方をする」と仰っていました。

伊東 今、振り返ってみると、「この10年は結構、楽しんだな！」と思います。1990年代に比べれば、割と自由に発想できるようになりました。日本での仕事が少なくなった反面、海外での仕事が増えたことで、さらに自由度が上がった感じもある。

この10年間キープしてきたような「自由さ」は、今後の10年も持続できる気がしています。ただし、今までもご指摘いただいたような、「建築の強さ」や「暴力性」も確保し、バランスを採ることは、なかなか難題ですね。

言い換えれば、「どうやって、若さを保つか？」にも繋がるので、体力維持も不可欠でしょう（笑）。

GA 片方で、学校を立ち上げるプランもあるようなので……。

伊東 若い人の育成や子供の教育は、かなり楽しみにしています。「教える」ということ自体、初めて考えているわけ

です。
　でも，最終的には「何をつくるか！」で，勝負しなければいけない。少なくとも，あと10年は，つくらざるを得ないかな（笑）。

GA　そんなことを言わないでくださいよ（笑）。

伊東　だって，10年後は79歳ですよ。

GA　今時は，まだまだ現役の年齢です。
　今までも，社会を見つめる際のキーワード「公共性」や「消費」，「情報」などを挙げて，持論を展開してこられました。今後の10年を考えた際に，新たなキーワードが出てきそうですか？

伊東　「公共性」は，相変わらず大きな問題として横たわっています。未だに，公共建築を考える際には，「建築を変えていきたい！」という気持ちが強く湧き上がってくる。

GA　それらは全て，堆積し続けるテーマなのでしょう。だからこそ，総合的にクオリティを上げていく必要も出てくる。
　一方で，各々のテーマが重層することで，建築として実態化した際の「ストレートさ」を欠く場合もある。何れにしろ，あるテーマを建築に置き換える際に，難易度が上がっているように感じます。

伊東　特に，「消費」の問題と「建築の暴力性」は，強く絡んでいると思います。世界中が消費社会に覆われ，ほとんど「公共性」が期待できない状況になっている。それでもまだ，「公共性」に拘り続けざるを得ない自分がいるのです。
　ただし，先進国の場合は，コチラが攻撃するポーズを取って身構えていても，敵が出てこない状況になっているでしょ（笑）。アメリカで進めていた「カリフォルニア大学バークレー美術館／パシフィック・フィルム・アーカイブ」（2006年～）だって，経済状況が悪いと言っても，一応，ぼくたちなりに「良いプロジェクトだろう！」と判断した上で

「Ghent Waalse Krook」：
最終案に至る直前の全体模型

■仮想敵に対する暴力性

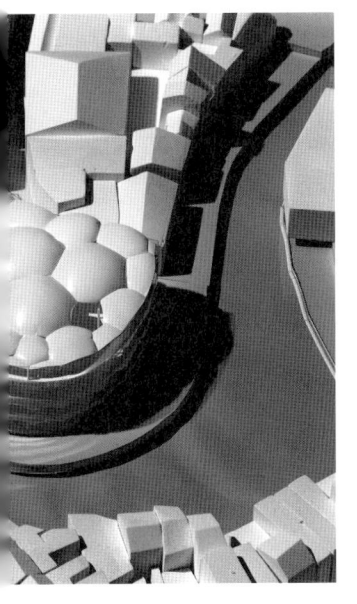

チャレンジしていたのです。ところが、「こんなに簡単に辞めちゃうの！」という位、アッサリした判断が下されました。「公共性」の力の衰えを、実感した瞬間でもあります。

そのような状況で、何が可能なのか？　確かに、ご指摘いただいたように、「ゲント市図書館及びニューメディアセンター（Ghent Waalse Krook）」（2010年）は「ゲント市文化フォーラム」（2004年）に比べれば、案としての暴力性は弱まっているけれど……。ぼくたちの立場から言えば、闘う相手の問題もあると思うのです。

ヨーロッパ社会でさえ保守化しているので、「凄い建築をつくろうぜ！」という空気が薄いし、「新しい建築」に対する期待が弱くなっていると感じます。それが、経済と関連した一過性のものなのか、本質的な変化なのかは、判断しかねますが……。

GA　沈没したアメリカや右肩下がりのヨーロッパが、直ぐに息を吹き返す可能性はかなり低いのではないでしょうか。10年前であれば「経済による一過性の現象」と楽観視できたのでしょうが……。「既に代謝されて、違う社会が生まれている」と捉えた方が、正しい気がします。

伊東　日本も同じ様な状況だから、若い人たちも「現状を楽しめばイイじゃない！」というスタンスを採ってしまうんでしょうね。

■仮想敵に対する暴力性

GA　以前にも話題にしましたが……。こんな社会でも、フェラーリが欲しい人は、どこかに必ず居る筈なんです。特殊解を繰り出し続けるためには、そのようなピン・ポイントを探す必要もあるのでしょう。

建築家は、「モノをつくってナンボ」のプロフェッションですからね。戦時中、コルビュジエがヴィシーの傀儡政権

に歩み寄ったのも，「クリエイターの性」として見ればリアリティのある話でもあります。

伊東 そこで，ぼくは逡巡してしまう所があるのです。例えば，ドバイに行ったら，予算が潤沢にあるので，やりたいことが容易に実現するかもしれません。ただし，「何かに対して，何かを変える」という意識の「何か」にあたるモノが，なかなか見出せない。中国に対しても，同様な逡巡があります。

あくまでもぼくたちは，「公共」という仮想敵を掲げた上で，「それに対して批評性を持つことが，常に何かを革新していくことだ！」という意識がありました。近代主義的な側面はありますが，そんな精神があったから，今まで設計し続けることができたとも言い切れます。

その仮想敵が何処にも見えなくなった社会においても，新たな仮想敵を想定できるのか？　少なくとも，「別のモチベーションへスライドすることができる可能性」については，今のぼくには，まだ見えていないのです。そんな自分の気持ちに対して，正直に判断した結果，ドバイにも行かないし，中国へも行かない。

その点，同世代のレム・コールハースは，もっと大きな視野で闘っているように見えます。「全人類が敵！」みたいな，アグレッシブさがありますからね（笑）。

GA それじゃ，「地球が敵！」になってしまいますよ（笑）。

伊東 そんなスタンスを取れるから，「何でもヤッチャえ！」という所がある。

GA それこそ，彼独特の才能ですね。「ゴミが敵！」とまで言うことで，何にでも対立関係を見出してしまう。

伊東 だから，ドバイや中国で仕事をしても，国自体が敵になり得るんでしょう。そうやって考えると，レムのスタンスは面白いけれど……。彼以外に，モデルケースを示してくれる建築家は，世界中を探しても，今のところ見当た

■仮想敵に対する暴力性

りません。

GA 最近の伊東さんは,「台北POPミュージックセンター」(2010年)のように,「環境」というキーワードも掲げています。この「環境」とは,けして「仮想敵」ではありません。どちらかと言えば,社会的なコンセンサスを採り得る「身方」であり,「それをどう建築化するか?」を思考されていました。

伊東 確かに,「台北」的な方法もありえるでしょう。ただし,「暴力性」とは逆方向ですから……。

GA レムが絶妙なのは,そのような対象にも「暴力的」であり続けるところなのでしょう。まず,「身方」を殴ることから始めるので,上手く行かない場合は,とことん上手くいかない(笑)。

伊東 レムのような「殴った後に仲良くなる」コミュニケーションは,ぼくが最も苦手とする所なんだよな(爆笑)。

　最近,ぼくのつくった公共施設には,「何かを変えたい!」という強い意志はあるつもりです。それでも,クライアントからは十分,満足されていると自負していますよ(笑)。ぼくにはやっぱり,相手の言うことを良く聞いて,その意見を取り込みつつ,自分の土俵に引っ張り込む方法しかできませんね。

(了)

作品リスト（1970-）

WORKS & ONGOING PROJECTS：

□ アルミの家
神奈川県藤沢市／専用住宅／1970-71
□ 千ヶ滝の山荘
長野県北佐久郡／専用住宅／1973-74
□ 黒の回帰
東京都世田谷区／専用住宅／1974-75
□ ホテルD
長野県小県郡／ホテル／1974-77
□ 中野本町の家（White U）
東京都中野区／専用住宅／1975-76
□ 上和田の家
愛知県岡崎市／専用住宅／1976
□ PMTビル―名古屋
愛知県名古屋市／事務所／1976-78
□ 王子の家
東京都北区／専用住宅／1977-78
□ PMT工場―大阪
大阪府寝屋川市／工場／1978-79
□ PMTビル―福岡
福岡県福岡市／事務所／1979
□ 小金井の家
東京都小金井市／専用住宅／1979
□ 中央林間の家
神奈川県大和市／専用住宅／1979
□ 日本航空チケットカウンター／1979-91：
香港，マドリード，モスクワ，オークランド（1979）／フランクフルト，福岡（1981）／シカゴ，コペンハーゲン，ミュンヘン（1982）／シアトル，メキシコシティ，神戸，新潟（1983）／ロンドン，リオデジャネイロ，北京，千葉，長崎（1984）／カラチ，アテネ，京都（1985）／デュッセルドルフ，ハンブルグ，クアラルンプール，ジュネーブ，フランクフルト2，ホノルル，東京，札幌，金沢，名古屋（1986）／バンコック，上海，ワシントン，サンフランシスコ，広島，ジャカルタ（1987）／マニラ，香港2，シドニー（1988）／チューリッヒ，帝国ホテル，ソウル，プサン，ロサンゼルス，福岡2，カイロ（1989）／北京2（1990）／シンガポール，ニューヨーク，パリ（1991）
□ 笠間の家
茨城県笠間市／専用住宅／1980-81
□ 梅ヶ丘の家
東京都世田谷区／専用住宅／1981-82
□ 花小金井の家
東京都小平市／専用住宅／1982-83
□ 田園調布の家
東京都大田区／専用住宅／1982-83
□ シルバーハット
東京都中野区／専用住宅／1982-84
□ 中井の家
東京都新宿区／専用住宅／1983
□ ホンダクリオ世田谷ショールーム
東京都世田谷区／事務所／1985-86
□ 馬込沢の家
千葉県船橋市／専用住宅／1985-86
□ 神田Mビル
東京都千代田区／事務所，店舗／1985-87
□ レストランバー・ノマド
東京都港区／レストランバー／1986
□ 横浜風の塔
神奈川県横浜市／シンボルタワー／1986
□ 高樹町の家
東京都港区／賃貸住宅，専用住宅／1986-88
□ なら・シルクロード博：浮雲エリア
奈良県奈良市奈良公園／博覧会施設／1987-88
□ 横浜博覧会・海のゲート周辺施設
神奈川県横浜市みなとみらい21地区／博覧会施設／1987-89
□ サッポロビール北海道工場ゲストハウス
北海道恵庭市／ゲストハウス／1987-89
□ レストラン・パスティーナ
東京都世田谷区／レストラン，店舗，事務所／1987-89
□ 名古屋世界デザイン博：
メイテック・中日新聞CBCパビリオン
愛知県名古屋市／博覧会施設／1988-89
□ 浅草橋Ⅰビル
東京都台東区／事務所，ショールーム／1988-89
□ 八代市立博物館・未来の森ミュージアム
熊本県八代市／博物館／1988-91
□ 風の卵（大川端リバーシティ21タウンゲートB）
東京都中央区／ゲート・オブジェ／1988-91
□ フランクフルト市立劇場　照明デザイン
フランクフルト，ドイツ／1988-91
□ アミューズメント・コンプレックスH
東京都多摩市／複合商業施設／1988-92
□ フランクフルト市エッケンハイム幼稚園
フランクフルト，ドイツ／幼稚園／1988-93

□ 中目黒Tビル
東京都目黒区／事務所／1989-90
□ 湯河原ギャラリーU
神奈川県足利下郡／ギャラリー，倉庫／1989-91
□ 南青山Fビル
東京都港区／事務所，住宅／1989-91
□ 八代ギャラリー8
熊本県八代市／ギャラリー／1990-91
□ 下諏訪町立諏訪湖博物館・赤彦記念館
長野県諏訪郡／博物館／1990-93
□ ホテルP
北海道斜里郡／ホテル／1991-92
□ 松山ITMビル
愛媛県松山市／事務所／1991-93
□ つくば南駐車場
茨城県つくば市／駐車場，店舗，事務所／1991-94
□ 養護老人ホーム八代市立保寿寮
熊本県八代市／養護老人ホーム／1992-94
□ 八代広域消防本部庁舎
熊本県八代市／消防署，事務所／1992-95
□ 長岡リリックホール
新潟県長岡市／コンサートホール，劇場／1993-96
□ 大館樹海ドームパーク
秋田県大館市／野球場，多目的競技場／1993-97
□ 蓼科S邸
長野県茅野市／専用住宅／1994-95
□ 横浜市東永谷地区センター・地域ケアプラザ
神奈川県横浜市／地区センター，地域ケアプラザ／1994-97
□ 小国S邸
熊本県阿蘇郡／アトリエ，住宅／1995-96
□ 大田区休養村とうぶ
長野県小県郡／宿泊施設／1995-98
□ せんだいメディアテーク
宮城県仙台市／図書館，美術館，映画館／1995-2001
□ 大分アグリカルチャーパーク
大分県速見郡／集会所，研修所，店舗，他／1995-2001
□ みなとみらい線　元町・中華街駅
神奈川県横浜市／地下鉄駅舎／1995-2003
□ 野津原町庁舎
大分県大分郡／事務所／1996-98
□ 大社文化プレイス
島根県簸川郡／劇場，図書館／1996-99
□ 東京大学物性研究所
千葉県柏市／実験棟／1997
□ 祐天寺T邸
東京都世田谷区／住宅，事務所／1997-99
□ 桜上水K邸
東京都世田谷区／専用住宅／1997-2000
□ ハノーバー2000国際博覧会：「健康館」インスタレーション
ハノーバー，ドイツ／インスタレーション／1998-2000

□ ブルージュ・パビリオン
ブルージュ，ベルギー／パビリオン／1999-2002
□ 東雲キャナルコートCODAN 2街区
東京都江東区／集合住宅，店舗，保育園，駐車場／1999-2003
□ オフィス・マーラー4・ブロック5
アムステルダム，オランダ／事務所，店舗／2000-05
□ コニャック・ジェイ病院
パリ，フランス／リハビリステーション，ホスピス，障害児童ケア施設／2000-07
□ 「ショロン」山崎広太ダンス公演舞台デザイン
Bunkamura シアターコクーン，東京／舞台美術／2001
□ 稲城W邸
東京都稲城市／専用住宅／2001-03
□ まつもと市民芸術館
長野県松本市／オペラハウス，劇場／2001-04
□ フローニンゲン アルミ ブリック ハウジング
フローニンゲン，オランダ／ギャラリー，ゲストルーム／2001-05
□ リラクゼーション・パーク・イン・トレヴィエハ
トレヴィエハ，スペイン／公園，スパ複合施設／2001-
□ サーペンタイン・ギャラリー・パビリオン2002
ロンドン，イギリス／パビリオン／2002
□ TOD'S表参道ビル
東京都渋谷区／店舗，事務所／2002-04
□ アルミコテージ
山梨県南巨摩郡／別荘／2002-04
□ 福岡アイランドシティ中央公園中核施設ぐりんぐりん
福岡県福岡市／温室，他／2002-05
□ MIKIMOTO Ginza 2
東京都中央区／店舗，事務所／2003-05
□ VivoCity
ハーバーフロント，シンガポール／商業複合施設／2003-06
□ バルセロナ見本市・グランビア会場：セントラルアクシス・パビリオン8，エントランスホール・パビリオン1
オスピタレット，バルセロナ，スペイン／見本市，コンベンションホール／2003-07
□ スイーツアベニュー アパートメント ファサードリノベーション
バルセロナ，スペイン／コンドミニアム／2003-09
□ ガヴィア公園
マドリッド，スペイン／公園／2003-
□ SUS福島工場社員寮
福島県須賀川市／社員寮／2004-05
□ 瞑想の森 市営斎場
岐阜県各務原市／火葬場／2004-06
□ 多摩美術大学図書館（八王子キャンパス）
東京都八王子市／図書館／2004-07
□ White O
マルベーリャ，チリ／別荘／2004-09
□ トーレス・ポルタ・フィラ

オスピタレット、スペイン／ホテル棟：ホテル、宴会場、
オフィス棟：オフィス、店舗／2004-10
☐「フィガロの結婚」舞台装置
長野県松本市／舞台装置／2005
☐ 座・高円寺
東京都杉並区／劇場／2005-08
☐ ペスカラの大きなワイングラス
ペスカラ市、イタリア／アートワークモニュメント、広場計画／2005-08
☐ 2009 高雄ワールドゲームズ メインスタジアム
高雄市、台湾／競技場、公園／2005-09
☐ バルセロナ見本市・グランビア会場拡張計画：オーディトリアム、コーポレートビル、パビリオン5、パビリオン7
オスピタレット、バルセロナ、スペイン／見本市、コンベンションホール、オフィス、他／2005-
☐ 台中メトロポリタンオペラハウス
台中市、台湾／劇場、商業施設、レストラン、公園／2005-
☐ ベルビュー・レジデンシズ
オクスレーウォーク、シンガポール／コンドミニアム／2006-10
☐ 今治市伊東豊雄建築ミュージアム（仮称）
愛媛県今治市／建築博物館／2006-11（予定）
☐ 台湾大学社会科学部棟
台北市、台湾／大学施設／2006-12（予定）
☐ SUMIKA パビリオン/SUMIKA PROJECT by TOKYO GAS
栃木県宇都宮市／パビリオン／2007-08
☐ Market Street Tower
マーケットストリート、シンガポール／オフィス、店舗、レストラン、ジム、スパ／2007-
☐ 松山煙草工場跡地文化園区BOT計画
台北市、台湾／オフィス、ホテル、店舗、文化施設／2008-12（予定）
☐ 岩田健 母と子のミュージアム（仮称）
愛媛県今治市／美術館／2009-11（予定）
☐ 三栖右嗣記念館（仮称）
埼玉県川越市／2009-

FURNITURE & PRODUCTS：

☐ FU-FU/FU-LA/FU-MIN（東京遊牧少女の家具）／ダイニング・チェア／1986
☐ 家具シリーズ "カタイ・キョロ"／ガーデン・ファニチャー（カタイ）、ダイニング・チェア（キョロ）／1988
☐ ストリート・ファーニチャー "Ripples"／東京都港区／ベンチ／2003
☐ HORM "Moony"／食器棚／2003
☐ HORM "Polka Dots"／収納キャビネット／2003
☐ HORM "Ripples"／ベンチ／2003
☐ HORM "Kaze"／本棚／2005
☐ HORM "Sendai 2005"／展覧会出展用の作品／2005

☐ Alessi "Kaeru"／カップ＆ソーサ／2005
☐ Escofet "Naguisa"／屋外ベンチ／2005
☐ Alessi "KU"／テーブルウェア／2006
☐ yamagiwa "MAYUHANA"／照明器具／2007
☐ オリベデザインセンター "Bo"／カップ＆ソーサー／2007
☐ Olivari "Fin"／ドアハンドル／2008
☐ yamagiwa "MAYUHANA II"／照明器具／2009

COMPETITIONS & UNBUILT PROJECTS：

☐ URBOT-002（無用カプセルの家）
専用住宅／1971
☐ 新建築住宅設計競技1972応募案（佳作）
専用住宅／1972
☐ Dom-ino プロジェクト
セミ・オーダー式住宅システム／1981
☐ 大鰐スポーツコンプレックス計画
青森県南津軽郡／スポーツ施設／1985
☐ 藤沢市湘南台文化センター設計コンペティション応募案
神奈川県藤沢市／文化センター／1985-86
☐ 西条の家
広島県東広島市／専用住宅／1986
☐ MAC 商業コンプレックス・プロジェクト
東京都町田市／商業施設、各種学校／1987-88
☐ 地上12mの楽園・プロジェクト
東京都台東区／1988
☐ 日仏文化会館コンペティション応募案
パリ、フランス／劇場、展示、図書館／1989-90
☐ アントワープ市再開発計画 I―サウスドック・プロジェクト
アントワープ、ベルギー／公園、文化施設／1990
☐ アントワープ市再開発計画 II
アントワープ、ベルギー／公園、文化施設, 商業施設、他／1990-93
☐ ベルリン・スポーツホール・コンペティション応募案
ベルリン、ドイツ／スポーツホール／1992
☐ パリ大学図書館コンペティション応募案
パリ、フランス／大学図書館／1992
☐ 札幌コミュニティードーム
北海道札幌市／1994
☐ 武蔵野の森総合スポーツ施設
東京都調布市／サッカースタジアム、多目的競技場／1995
☐ 東京フロンティア・プロジェクト
東京都江東区／事務所、休憩所、催事ホール／1995
☐ ソウルドーム（Crystal Ballpark）
ソウル、韓国／野球場、多目的競技場、複合商業施設／1997
☐ テッサロニキ・ウォーターフロント再開発プロジェクト
テッサロニキ、ギリシャ／1997
☐ 広島メッセ・コンベンション・センター・プロジェクト
広島県広島市／展示場、会議場／1997

☐ 国際決済銀行増築コンペティション応募案
バーゼル、スイス／事務所／1997-98
☐ JVC現代美術館計画案
グアダラハラ、メキシコ／美術館／1998
☐ ローマ現代美術館コンペティション応募案
ローマ、イタリア／美術館／1999
☐ 盛岡駅前複合施設コンペティション応募案
岩手県盛岡市／会議場、多目的プラザ、図書館／2000
☐ シンガポール・ブオナ・ヴィスタ地区
マスタープラン・コンペティション応募案
ブオナ・ヴィスタ、シンガポール／メディア研究施設、情報インフラ研究施設、ライフサイエンス研究施設、商業施設、ホテル、居住施設、他／2000-01
☐ コルドバ・コングレスセンター指名設計競技参加案
コルドバ、スペイン／国際会議センター／2001
☐ オスロ・ウェストバーネン再開発計画コンペティション応募案
オスロ、ノルウェー／図書館、美術館、映画館、会議場、オフィス、住宅、店舗／2002
☐ スコットランド・Sプロジェクト
スコットランド、イギリス／百貨店／2002-03
☐ N社キャンパス研究棟計画案
バーゼル、スイス／研究室／2003
☐ コインブラ・サンタクルズ公園リノベーション計画案
コインブラ、ポルトガル／公園施設／2003
☐ 武蔵境新公共施設設計競技応募案
東京都武蔵野市／図書館、会議場、ギャラリー、スタジオ／2003-04
☐ アミアンFRAC現代美術館 指名設計競技案
アミアン、フランス／美術館／2003-04
☐ ゲント市文化フォーラム・コンペティション応募案
ゲント、ベルギー／音楽ホール、劇場、スタジオ、他／2003-04
☐ レ・アール国際設計競技応募案
パリ、フランス／駅複合施設／2006-07
☐ カリフォルニア大学 バークレー美術館/パシフィック・フィルム・アーカイブ計画案
バークレー、カリフォルニア、USA／アートギャラリー、フィルムアーカイブ、リサーチプログラム／2006-10
☐ ノルウェー・オスロ市 ダイクマン中央図書館コンペティション応募案
オスロ、ノルウェー／図書館、店舗、オフィス、住戸／2008-09
☐ 台北POPミュージックセンター コンペティション応募案
台北、台湾／室内ホール、野外パフォーマンススペース、ライブハウス、ショップ、オフィス、他／2009-10
☐ ゲント市図書館及びニューメディアセンター（仮称）
ゲント、ベルギー／図書館、ニューメディアセンター／2010

EXHIBITIONS & WORKSHOPS：

☐ 東京遊牧少女の包／西武百貨店渋谷店、東京／1985
☐ 東京遊牧少女の包2（トランスフィギュレーション展）／旧マガザン・ヴォーケーズ、ブリュッセル、ベルギー／1989
☐ ヴィジョンズ・オブ・ジャパン「シミュレーションの部屋」／ヴィクトリア＆アルバート美術館、ロンドン、イギリス／1991
☐ Japan Today '95, The Third Reality／ルイジアナ現代美術館、コペンハーゲン、デンマーク／1995
☐ Light Construction／ニューヨーク近代美術館、ニューヨーク、USA／1995
☐ Blurring Architecture／ズュアモント・ルードヴィッヒ博物館、アーヘン、ドイツ（1999）、TN Probe、東京（1999）、deSingel、アントワープ、ベルギー（2000）
☐ Vision and Reality／ルイジアナ現代美術館、コペンハーゲン、デンマーク／2000
☐ Toyo Ito Architetto／バジリカ・パラディアーナ、ヴィツェンツァ、イタリア／2001
☐ ヴェネチア・ビエンナーレ―8 International Architecture Exhibition NEXT／ヴェネチア、イタリア／2002
☐ ヴェネチア・ビエンナーレ―9 International Architecture Exhibition METAMORPH／ヴェネチア、イタリア／2004
☐ TOYO ITO made IN ITALY／チリ国立美術館、サンティアゴ、チリ（2005）、Ex Mercato Ortofrutticolo、ペスカラ、イタリア（2005）、Fontana Arredamenti、ヴィツェンツァ、イタリア（2006）、デザイン・ミュージアム、ゲント、ベルギー（2006）
☐ TOYO ITO l'architecture comme processus
FRAC Orleans, オルレアン、フランス／2006
☐ Skin + Bones／ロサンゼルス現代美術館、カリフォルニア、USA（2006）、国立新美術館、東京（2007）、サマセット・ハウス、ロンドン、イギリス／2008
☐ 伊東豊雄 建築｜新しいリアル／東京オペラシティアートギャラリー、東京（2006）、せんだいメディアテーク、宮城（2007）、神奈川県立近代美術館、葉山館、神奈川（2007）
☐ 生成する秩序／INAX銀座ショールーム、東京／2008
☐ TOYO ITO: GENERATIVE ORDER（生成する秩序）／台北市立美術館、台北、台湾／2008
☐ 伊東豊雄 × takram「風鈴」／オカムラショールーム（ホテルニューオータニ内）、東京／2008
☐ 建築以前・建築以降／小山登美夫ギャラリー、東京／2008
☐ Toyo Ito 2001-2009／カーサ・アジア、バルセロナ、スペイン／2009
☐ 建築はどこにあるの？ 7つのインスタレーション／東京国立近代美術館、東京／2010
☐ GAギャラリー（東京都渋谷区）における展覧会：
・GA JAPAN展／1988年〜
・GA 住宅プロジェクト展／1999年〜

・GA INTERNATIONAL展／1995年～
・〈伊東豊雄〉AI chitecture 2000展／2000年

AWARDS：

□ 日本建築家協会新人賞：笠間の家／1984
□ 日本建築学会賞作品賞：シルバーハット／1986
□ 毎日芸術賞：八代市立博物館／1992
□ 芸術選奨文部大臣賞：大館樹海ドーム／1998
□ 日本芸術院賞：大館樹海ドーム／1999
□ 国際建築アカデミー（IAA）アカデミシアン賞／2000
□ アメリカ芸術文化アカデミー　アーノルド・W・ブルーナー賞／2000
□ グッドデザイン大賞：せんだいメディアテーク／2001
□ ヴェネツィア・ビエンナーレ「金獅子賞」／2002
□ 日本建築学会賞作品賞：せんだいメディアテーク／2003
□ 金のコンパス賞（Compasso d' Oro ADI）：木製ベンチ"Ripples"／2004
□ 王立英国建築家協会（RIBA）ロイヤルゴールドメダル／2006
□ 公共建築賞（国土交通大臣表彰）：せんだいメディアテーク／2006
□ 金のコンパス賞（Compasso d' Oro ADI）：HORM社のブースデザイン／2008
□ オーストリア・フレデリック・キースラー建築芸術賞／2008
□ マドリード美術協会（CBA）金メダル／2009
□ 朝日賞／2010

BOOKS：

□ マニエリスムと近代建築
コーリン・ロウ著　松永安光 共訳／彰国社／1981
□ 風の変様体
青土社／1989
□ Monographies d' architecture Toyo Ito
Editions du Moniteur／1991
□ シミュレイテド・シティの建築
INAX出版／1992
□ EL CROQUIS 71「Toyo Ito 1986-1995」
el croquis editorial／1995
□ Architectural Monograph No. 41 Toyo Ito
Academy Editions／1995
□ 2G Monograph No. 2 Toyo Ito
GG, Editorial Gustavo Gili／1997
□ Toyo Ito—Blurring Architecture
Edizioni Charta／2000
□ 透層する建築
青土社／2000

□ JA41 特集「伊東豊雄 toyo ito 2001」
新建築社／2001
□ GA ARCHITECT No.17「Toyo Ito 1970-2001」
A.D.A. EDITA Tokyo／2001
□ 伊東豊雄/ライト・ストラクチュアのディテール
彰国社／2001
□ 建築：非線型の出来事—smtからユーロへ
彰国社／2003
□ PLOT 03 伊東豊雄：建築のプロセス
A.D.A. EDITA Tokyo／2003
□ a+u 404 特集「伊東豊雄 アンダーコンストラクション」
a+u／2004
□ EL CROQUIS 123「Toyo Ito 2001-2005 beyond modernism」
el croquis editorial／2005
□ a+u 417 特集「伊東豊雄 イメージを超えて」
a+u／2005
□ みちの家（子どもたちに伝えたい家の本08）
インデックス・コミュニケーションズ／2005
□ Toyo Ito Conversaciones con estudiantes
GG, Editorial Gustavo Gili／2005
□ けんちく世界をめぐる10の冒険
彰国社／2006
□ 伊東豊雄 建築｜新しいリアル
伊東豊雄展実行委員会／2006
□ にほんの建築家 伊東豊雄・観察記
TOTO出版／2006
□ つくる図書館をつくる
鹿島出版会／2007
□ 伊東豊雄 建築論 文選 衍生的秩序
田園城市／2008
□ TOYO ITO—RECENT PROJECT 伊東豊雄 最新プロジェクト集
A.D.A. EDITA Tokyo／2008
□ TOYO ITO
Phaidon Press Limited／2009
□ a+u 472 特集「伊東豊雄／建築と場所」
a+u／2009
□ EL CROQUIS 147「Toyo Ito 2005-2009 liquid space」
el croquis／2009
□ 伊東豊雄 NA建築家シリーズ 01
日経BP社／2010
□ Pioneer Forever 建築家 伊東豊雄
天下文化／2010

伊東豊雄
1941　京城市に生まれ，長野県下諏訪町で育つ
1965　東京大学工学部建築学科卒業
1965-69　菊竹清訓建築設計事務所勤務
1971-79　アーバンロボット（URBOT）設立
1979-　伊東豊雄建築設計事務所に改称

協同設計特記クレジット：
・ゲント市文化フォーラム コンペティション応募案：
Andrea Branzi Architetto
・トーレス・ポルタ・フィラ：
Fermín Vázquez – b720 arquitectos
・2009 高雄ワールドゲームズ メインスタジアム：
伊東・竹中・RLA2009年高雄世界運動会会場
設計チーム

写真クレジット
・Alessi spa.：p.235
・Florian Busch：pp.302-303

・GA photographers
p.31, p.42, pp.74-75, p.149上, p.150, p.151, p.217, pp.224-225, pp.226-227, pp.230-231, pp.314-315
二川幸夫：pp.22-23, pp.24-25, p.27, pp.32-33, pp.82-83, pp.86-87, pp.94-95下, pp.106-107, p.148, p.228
二川由夫：pp.94-95上, pp.96-97, p.98, p.99, p.149下, pp.160-161, pp.164-165, p.168, p.169, pp.214-215
田中克昌：表紙, pp.2-3, p.6, p.7, p.56, pp.58-59, pp.78-79, pp.110-111, pp.114-115, p.127, pp.134-135, p.137, pp.142-143, pp.154-155, pp.178-179, p.181, pp.182-183, pp.186-187, p.192, pp.194-195, pp.220-221, p.234, pp.236-237, pp.238-239, p.255, p.258, p.259, pp.262-263, p.264, p.265, pp.266-267, p.280, pp.318-319, p.327
杉田義一：p.306, p.311

泉洋子	伊東美也	小針修一
東建男	磯田和明	福田誠
古林豊彦	竹内啓	星島美完
藤江航	池田耕三	Nils Becker
水沼靖昭	山田有吾	大原央行
庵原義隆	井上智香子	方薇雅
矢部倫太郎	福田陽之輔	林宜佩
佐野健太	高池葉子	
大賀淳史	Julia Li Ka Yee	大宮由紀子
御手洗龍	玉木浩太	魚野美紀
鵜飼恵三子	中村裕太	木下栄理子
岡野道子	百田有希	
田邉曜	矢吹光代	
森山ちはる	林俐廷	
樽谷敦	福西健太	
喜多裕	郷野正広	
南俊允	伊藤淳	
近藤奈々子	澤村圭介	

図版, CG, 写真 (p.8, p.11, p.12, pp.14-15, p.17, p.20, pp.286-287) 提供：伊東豊雄建築設計事務所

CG (pp.284-285, pp.294-295, p.296)：
kuramochi + oguma

スケッチ (p.147)：Cecil Balmond

インタヴューは，2010年1月26日から2010年5月25日に亘って行われた。

伊東豊雄読本―2010

2010年6月25日発行

企画・編集：二川幸夫
インタヴュー：二川由夫
撮影：GA photographers
発行者：二川幸夫
印刷・製本：大日本印刷株式会社
発行：エーディーエー・エディタ・トーキョー
東京都渋谷区千駄ヶ谷3-12-14
TEL:03-3403-1581　FAX:03-3497-0649
E-MAIL: info@ga-ada.co.jp

禁無断転載

ISBN 978-4-87140-668-0 C1052